博雅国际汉语精品教材

国际汉语视听说教程
A Multi-Skill Chinese Course

Home with Kids

刘立新 邓 方 编著
Kiran Patel 邓筱萌 译

（第二版）

图书在版编目(CIP)数据

家有儿女：国际汉语视听说教程. 2 / 刘立新, 邓方编著. — 2版. — 北京：北京大学出版社, 2024.1
博雅国际汉语精品教材
ISBN 978-7-301-34454-5

Ⅰ.①家… Ⅱ.①刘…②邓… Ⅲ.①汉语—听说教学—对外汉语教学—教材 Ⅳ.①H195.4

中国国家版本馆CIP数据核字(2023)第180276号

书　　　名	家有儿女：国际汉语视听说教程2（第二版） JIA YOU ERNÜ: GUOJI HANYU SHI-TING-SHUO JIAOCHENG 2 (DI-ER BAN)
著作责任者	刘立新　邓　方　编著
译　　　者	Kiran Patel　邓筱萌
责 任 编 辑	孙艳玲
美 术 设 计	张婷婷
视 觉 设 计	唐苏申
标 准 书 号	ISBN 978-7-301-34454-5
出 版 发 行	北京大学出版社
地　　　址	北京市海淀区成府路205号　100871
网　　　址	http://www.pup.cn　　新浪微博：@北京大学出版社
电 子 邮 箱	zpup@pup.cn
电　　　话	邮购部 010-62752015　发行部 010-62750672　编辑部 010-62753374
印 刷 者	三河市博文印刷有限公司
经 销 者	新华书店
	889毫米×1194毫米　16开本　19.75印张　475千字
	2024年1月第2版　2024年1月第1次印刷
定　　　价	118.00元（含在线配套资源）

未经许可，不得以任何方式复制或抄袭本书之部分或全部内容。
版权所有，侵权必究
举报电话: 010-62752024　电子邮箱: fd@pup.cn
图书如有印装质量问题，请与出版部联系，电话：010-62756370

第二版前言

《家有儿女：国际汉语视听说教程》首版于2008年年底面世，十多年间一再重印，先后被北京大学、清华大学、中国人民大学、北京语言大学、北京外国语大学、中国传媒大学等高校用于留学生的汉语教学，广受学习者喜爱。2019年，这套教材的再版及修订工作整体转移至北京大学出版社。

2009年开始，北京大学对外汉语教育学院开设了中级汉语视听说课，所用的教材就是这套教程，我们也始终是主讲教师。在随后十年近二十个学期的教学过程中，数字技术不断更新，社会生活不断发展，汉语国际教育的专业化程度不断提高，对这套教材的再版修订和技术升级工作也逐步提上日程。在广泛吸收教材使用者反馈意见及相关学者研究成果的基础上，我们对该教材进行了修订。

以真实语料为素材而编制的汉语视听说教材的优势，已得到学习者和研究者的广泛认可。情景剧《家有儿女》之所以被我们选中，其原因在于它的剧情内容、单集长度、语言难度以及语言丰盈度，是理想的汉语教学材料。此次修订，保留了首版教材的结构、体例，继续遵循"内容为王""多重浸润""宜教易学"的理念和原则并使之强化。

新版的改变

1. 将原来的三册12单元精简为两册10单元，使内容更加紧凑，更便于进行教学安排；

2. 根据课堂使用实践与反馈，更新部分翻译、语言点说明和例句；

3. 生词和文化点滴部分添加或替换一些图片，使之更典型、易懂；

4. 增加学习者容易出现偏误的语块练习，增强其语言理解力，降低学习难度；

5. 更新因社会生活发展而过时的内容，如有关"独生子女"、"3+X"高考模式的说明等；

6. 为教程中出现的个别方言词语做标记，并提供对应的普通话词语和拼音；

7. 为台词中出现的感叹词配上拼音，并增加总结性练习，突出口语表达特点；

8. 为数字化升级预留接口，优化过去因技术限制无法实现的音视频呈现方式，如语言点的定向链接、佳句集锦的音频示范和快慢速播放等；

9. 配套视频、音频可扫描每课二维码播放，也可扫描文前二维码在电脑端播放（使用说明见教程最后一页）。

教材使用建议

在使用第二版教材时，与首版一样，需要注意纸本教材与配套音视频材料的结合，包括台词的展

示形式、生词的呈现、文化点的说明、语言点的例释、佳句集锦的使用、练习的设置等,教师需要宏观把握,合理使用。我们结合自己以及长期使用该教程的教师的教学经验,给出一些建议,仅供参考。

1. 可以采用泛视听和精视听相结合的方法,中级班可以用4课时完成一课,高级班则可2课时完成一课。若用于翻转课堂,则可由学生按教师要求自主学习视频,课上由老师精讲、答疑,指导学生练习,宗旨都是"精讲多练"。

2. 教程内容的呈现,并非按照固定程序一一设定教学步骤,而是按照先充分理解、后自主表达的内在逻辑,通过分层设计的方式提供给教师和学习者,由教师根据教学进度、重点难点、学习者水平调整教学顺序。比如"热身问题",既可以是预习提示,也可以作为初步视听理解;"台词",既可以作为听力文本,也可以作为阅读学习的课文,教师可以根据需求决定让学生先看视频还是先看课文;"生词",既可以在观看视频前学习,也可以边看视频边学,还可以与剧本阅读同步;"练习"采用"典型题型+特殊题型"的形式,前两题一般是视听理解题,中间部分是生词和语言点强化练习,最后一两题则是成段表达、交际话题或延伸话题,这种练习分层设计是出于对教师自主性的考虑,也经过了教学实践的检验。教师可以结合课堂实际情况取舍、增减或调序,在针对具有不同需求和学习难点的学习者时,练习的形式也可以改变,比如,由听改说、由说改写、由写改为朗读,等等。

3. 本教程视频的使用手段丰富多样,画面中所呈现的各个情景及细节都可利用。视频分为整体播放和分段播放、有字幕播放和无字幕播放等形式,教师既可以带领学习者整体浏览,适时提问,也可以利用定格或回放,对重点部分进行"精视讲"或提问,还可逐句讲解,以及引导学习者互相问答。

4. 生词和语言点呈现,采用了多种视觉呈现方式和"高变异语言材料",如剧中视频闪回、标准音与文字复现、男女原声交错示范等,通过"高变异语言材料"的刺激,加深学习者的印象,并促进有效模仿,增强语感,从而提高其表达自信。

5. "文化点滴"中英对照,既可作为阅读材料,也可作为讨论题的基础或者补充学习材料。

6. 教师还可利用一分钟《剧情简介》的反复呈现、单元佳句集锦提炼(精选台词,也是精听范本,可用于听写、朗读、背诵或测试)、配音秀比赛(练习)、剧情片段表演等,训练学习者的成段表达能力。

总之,通过多角度聚焦、多渠道引导,突出重点,学习者可以在"多重浸润"的语境中有效模仿,在轻松愉悦的话语环境中大胆尝试,在自主表达中感受和体验汉语表达的快乐。具体教学流程建议和样课的教学步骤展示,可参见论文《读图时代的视听说教学——以〈汉语视听说教程——家有儿女〉的教学实践为例》(刘立新、邓方,《国际汉语教学研究》2017年第2期)。

致谢

2021年8月《家有儿女：国际汉语视听说教程》（第二版）第一册出版后，我们随即进行了第二册的修订工作。由于新冠肺炎疫情多次反复以及封控隔离的限制，原修订计划不得已进行了调整。但是北大出版社的各位编辑不懈努力，克服重重困难，为保证教材质量严格把关，令人感佩。尤其是本书责任编辑孙艳玲女士，既要照顾年幼的孩子，又要与各方频繁沟通，做了大量艰苦细致的工作，我们深表感激。2021年9月，北大出版社精心安排了该书第二版第一册的全球在线宣介活动（"博雅大学堂"云课程），收到了热烈反响。此后，我们也在线上讲座中与海内外汉语教师进行过广泛交流，感受到了他们对这套教材的喜爱和期待。通过深入交流，我们收到了许多宝贵的反馈意见。经过两年的努力，全书的再版工作即将完成。愿这套教材的出版能为国际中文视听说教学贡献一份绵薄之力。

刘立新　邓方

2023年7月于北京大学蔚秀园

Preface to the Second Edition

The first edition of "Home with Kids: A Multi-Skill Chinese Course" was published at the end of 2008 and has been reprinted multiple times for more than 10 years. The series has been utilized to teach Chinese as a foreign language by Peking University, Tsinghua University, Renmin University of China, Beijing Language and Culture University, Beijing Foreign Studies University, Communication University of China, etc., and has been praised by learners worldwide. In 2019, the reprint and revision project of this series of textbooks was transferred to Peking University Press.

Beginning in 2009, the School of Chinese as a Second Language at Peking University created an intermediate-level audio-visual-oral Chinese course and utilized this series of textbooks as the teaching material, and we have always been the lecturers for this course. In the following 10 years and nearly 20 semesters, digital technology has advanced, the social climate has evolved, and the professionalism of teaching Chinese as a second language has also increased; as such, we formed the idea of revising and upgrading this series of textbooks. After collecting extensive feedback from users of the textbooks and internalizing the research findings by scholars of Chinese Education, the revision project was started.

The advantages of using authentic Chinese materials to create audio-visual-oral teaching materials have been widely recognized by learners and researchers. We chose the sitcom "Home with Kids" because its plot content, episode length, language difficulty, and language abundance make it an ideal Chinese teaching material. This revision retains the first edition's structure and style, and continues to follow the concepts and principles of "content is king" "multiple exposures", and "easy to teach and to learn", and makes them strengthened.

Changes in the New Edition

1. We condensed the original three volumes of 12 units into two volumes of 10 units, making the content more compact, and teaching plan more simple;

2. Based on the practice and feedback from teaching use, we revised some translations, grammar explanations, and example sentences;

3. We added or replaced some pictures in the "New Words" and "Culture Points" so that they are more representative and easily understood;

4. We added lexical chunk exercises which are learners' error-prone words and phrases, enhance their comprehension of language, and reduce the difficulty of learning;

5. We revised content that has become obsolete due to the development of social life, e.g. the concept of "only child", and "3+X" college entrance examination model, etc.;

6. We marked out the dialects that appear in the textbooks and provided the corresponding words and *pinyin* in Mandarin;

7. We added *pinyin* to the interjections that appear in the scripts and added summarizing exercises to highlight the characteristics of verbal expression;

8. We created the opportunity for digital upgrade in the future, modified the presentation of audio and video clips that could not be achieved due to past technical limitations, e.g. direct links to "Grammar Points", sample audio and slow/fast playback of "Key Sentences", etc.;

9. The accompanying video and audio can be played by scanning the QR code of each part, or played with computer by scanning the unique QR code found prior to the main text (see the instruction on the last page).

Suggestions on How to Use This Textbook

Like the first edition, when using the second edition of the textbook, please pay attention to the integration of the paperback textbook and the supporting audio and video materials, including clips of the sitcom, presentations of the vocabulary, explanations of "Culture Points", samples of "Grammar Points", use of "Key Sentences", setting of "Exercises" and so on; instructors should focus on the big picture and use the materials to supplement each other appropriately. Here we combine the teaching experiences of ourselves and other instructors who have extensive experiences in using this series of textbooks and give the following suggestions for reference.

1. Crude and fine audio-visual-learning methods can be utilized. Intermediate level learners can complete a lesson in 4 class hours, and advanced learners can complete a lesson in 2 class hours. For usage in a flipped classroom, learners can independently study video contents with the instructor's guidance. In class, the instructor can teach with specific focuses, answer questions, and lead learner exercises. The key principle is "to teach with focus and practice extensively".

2. The presentation of the content to instructors and learners was not designed in a precise order but stratified based on the general principle of comprehension first and expression later. Instructors have the freedom to modify the order of the teaching materials based on teaching progress, the difficulty and/or importance of teaching points, and learner's skill level. For example, "Warm-up Questions" could be used both as a preview sneak peek and an initial audio-visual comprehension; "Scripts" could be used as the text for either listening or reading exercises, and instructors can decide to have students watch the video or read the text first based on the needs; "New Words" can be studied either before watching the video or during, or while learning the script; "Exercises" adopt the format of typical question type plus special question type: The first two questions are generally audio-visual comprehension questions, the middle part is an intensive exercise of new words and grammar points, and the last one or two questions are expressions in paragraphs, communication topics, or extended topics. This kind of stratified design of exercises is created with the consideration of instructor's autonomy and has passed the test of real-world teaching practice. Instructors can pick and choose, add or drop, or adjust the order of exercises based on the actual learning circumstances in the classroom. When targeting learners with different needs and learning difficulties, the format of exercises can also be modified, for example, from listening to speaking, from speaking to writing, from writing to reading, etc..

3. All the video content in the textbook can be utilized in various ways. The videos can be played back as a whole or in segments, with the subtitles or without. Instructors can guide learners to watch the video, ask questions when appropriate, pause and playback, spend additional time on focused teaching or asking questions of important sections,

teach the content line by line, and guide learners to pair up and complete learning tasks.

4. "New Words" and "Grammar Points" are presented with visual aids with "highly variable teaching materials", such as flashback of the original scene, standard pronunciation and writing, and pronunciation demonstration in both male and female voices, etc.. Through the stimulation of these "highly variable teaching materials", learners can develop a stronger impression of the content learned, promote effective emulations, enhance their sense of the language, and improve their confidence in expression.

5. "Culture Points" are presented in both Chinese and English, and can be used as both reading materials and a basis for discussion questions or supplementary learning materials.

6. Instructors can also utilize the repeated one-minute "Synopsis", extraction of "Key Sentences" of each unit (selected lines can be used as focused learning materials for dictation, reading, recitation, or testing), voice-over contests (exercises), and role play to train the paragraph speaking ability of learners.

In summary, this series of textbooks allow learners to effectively emulate authentic expressions in an immersive context, to practice in a relaxed and humorous learning environment, and to fully experience the joy from self-expression in Chinese. More suggestions and demonstrations of each teaching step in sample lessons can be found in the research manuscript "Audio-Visual-Oral Teaching in the Era of Picture-Reading: Taking the Teaching Practice of 'Chinese Audio-Visual-Oral Teaching Course—Home with kids' as an example" (Lixin Liu, Fang Deng, "International Researches on Chinese Language Teaching" 2017, Issue 2).

Acknowledgment

After publishing the first volume of "Home with Kids: A Multi-Skill Chinese Course" (second edition) in August 2021, we immediately began the revision work for the second volume. Due to the repeated surges and lockdowns caused by the COVID-19 pandemic, the original plan for the revision project had to be adjusted. However, with their unwavering efforts, the editors at Peking University Press overcame numerous difficulties and ensured the quality of the teaching materials; their hard work was truly inspiring. Notably, Ms. Yanling Sun, the editor-in-chief of this book, spent a great amount of effort and put in meticulous work on the revision of this book. She coordinated frequent communication with various parties while looking after her young child; we are deeply grateful for her hard work. In September 2021, Peking University Press thoughtfully organized a global online promotion event for the first volume of the second edition ("Boya Academy" online course), which received a warm welcome. Since then, we have also had extensive discussions with domestic and overseas Chinese language teachers through online lectures, and we feel their fondness and high expectations for this series of teaching materials. We have received much valuable feedback after many in-depth conversations. After two years' effort, the revision of the second volume is nearing completion. We hope that the publication of this series can contribute in a small way to the field of international Chinese audio-visual-oral teaching.

Lixin Liu, Fang Deng
July 2023 at Weixiuyuan, Peking University

全书主要 人物表
Main Characters

Xià Dōnghǎi
夏 东 海

夫 妻
husband and wife

Liú Méi
刘 梅

大女儿
eldest daughter

大儿子
elder son

小儿子
youngest son

Xià Xuě
夏 雪

姐 弟
sister and brother

Liú Xīng
刘 星

兄 弟
brothers

Xià Yǔ
夏 雨

家有儿女
Home with Kids

Hú Yītǒng
胡一统
（刘梅的前夫，
刘星的亲生父亲）
Liu Mei's ex-husband;
Liu Xing's father

Mǎlì
玛丽（Mary）
（夏东海的前妻，
夏雪和夏雨的亲生母亲）
Xia Donghai's ex-wife;
Xia Xue and Xia Yu's mother

Yéye
爷爷
（夏东海的父亲）
Xia Donghai's father

Lǎolao
姥姥
（刘梅的母亲）
Liu Mei's mother

Fàn mìshū
范秘书
（玛丽的秘书）
Mary's secretary

Dàniú
大牛
（小区居民，
牛牛的舅舅）
Resident in the district;
Niuniu's maternal uncle

Èrpàng
二胖
（夏家的邻居，
夏雨的同学）
The Xia's neighbor;
Xia Yu's classmate

Duǒduo
朵朵
（夏家的邻居，
夏雨的同学）
The Xia's neighbor;
Xia Yu's classmate

目 录 Contents

Volume 2

第 六 单 元	英雄气概	1
Unit 6	Heroism	
第一课	Lesson 1	2
第二课	Lesson 2	11
第三课	Lesson 3	18
第四课	Lesson 4	28
第五课	Lesson 5	37
第六课	Lesson 6	43

第 七 单 元	风云再起	57
Unit 7	The Resurgence of Wind and Cloud	
第一课	Lesson 1	58
第二课	Lesson 2	67
第三课	Lesson 3	75
第四课	Lesson 4	83
第五课	Lesson 5	90
第六课	Lesson 6	99

第 八 单 元	诱 惑	111
Unit 8	Temptation	
第一课	Lesson 1	112
第二课	Lesson 2	121
第三课	Lesson 3	128
第四课	Lesson 4	135
第五课	Lesson 5	143
第六课	Lesson 6	151

第 九 单 元	给母爱一个机会	163
Unit 9	Give Motherhood a Chance	
第一课	Lesson 1	164
第二课	Lesson 2	172
第三课	Lesson 3	180
第四课	Lesson 4	187
第五课	Lesson 5	194
第六课	Lesson 6	204

第 十 单 元	团圆年	215
Unit 10	Annual Reunion	
第一课	Lesson 1	216
第二课	Lesson 2	225
第三课	Lesson 3	235
第四课	Lesson 4	243
第五课	Lesson 5	251
第六课	Lesson 6	260

泛视听资源		275
Extensive Audio-Visual Resources		
练习一	Exercise 1	276
练习二	Exercise 2	277

附 录		279
Appendices		
附录一	词性缩略语表	280
Appendix 1	Abbreviations for Parts of Speech	
附录二	词汇索引	281
Appendix 2	Vocabulary Index	
附录三	熟语索引	291
Appendix 3	Idioms Index	
附录四	语言点例释索引	293
Appendix 4	Grammar Points Index	
附录五	文化点滴索引	295
Appendix 5	Culture Points Index	
附录六	部分练习参考答案	296
Appendix 6	Reference Answers of Some Exercises	

第六单元 Unit 6

英雄气概 Heroism

源自《家有儿女》第一部第33集《英雄气概》(上)

Extracted from *Heroism* 1 of "Home with Kids" Series 1 Episode 33

第一课 Lesson 1
（共3分40秒）

❓ 热身问题 Warm-up Questions

1 小雨为什么说话变了调？
2 小雨为什么哭着回来了？
3 刘星是怎么教训牛牛的？

（客厅）

星：《漫画大王》怎么找不着了？（小雨过来）对了，小雨……

雨：谢谢，谢谢，请多多关照啦……

星：怎么着①，海归靓仔变香港马仔了？

雨：我有吗？

星：得得得，别废话了，看见我《漫画大王》了吗？

雨：有看见，就在桌子底下。

星：找了半天怎么没……没看见呀。啊，这……这牛肉干儿全让你给吃完了？

雨：我有吃。

星：哎哟喂，你能不能别用这调说话呀？真受不了。

雨：这叫绅士风度。天气预报听了吗？我有听。今天天气好好哦。我好开心哦。我出去玩了，后会有期。

雪：刘星，刚才咱们家有什么鸟乱叫唤呢？

星：刚才小雨那小子学港台歌星，还说自己要当个什么绅士。

雪：他以为把面包叫成②吐司，把奶酪叫成②起司，把西红柿酱叫成②沙司，他就绅士了？幼稚！

1. 英雄气概　yīngxióng qìgài / heroism
2. 漫画　mànhuà / n. / comic
3. 大王　dàwáng / n. / master
4. 关照　guānzhào / v. / concern, take care of
5. 海归　hǎiguī / n. / overseas returnee
6. 马仔　mǎzǎi / n. / boyguard
7. 废话　fèihuà / v. / talk nonsense

8. 牛肉干儿　niúròugānr / n. / beef jerky

9. 调　diào / n. / accent
10. 绅士　shēnshì / n. / gentleman
11. 风度　fēngdù / n. / demeanor
12. 天气预报　tiānqì yùbào / weather forecast
13. 后会有期　hòuhuì-yǒuqī / We'll meet again some day.
14. 叫唤　jiàohuan / v. / cry out, call out
15. 港台　Gǎng-Tái / Hong Kong and Taiwan
16. 歌星　gēxīng / n. / star singer
17. 吐司　tǔsī / n. / toast (*phonetic*)
18. 奶酪　nǎilào / n. / cheese
19. 起司　qǐsī / n. / cheese (*phonetic*)
20. 西红柿酱　xīhóngshìjiàng / n. / ketchup
21. 沙司　shāsī / n. / sauce (*phonetic*)

星：真是。他以为那样就成绅士了。绅士什么样呀？

雪：是这样的，从现在开始，你在饭桌上见到好吃的，就别两眼发直，这就叫作绅士，懂了吧？

22. 发直 fāzhí / stare

星：懂了，懂了。

（小雨哭着进门）

雨：爸！妈！

星：怎么了？挨打了？

雨：有挨打！

雪：哎呀，行了，你别娘娘腔了，赶紧说怎么回事儿吧。

23. 娘娘腔 niángniangqiāng / n. / sissy

星：对对对，谁打的呀？

雨：一个叫牛牛的他欺负我，打我的头，踹我的屁股。

24. 踹 chuài / v. / kick

星：你……你没还手啊？！

雪：你还哭着回来了你？

雨：对。

星：咱小区竟敢③有人打我弟弟，走，走，咱俩现在就找他去！

25. 竟敢 jìnggǎn / have the audacity, dare

雪：哎呀，你们冷静点儿，现在爸爸妈妈都没在家……

星：对呀，现在正是我作为哥哥发挥作用的时候。走，哥哥帮你出气去。

26. 出气 chū qì / vent one's anger

雪：你们……

星：别拦着我们。走！

27. 拦 lán / v. / block, hold back

（星、雨回来，做武打动作）

雪：你们这……这是怎么回事儿呀？

星：搞定④！那个叫牛牛的，以后再也不敢对咱们牛了。

雨：还对我道"对不起"，还向我鞠了一个一百度的大躬。太爽了我！

星：哎，怎么样？有这么一回，我敢保证⑤他长大了也不敢再欺负你了。这时候哥哥还是比姐姐强吧？

雨：我为有你这样的哥哥而⑥自豪。

雪：刘星，你是怎么把那小子给干掉的？

星：这还不容易吗？我先绕到他前边给他脑袋来一拳，我再绕他后边给他屁股来一脚。敢在我们家门口欺负我弟弟，先给他一教训。

雨：哥，想喝点儿什么？

星：我想喝高乐高。小雪，你去给我倒。

雨：你去给刘星倒。

雪：我？

星：当然了。我们两个男人在外边打拼，你难道就不能慰劳慰劳我们吗？

雨：对呀。

星：就是。

雪：你……哼！

28. 搞定　gǎodìng / be settled
29. 鞠躬　jū gōng / bow
30. 爽　shuǎng / adj. / cathartic

31. 自豪　zìháo / adj. / proud
32. 干掉　gàndiào / execute
33. 绕　rào / v. / detour, go around
34. 拳　quán / n. / fist, punch

35. 高乐高　Gāolègāo / N. / Cola Cao, highly nutritious cocoa drink

36. 打拼　dǎpīn / v. / fight, struggle
37. 慰劳　wèiláo / v. / compensate, reward

语言点例释 Grammar Points

❶ 怎么着

解释 Explanation

在这里相当于"怎么""怎么回事儿",用在问话之前。语气比较随便。

Here, "怎么着" is used prior to a question, and it is similar to "怎么""怎么回事儿". It has a casual tone.

剧中 Example in Play

雨:谢谢,谢谢,请多多关照啦……
星:怎么着,海归靓仔变香港马仔了?

他例 Other Examples

↳ 怎么着,你又生气啦?
↳ 怎么着,你们怎么都不说话啊?

❷ 把A+V成+B

解释 Explanation

A、B是名词或名词性短语。A是V的对象或受动者,B是V的结果。

A and B are both either nouns or nominal phrases. A is the object or recipient of V and B is the result of V.

剧中 Examples in Play

星:刚才小雨那小子学港台歌星,还说自己要当个什么绅士。
雪:他以为把面包叫成吐司,把奶酪叫成起司,把西红柿酱叫成沙司,他就绅士了?幼稚!

他例 Other Examples

↳ 我把"喜欢"写成"喜观"了。
↳ 孩子们把我当成他们的新老师了。

❸ 竟敢

解释 Explanation

"竟然敢……"。"竟",副词,表示出乎意料,居然,有时说成"竟然"。

It is equivalent to "竟然敢……" (how dare...). "竟" is an adverb and shows something to be unexpected, which sometimes can also be said as "竟然".

剧中 Example in Play

星:咱小区竟敢有人打我弟弟,走,走,咱俩现在就找他去!

| 他 例
Other Examples | ⬇ 他竟敢打人,太过分了!
⬇ 你竟敢欺负小孩子,你脸红不脸红啊! |

④ 搞定

| 解 释
Explanation | 事情完全解决或处理好。
"搞定" means that something has been completely resolved or dealt with. |

| 剧 中
Example in Play | 雪:你们这……这是怎么回事儿呀?
星:搞定!那个叫牛牛的,以后再也不敢对咱们牛了。 |

| 他 例
Other Examples | ⬇ 你来处理昨天的事,今天的事我来搞定。
⬇ 甲:音乐会的票买到了吗?
　　乙:搞定!看!两张票! |

⑤ 我敢保证……

| 解 释
Explanation | 向对方承诺,让对方放心。或者假设一种情况,并自信地认为此情况一定会出现。有时可以说成"我敢说……"。
The speaker makes a promise or guarantee to allow the listener to relax. Or the speaker believes strongly that a supposed situation will happen. Sometimes it is said as "我敢说……". |

| 剧 中
Example in Play | 星:哎,怎么样?有这么一回,我敢保证他长大了也不敢再欺负你了。 |

| 他 例
Other Examples | ⬇ 吃了这个药,我敢保证,你的病三天之内就能好。
⬇ 我敢保证她今天不会来学校。 |

⑥ 为……而……

| 解 释
Explanation | "为"后边是原因或者目的,"而"后边是结果或采取的行动。
Following "为" is the reason or objective and after "而" is the result or action taken. |

剧 中 Example in Play	星：这时候哥哥还是比姐姐强吧？ 雨：我为有你这样的哥哥而自豪。
他 例 Other Examples	↳ 老师们都在为新学期而忙碌着。 ↳ 我为有你这样的朋友而感到自豪。

文化点滴 Culture Points

31 香港普通话

20世纪70年代末，中国开始实行改革开放，香港和中国内地的交往也日益密切。香港使用的一些词语渐渐传入内地，剧中出现的"马仔""靓仔"等就是典型的例子。此外，一些类似香港普通话的句子也逐渐在内地人中使用。在文艺作品和日常的言语交际中，人们常用这些不标准的普通话打趣。如剧中出现的"天气预报我有听""有挨打"就属于这种情况。

31 Hong Kong Mandarin

In the late 1970s, China began to put forth the Reform and Opening-up policy, and the relationship between Hong Kong and mainland China has become increasingly close. Many expressions used in Hong Kong have gradually found their way to Mandarin speakers in mainland China. In this episode, "马仔" and "靓仔" are prime examples. Moreover, some similar "Hong Kong Mandarin" sentences are adopted by mainlanders. In literary works and daily conversations, people often use these non-standard Mandarin expressions in jest. In this episode, "天气预报我有听""有挨打" are examples.

练习 Exercises

一、根据剧情内容判断对错 Decide whether each statement is true or false based on the plot

1. 小雨把刘星的《漫画大王》弄丢了。☐
2. 刘星把牛肉干儿都吃光了。☐
3. 小雨希望自己有绅士风度。☐
4. 刘星在饭桌上见到好吃的东西时常常两眼发直。☐
5. 牛牛欺负小雨时，小雨没有还手。☐
6. 小雪和刘星一起去帮弟弟出气。☐
7. 刘星把牛牛打了一顿。☐
8. 小雪非常愿意为刘星服务。☐

二、将相关的词语连线 Match the related words

海龟　　　沙司
面包　　　帅哥
奶酪　　　海归
西红柿酱　起司
靓仔　　　吐司

三、根据剧情，将相关的台词连线

Match the two corresponding parts of the sentences together based on the plot

1. 你能不能别用这调说话呀？　　赶紧说怎么回事儿吧。
2. 刚才小雨那小子学港台歌星，　你难道就不能慰劳慰劳我们吗？
3. 你别娘娘腔了，　　　　　　　真受不了。
4. 我们两个男人在外边打拼，　　还说自己要当个什么绅士。

四、根据剧情，给下列台词排序 Put the scripts below into the correct order based on the plot

序号	台词
1	雨：一个叫牛牛的他欺负我，打我的头，踹我的屁股。
☐	星：对呀，现在正是我作为哥哥发挥作用的时候。走，哥哥帮你出气去。
☐	星：别拦着我们。走！
☐	雪：哎呀，你们冷静点儿，现在爸爸妈妈都没在家……
☐	星：咱小区竟敢有人打我弟弟，走，走，咱俩现在就找他去！
☐	雪：你还哭着回来了你？
☐	星：你……你没还手啊？！
☐	雨：对。
☐	雪：你们……

五、台词填空 Complete the scripts

星：搞定！那个叫牛牛的，以后再也不敢对咱们（　　　）了。

雨：还对我（　　　）"对不起"，还向我鞠了一个一百（　　　）的大躬。太（　　　）了我！

星：哎，怎么样？有这么一回，我敢（　　　）他长大了也不敢再（　　　）你了。这时候哥哥还是比姐姐（　　　）吧？

雨：我（　　　）有你这样的哥哥而（　　　）。

雪：刘星，你是怎么把那小子给（　　　）的？

星：这还不容易吗？我先（　　　）到他前边给他脑袋来一（　　　），我再绕他后边给他屁股来一（　　　）。（　　　）在我们家门口欺负我弟弟，先给他一（　　　）。

六、选词填空 Choose the most appropriate words to fill in the blanks

（一）1. 不仅仅是小孩儿，大人也喜欢看（　　　）书。

2. 电影里的（　　　）常常穿着西服，打着领带。

3. 很多女士为了漂亮，冬天穿得非常少，很多人说这叫作"只要（　　　），不要温度"。

4. 今天的演唱会有很多（　　　）参加。

5. 说汉语一定要注意声（　　　）。

6. 吃烤鸭的时候一定要有甜面（　　　）。

7. 他先打了我一（　　　），所以我踢了他一脚。

8. 别（　　　），快把我弟弟的书包还给他！

9.（　　　）说今天下午有大风。

天气预报

风度　　绅士

歌星　　废话

漫画　　拳

酱　　　调

(二) 1. 初次见面，请多多（　　　）。
2. 一听到楼里有声音，我家的狗就不停地（　　　），真烦人。
3. 没有钥匙，消防员只好把门（　　　）开，救出了里边受伤的人。
4. 前方修路，请您（　　　）行。
5. 一看到好吃的，他就两眼（　　　）。
6. 哥哥生气的时候，常常拿弟弟（　　　）。
7. 他打你的时候你为什么不（　　　）？
8. 婚礼上，新婚夫妇向双方的父母（　　　）。
9. 传统的家庭是这样的，男人在外面（　　　），女人在家里操持家务。
10. 今天是母亲节，我们要请妈妈去饭店吃饭，好好儿（　　　）她一下。

还手　关照
叫唤　鞠躬
慰劳　出气
打拼　发直
绕　　踹

(三) 1. 遇到麻烦时一定要（　　　），千万别慌。
2. 跑步后洗个热水澡，真（　　　）！
3. 儿子通过努力，取得了很好的成绩，母亲为他（　　　）。
4. 别难过，咱们（　　　）！
5. 他说话有点儿（　　　），听起来真让人不舒服。

后会有期
娘娘腔　冷静
自豪　　爽

七、用提示词语或句式完成对话，并设计一个新对话
Complete the dialogues using the given prompts and create a new dialogue

1. 把A＋V成＋B
　(1) 星：刚才小雨那小子学港台歌星，还说自己要当个什么绅士。
　　　雪：他以为＿＿＿＿＿＿＿＿＿
　(2) 甲：她是我姐姐，不是我妹妹。
　　　乙：＿＿＿＿＿＿＿＿＿

2. 竟敢
　(1) 雨：哥，牛牛打我！
　　　星：＿＿＿＿＿＿＿＿＿
　(2) 甲：他母亲批评了他两句，他生气了，就对母亲动了手。
　　　乙：＿＿＿＿＿＿＿＿＿

3. 我敢保证……
　(1) 雨：以后牛牛还打我怎么办？
　　　星：＿＿＿＿＿＿＿＿＿
　(2) 甲：明天就要比赛了，我有点儿紧张。
　　　乙：＿＿＿＿＿＿＿＿＿

4. 为……而……
　(1) 星：这时候哥哥还是比姐姐强吧？
　　　雨：＿＿＿＿＿＿＿＿＿
　(2) 甲：这么晚了，怎么还不睡觉？
　　　乙：＿＿＿＿＿＿＿＿＿

八、成段表达　Presentation

猜想一下之后剧情将如何发展，并说明理由。
Guess how the play will develop and state your reasons.

Lesson 2 第二课

(共3分19秒)

❓ 热身问题 Warm-up Questions

1. 刘星的脑袋是怎么受伤的?
2. 看到刘星受伤,刘梅和夏东海的反应有什么不同?

(小区里,牛牛的舅舅在等着刘星)

舅:站住!

星:叫我呀?

舅:装什么傻呀?我在这儿等半天了,就为抓着你。

星:为什么呀?

舅:什么为什么呀?知道不知道,那牛牛是我外甥啊?

星:我不知道。

舅:不知道什么呀?小兔崽子,挺牛啊你?家门口敢欺负我外甥。

星:我……我真不知道牛牛……牛牛是……

舅:今儿我就让你知道知道,这舅舅要替外甥讨回公道!

星:是他先打我弟的!

舅:我<u>不管那套</u>①,<u>以</u>②大欺小不成!今儿我替你爸爸妈妈教育教育你。(刘星逃跑,撞电线杆上)这孩子怎么自己往上撞啊?不是我打的啊。(牛牛舅舅赶紧离开)

星:人呢?妈,妈,有人打我!

(客厅,夏东海、小雨在看电视)

夏:快传呀,往右路传,什么前锋啊?这个笨蛋。

1. 抓 zhuā / v. / catch

2. 外甥 wàisheng / n. / sister's son, nephew

3. 兔崽子 tùzǎizi / n. / brat
4. 舅舅 jiùjiu / n. / maternal uncle
5. 讨 tǎo / v. / ask for
6. 公道 gōngdào / n. / fairness, justice
7. 以大欺小 yǐdà-qīxiǎo / The big bullies the small.

8. 传 chuán / v. / pass
9. 右路 yòulù / n. / right side
10. 前锋 qiánfēng / n. / forward
11. 笨蛋 bèndàn / n. / fool, idiot

梅：小哥，加菲猫，今天晚上想吃什么？

夏：大美女，我想吃……

雨：嗯！哎，可当着孩子面儿呢啊。小加菲猫想吃黄花带鱼。

梅：嘿，这孩子，我告诉你，黄花鱼是黄花鱼，带鱼是带鱼，没有黄花带鱼这种鱼。

夏：他的意思就是两种鱼都吃。

雨：咳，还是爸爸了解我。

夏：你个小馋猫*。

（刘星哭着进门）

星：爸——

夏：刘星！刘星！

梅：怎么了？

夏：你这怎么了？

梅：怎么了？你这脑袋怎么了？

夏：这怎么回事儿呀？

梅：被车撞了？

星：不是。

梅：磕墙上了？

星：不是。

梅：摔跟头了？

星：不是。

梅：那到底怎么回事儿③你说呀。

夏：快说呀！

星：让人给揍了……

梅：啊！谁呀？凭什么揍你呀？走走走，妈带

12. 加菲猫 Jiāfēimāo / N. / Garfield

13. 黄花鱼 huánghuāyú / n. / yellow croaker

14. 带鱼 dàiyú / n. / hairtail

15. 馋 chán / adj. / greedy, gluttonous

16. 磕 kē / v. / knock (against sth. hard)

---

* 馋猫 chánmāo：指嘴馋贪吃的人。Glutton.

你说理去。

夏：哎呀呀，梅梅，你急什么呀？你先问清楚<u>到底怎么回事儿</u>③。

梅：这还不清楚？他让人给揍了。谁揍的你呀？

星：牛牛他舅。

雨：他是报复！

梅：他凭什么揍你呀？他怎么那么不像话呀？他欺负小孩儿呀！走走走！

夏：梅梅，我说让你别急！你得问清楚，牛牛他舅为什么揍刘星啊？

梅：为什么也不能揍刘星！他是一大人，能欺负孩子吗？为什么，这有什么为什么吗？为什么都不能欺负人。走走走，找他去。

夏：好了，好了。

梅：太不像话了！

夏：你坐下来消消气儿。你说你火气这么大，去了不<u>明摆着</u>④要去跟人吵架吗？这要去呀，我去。我是一家之主。我问问他到底为什么，好吧？

梅：你去？算了，算了。还是我去吧。

夏：哎呀梅梅，好好儿在家待着。听话啊，这是男人和男人之间的事儿，你去不合适。他要是个讲道理的人那更好，他也讲不过我。他要是不讲道理要浑蛋，我也不怵他。这事儿很快就会过去。你在家好好儿看看刘星，做一桌好菜，等着我凯旋。

17. 说理　shuō lǐ / reason things out

18. 报复　bàofù / v. / take revenge, retaliate

19. 火气　huǒqì / n. / fury, anger, temper
20. 明摆着　míngbǎizhe / v. / be obvious, be clear

21. 讲道理　jiǎng dàolǐ / be reasonable
    道理　dàolǐ / n. / reason, principle
22. 浑蛋　húndàn / n. / (vulgar) bastard
23. 怵　chù / v. / fear
24. 凯旋　kǎixuán / v. / return in triumph

语言点例释 Grammar Points

1 不管那套

解释 Explanation

意思是"完全不考虑某些道理或者说法"。后边一般是所采取或将要采取的行动。

"不管那套" means "completely dismiss a certain principle or statement". It is usually followed by the speaker's action taken or would be taken.

剧中 Example in Play

星：是他先打我弟的！
舅：我不管那套，以大欺小不成！今儿我替你爸爸妈妈教育教育你。

他例 Other Examples

↘ 甲：你说我不对，可你也有错啊！
　乙：我不管那套，你今天必须向我道歉。
↘ 听说孩子被人欺负了，母亲不管那套冲了出去。

2 以

解释 Explanation

介词。文言词。在这里表示"用"。

"以" is a preposition taken from classical Chinese. Here, it means "using".

剧中 Example in Play

星：是他先打我弟的！
舅：我不管那套，以大欺小不成！今儿我替你爸爸妈妈教育教育你。

他例 Other Examples

↘ 丈夫去世以后，她每天以泪洗面。
↘ 咱们别改计划了，以不变应万变。

3 到底怎么回事儿

解释 Explanation

急切地询问实际原因或真实情况时用。

"到底怎么回事儿" is used when eagerly inquiring about the actual reasons or the truth.

剧中 Examples in Play

↘ 梅：摔跟头了？
　星：不是。
　梅：那到底怎么回事儿你说呀。

	夏：哎呀呀，梅梅，你急什么呀？你先问清楚**到底怎么回事儿**。 梅：这还不清楚？他让人给揍了。谁揍的你呀？
他 例 Other Examples	屋子里这么乱，**到底怎么回事儿**？ 他们俩刚才还好好儿的，怎么突然吵起来了？这**到底怎么回事儿**？

④ 明摆着

解 释 Explanation	明显地摆在眼前，容易看得清楚。比喻显然如此。 "明摆着" means that something is in front of one's eyes obviously and it is easy to see. It refers to being obvious and apparent.
剧 中 Example in Play	夏：你坐下来消消气儿。你说你火气这么大，去了不**明摆着**要去跟人吵架吗？
他 例 Other Examples	你每天开夜车，**明摆着**会生病的。 这双鞋才穿了两个星期就坏了，**明摆着**质量有问题。

文化点滴 Culture Points

32 牛

"牛"在汉语中的意义比较丰富。它可以是一种动物（牛，名词），也可用作姓氏，还可以是形容词。作为形容词时，既可以是褒义词，也可以是贬义词。要弄清它的意义，往往需要结合其使用的语境进行分析。如：我家有五匹马、三头牛（名词，家畜的一种）；他的中文比我牛（形容词，好）；小兔崽子，挺牛（形容词，狂）啊你；那个叫牛牛的，以后再也不敢对咱们牛（形容词，傲慢）了。这是汉语一词多义情况的体现。

32 Cattle

The meaning of "牛" is relatively rich in Chinese language. It can be an animal (ox/cattle, noun), a surname, or an adjective. As an adjective, it can be commendatory or derogatory. The context is important when determining its meaning. For example: 我家有五匹马、三头牛 (noun, one kind of domestic animals); 他的中文比我牛 (adjective, good); 小兔崽子，挺牛 (adjective, insolent) 啊你; 那个叫牛牛的，以后再也不敢对咱们牛 (adjective, arrogant) 了. It shows that one word can embody many meanings in Chinese language.

练习 Exercises

一、根据剧情内容判断对错　Decide whether each statement is true or false based on the plot

1. 刘星不认识牛牛的舅舅。
2. 刘星看见牛牛的舅舅转身就跑。
3. 牛牛的舅舅等在小区里是为了抓住刘星。
4. 刘星被牛牛的舅舅打了一顿。
5. 刘星回家告诉父母自己头上的伤是自己撞的。
6. 刘梅要去跟牛牛的舅舅讲理。
7. 夏东海准备亲自替刘星讨回公道。

二、用括号里的提示词语改说下边各句
Use the given words and expressions in the brackets to reword the sentences listed below

1. 牛牛是我的外甥。（舅舅）
2. 他一看见好吃的就忍不住。（馋猫）
3. 刘星逃走的时候碰在电线杆上了。（磕）
4. 你这么生气，怎么跟人家说话？（火气）
5. 你这样去，明显是要跟人吵架。（明摆着）
6. 走，找他们讲道理去。（说理）
7. 快把球给前锋。（传）
8. 刘星打了牛牛，所以牛牛的舅舅就来抓刘星。（报复）
9. 他想要浑蛋，我也不怕他。（怵）
10. 你们好好儿在家里等着我胜利归来吧。（凯旋）

三、体会下边带点的词语的含义　Understand the signification of the word marked by a dot below

1. 小兔崽子，挺牛啊你？
2. 这个电影现在非常火。
3. 现在哪个歌星最红？
4. 昨天说的那件事黄了。
5. 那个人真面！

四、判断下列台词是谁说的　Decide which character said the following sentences

说话人	台词
	装什么傻呀？
	是他先打我弟的！
	今儿我替你爸爸妈妈教育教育你。
	嗯！哎，可当着孩子面儿呢啊。
	还是爸爸了解我。
	太不像话了！
	你坐下来消消气儿。
	这要去呀，我去。我是一家之主。

五、台词填空　Complete the scripts

1. 我在这儿等半天了，就（　　）抓着你。
2. 我不管那套，（　　）大欺小不成！
3. 你得问（　　），牛牛他舅为什么揍刘星啊？
4. 你说你火气这么大，去了不（　　）要去跟人吵架吗？
5. 好好儿在家（　　）着。听话啊，这是男人和男人（　　）的事儿，你去不合适。他要是个（　　）道理的人那更好，他也讲不过我。他要是不讲（　　）要浑蛋，我也不（　　）他。这事儿很快就会过去。你在家好好儿看看刘星，做一（　　）好菜，等着我凯旋。

六、成段表达　Presentation

描述一下牛牛的舅舅的外貌，并谈谈你对他的第一印象。

Describe the appearance of Niuniu's maternal uncle and then talk about your first impression of him.

第三课 Lesson 3

(共3分39秒)

热身问题 Warm-up Questions

1 夏东海跟牛牛的舅舅见面的结果是什么?
2 夏东海是怎么向家里人解释的?

(小区花园)

夏：您是牛牛的舅舅是吧?

舅：干吗呀?

夏：我姓夏，我是那个……

舅：你是那小浑球儿他爸爸吧?

夏：你这个称呼不太合适。您看，本来咱们都是好邻居，你说小孩儿闹①点儿矛盾……

舅：你儿子打我外甥，以大欺小。这孩子忒不是玩意儿。

夏：您不是把我儿子也给打了吗?那脑门儿都打青了。

舅：谁打他了?自己个儿撞电线杆子上了。这不还有印儿呢吗这儿?

夏：那您要是不追他，他自己个儿能撞电线杆上吗?

舅：(我为什么追他?)是呀，他……你……你儿子打我外甥，我能不追他吗?

夏：我儿子打您外甥，是因为您外甥先把我小儿子给打了呀。

舅：你要这么说的话，咱两清了我告诉你。

夏：您可是一个成年人，您用成年人的暴力，去对付儿童的暴力，这可不太明智，有

1. 浑球儿 húnqiúr / n. / bastard
2. 称呼 chēnghu / n. / term of address
3. 邻居 línjū / n. / neighbor
4. 闹矛盾 nào máodùn / be in conflict
5. 忒 tuī (tēi) / adv. / (方) =太 too, very
6. 脑门儿 nǎoménr / n. / forehead
7. 青 qīng / adj. / bruised
8. 自(己)个儿 zì (jǐ) gěr / (方) =自己 oneself
9. 电线杆(子) diànxiàn gān (zi) / electric-wire pole
10. 印儿 yìnr / n. / print, mark
11. 追 zhuī / v. / chase after, run after

12. 两清 liǎngqīng / v. / We are even.
13. 成年人 chéngniánrén / n. / adult
14. 明智 míngzhì / adj. / wise

可能触犯法律啊。

舅：你少来这套②。

夏：您说您这么大的人了，您怎么那么不讲理呢？

舅：我就不讲理怎么了？让开！

夏：你怎么还动上手了这是？

舅：我动手了怎么着？这不是我打的啊！忒不禁③推了这是。

夏：这都什么人哪这是？

（家里）

星：妈，这是老爸第一次为咱家出头吧？

梅：那当然了，以前呀，他一直没这机会。

雨：妈，糟了！我忘了告诉爸爸了。

梅：什么呀？

雨：应该狠狠踢他那个大屁股，给刘星的脑袋报仇。

梅：你放心吧，啊，爸爸不是说让咱们在家等着他胜利的消息吗？不会让咱们失望的，啊，去吧，看电视去。

15. 触犯 chùfàn / v. / offend, go against
16. 法律 fǎlǜ / n. / law

17. 禁 jīn / v. / endure
18. 推 tuī / v. / push, shove

19. 出头 chū tóu / confront, come forward

20. 狠 hěn / adj. / relentless, fierce
21. 报仇 bào chóu / revenge, avenge

22. 胜利 shènglì / v. / win, triumph
23. 消息 xiāoxi / n. / news, message

（夏东海回来）

星：爸，怎么了？

梅：哟！怎么了？怎么了夏东海？啊？

夏：没事儿，没事儿。

梅：怎么回事儿呀？

夏：你先去……

梅：哪儿呀？哪儿呀？腿呀？

夏：没有，没有，没事儿。你先去给我倒杯水，让我喘口气儿。

梅：怎么回事儿？

星：爸，您坐，您坐，您坐。慢点儿，慢点儿，慢点儿。

夏：噢哟，我还是站着吧。

梅：来来来，夏东海，水来了。

夏：好好好。

梅：怎么回事儿呀？是不腿呀？

夏：不是。

梅：屁股？腰？尾巴骨*？

夏：哎，没事儿。

梅：怎么回事儿？裂了？

夏：没有，没有。

梅：我看看，我看看。我是搞医的，我懂这个。我摸摸是不是尾巴骨啊。

夏：噢哟！

梅：真的是尾巴骨？谁呀这是？专攻人下三路*。

24. 喘口气儿　chuǎn kǒu qìr / catch one's breath

25. 尾巴骨　wěibagǔ / n. / tailbone

26. 裂　liè / v. / split, crack

27. 摸　mō / v. / touch

28. 攻　gōng / v. / assault, attack

---

* 尾巴骨 wěibagǔ：口语读作 yǐbagǔ。It's pronounced as yǐbagǔ colloquially.

* 下三路 xiàsānlù：武术用语，腰部及以下部位。Martial arts term. It refers to the waist and the part below the waist.

是打的？

夏：没没没。

星：武侠小说讲话，这种下三烂的招数，为江湖人所④不齿。

梅：不是，你说呀，是不是那牛牛他舅舅打的？（小雨忽然哭起来）我这还没问清楚呢，你哭什么呀？

星：我知道他为什么哭。一家之主都被人打败了，咱家没什么希望了。

梅：谁说没希望啊？"杨门女将"*的故事听说过吗？男的全都战死了，女的照样去打仗，这孩子！我发现这牛牛他这舅舅，太不像话了，哪儿有这样的，把人尾巴骨都打裂了，我必须报警！

夏：梅梅，梅梅，你干吗呢……

梅：他这都属于伤害罪了都……

夏：不是你想象的那样⑤，没什么事儿。我告诉你啊，"西线无战事"*，一切OK。我这是自己不小心摔了一跤。

梅：摔的？

夏：对呀，你看现在没事儿了。

梅：疼吗还？

夏：没什么事儿……

梅：真没事儿？

夏：没事儿……

29. 武侠小说　wǔxiá xiǎoshuō / kung fu novels
30. 下三烂　xiàsānlàn / adj. /（方）low, despicable
31. 招数　zhāoshù / n. / trick, move
32. 江湖　jiānghú / n. / rivers and lakes, all corners of the country
33. 不齿　bùchǐ / v. / despise
34. 打败　dǎbài / defeat, beat

35. 战死　zhànsǐ / die in battle
36. 照样　zhàoyàng / adv. / as before, all the same
37. 打仗　dǎ zhàng / go to war, fight a battle
38. 报警　bào jǐng / report an incident to the police
39. 罪　zuì / n. / crime, guilt

40. 摔跤　shuāi jiāo / fall, tumble

---

* 杨门女将 Yáng mén nǚjiàng：参见文化点滴33。See *Culture Points* 33.
* 西线无战事 Xīxiàn Wú Zhànshì：美国电影名。Name of an American movie (*All Quiet on the Western Front*).

语言点例释 Grammar Points

❶ 闹

解释 Explanation
动词。发生不好的事。
"闹" is a verb to show that something bad has happened.

剧中 Example in Play
夏：您看，本来咱们都是好邻居，你说小孩儿闹点儿矛盾……

他例 Other Examples
➘ 这里每年都要闹水灾，很多人都搬走了。
➘ 因为汉语不够好，我闹了不少笑话。

❷ 少来这套

解释 Explanation
意思是"不要跟我说这些""根本不必这样做"。有轻蔑的语气。
"少来这套" means "don't say this to me" or "cut it out". It is often said with contempt.

剧中 Example in Play
夏：您可是一个成年人，您用成年人的暴力，去对付儿童的暴力，这可不太明智，有可能触犯法律啊。
舅：你少来这套。

他例 Other Examples
➘ 甲：咱们还是好好儿谈谈吧。
　乙：少来这套，我没有工夫！
➘ 甲：我不知道钱在哪里。
　乙：少来这套！快把钱拿出来，否则我们不客气了！

❸ 禁……

解释 Explanation
承受得住。后接动词。
"禁" means that something can be endured. It's followed by a verb.

剧 中 Example in Play

舅：这不是我打的啊！咸不禁推了这是。

他 例 Other Examples

↘ 这支笔才用了两次就坏了，太不禁用了。
↘ 孩子一点儿也不禁打，你怎么下得去手啊？

④ 为……所……

解 释 Explanation

"为……所……"是一个固定结构，表示被动。用于书面或正式的口语。

"为……所……" is a fixed pattern that shows passiveness. It's often used in written word or in formal oral Chinese.

剧 中 Example in Play

星：武侠小说讲话，这种下三烂的招数，为江湖人所不齿。

他 例 Other Examples

↘ 这个道理已经为大多数人所接受。
↘ 《白雪公主》是为世界儿童所熟悉的童话。

⑤ 不是你想象的那样

解 释 Explanation

真实的情况和你想象的不同，你想象的是错的。用在对话中。

"不是你想象的那样" refers to that the actual situation is different from what you think or what you think is wrong. It's used in the conversation.

剧 中 Example in Play

梅：我发现这牛牛他这舅舅，太不像话了，哪儿有这样的，把人尾巴骨都打裂了，我必须报警！
夏：梅梅，梅梅，你干吗呢……
梅：他这都属于伤害罪了都……
夏：不是你想象的那样，没什么事儿。

他 例 Other Examples

↘ 甲：他们离婚了？一定是男方的错。
　 乙：不是你想象的那样，事情其实很复杂。
↘ 甲：弟弟怎么哭了，你是不是又欺负他了？
　 乙：冤枉啊，不是你想象的那样！

33 杨门女将

　　"杨门女将"是中国北宋（960—1127）时的故事。"杨门"是指宋朝大将杨继业一家。当时，宋朝的北面和西面战争不断。杨继业和他的儿子、孙子先后在战争中战死，杨家只剩下家中的妻子和未成年的孩子。虽然那时杨家已无成年男子，但战争并没有结束。于是，杨继业的妻子佘赛花、杨宗保（杨继业之孙）的妻子穆桂英就继续率领军队与敌人作战，并取得了一系列重大胜利。

33 Women Generals of the Yang Family

"杨门女将" is a story in the Northern Song Dynasty (960-1127) and "杨门" refers to the family of Yang Jiye, a general of Song Dynasty. At that time, both northern and western parts of China were continuously at war; Yang Jiye, his sons and grandsons had all been killed on the battlefield. Only wives and young children remained in the Yang family. Although there were no more adult men left to fight at that time, the war had not yet ended. Therefore, Yang Jiye's wife She Saihua and the wife of Yang Zongbao (Yang Jiye's grandson) Mu Guiying continued to lead the army in their fight against the enemies and won a series of battles.

练习 Exercises

一、根据剧情内容选择正确答案　Choose the correct answers based on the plot

1. 牛牛的舅舅把刘星称作：（　　）
   A. 小浑球儿　　　　　B. 小玩意儿　　　　　C. 小坏蛋

2. 夏东海认为刘星的脑门儿是被牛牛的舅舅：（　　）
   A. 打流血的　　　　　B. 打青的　　　　　　C. 打肿的

3. 夏东海认为用成年人的暴力去对付儿童的暴力是：（　　）
   A. 危险的　　　　　　B. 不明智的　　　　　C. 可以理解的

4. 牛牛的舅舅把夏东海：（　　）
   A. 打了一顿　　　　　B. 骂了一顿　　　　　C. 推倒了

5. 看见夏东海倒在地上的人是：（　　）
   A. 牛牛　　　　　　　B. 小雪　　　　　　　C. 刘梅

6. 夏东海受伤的部位是：（　　）
   A. 尾巴骨　　　　　　B. 腿　　　　　　　　C. 脚

7. 刘梅要打电话：（　　）
   A. 叫救护车　　　　　B. 叫出租车　　　　　C. 报警

二、判断下列台词是谁说的　Decide which character said the following sentences

说话人	台词
	你这个称呼不太合适。
	谁打他了？自己个儿撞电线杆子上了。
	你儿子打我外甥，我能不追他吗？
	您用成年人的暴力，去对付儿童的暴力，这可不太明智，有可能触犯法律啊。
	忍不禁推了这是。
	应该狠狠踢他那个大屁股，给刘星的脑袋报仇。
	武侠小说讲话，这种下三烂的招数，为江湖人所不齿。
	一家之主都被人打败了，咱家没什么希望了。
	我必须报警！
	不是你想象的那样。

三、解释画线部分的意思 Explain the meanings of the underlined parts

1. 您看，本来咱们都是好邻居，你说小孩儿闹点儿矛盾……
2. 这孩子忒不是玩意儿。
3. 你要这么说的话，咱两清了我告诉你。
4. 这不是我打的啊！忒不禁推了这是。
5. 应该狠狠踢他那个大屁股，给刘星的脑袋报仇。
6. 武侠小说讲话，这种下三烂的招数，为江湖人所不齿。
7. 男的全都战死了，女的照样去打仗。
8. 我告诉你啊，"西线无战事"，一切OK。

四、选词填空 Choose the most appropriate words to fill in the blanks

（一）
1. 您好！我是刘星的母亲。您怎么（　　）?
2. 住在高楼里的（　　）常常互相不认识。
3. 中午睡醒以后，我的脸上有一个被枕头压出的（　　）。
4.（　　）和孩子们的想象力是不同的。
5. 自从毕业之后，我一直没有她的（　　）。
6. 在（　　）面前人人平等。
7. 金庸是中国著名的（　　）作者。
8. 偷东西是一种犯（　　）行为。

武侠小说　罪
成年人　印儿
邻居　称呼
法律　消息

（二）
1. 两个孩子在（　　）呢，你快劝劝他们。
2. 谁能取得最后的（　　），要看今晚的决赛。
3. 我家的小狗一看见汽车开过去就（　　），真危险。
4. 他这样做已经（　　）了法律。
5. 饭店的门上一边写着"（　　）"字，另一边写着"拉"字。
6. 背着孩子上了四层楼，我得（　　）。
7. 杯子（　　）了，不能再用了。
8. 我（　　）了一下孩子的头，很烫，至少39℃。
9. 准备好，敌人（　　）上来啦！我们一定要（　　）他们!
10. 我们俩关系一直很好，从来不会（　　）。
11. 有人在偷东西！快打110（　　）!
12.（　　）比赛非常有意思。

闹矛盾
喘口气儿
打仗　触犯
摔跤　胜利
报警　打败
攻　追　裂
推　摸

五、用汉语说出你所知道的人体部位名称 Describe the body parts you know in Chinese

六、用提示词语或句式完成对话，并设计一个新对话
Complete the dialogues using the given prompts and create a new dialogue

1. 闹
   (1) 夏：您看，本来咱们都是好邻居，
       ＿＿＿＿＿＿＿＿＿＿＿＿＿
       舅：你儿子打我外甥，以大欺小。
       这孩子忒不是玩意儿。
   (2) 甲：他们哥儿俩怎么互相不说话了？
       乙：＿＿＿＿＿＿＿＿＿＿＿＿＿

2. 不是你想象的那样
   (1) 梅：哪儿有这样的，把人尾巴骨都打裂了，我必须报警！他这都属于伤害罪了都……
       夏：＿＿＿＿＿＿＿＿＿＿＿＿＿
   (2) 甲：老师让去学校一趟？是不是刘星又惹麻烦了？
       乙：＿＿＿＿＿＿＿＿＿＿＿＿＿

七、成段表达 Presentation
叙述一下夏东海和牛牛舅舅见面的经过。

Depict the situation when Xia Donghai met Niuniu's maternal uncle.

参考词语 Refer to the words and expressions

| 称呼 | 本来 | 闹矛盾 | 暴力 | 对付 |
| 明智 | 触犯 | 不讲理 | 动手 | 推 |

第四课 Lesson 4

(共3分47秒)

❓ 热身问题 Warm-up Questions

1. 夏东海说出真实的情况了吗？
2. 小雪说出真实情况后，弟弟们的反应是什么？

（续前）

梅：哎哟，你吓死我了！我以为真是那人打的呢。我说那人也太不像话了，我告诉你啊，要真是他打的，咱必须得报警，这绝对都够判刑的。

夏：根本不是那么个情况。

梅：那你见着他没有啊？

夏：我当然见到他了，我怎么可能没见着他呢？我告诉你啊，你当时没在现场，你没见他，他一见到我吓得那样。实话跟你说①，我都不好意思大声跟他说话。我生怕②把他心脏病给吓出来。

梅：真的？

夏：我一看他吓成那样，我就对他晓之以理，动之以情，讲事实，摆道理，后来他就在真理面前俯首称臣，低头认罪，一切OK了。

梅：真的？就根本就没动手？

夏：这还用我亲自动手吗？当然了③，我也不失时机地跟他亮了一下我的实力，给他

1. 判刑 pàn xíng / sentence (due to a crime)

2. 现场 xiànchǎng / n. / scene (of event)

3. 生怕 shēngpà / v. / be afraid of, fear

4. 心脏病 xīnzàngbìng / n. / heart disease

5. 晓之以理，动之以情 xiǎozhīyǐlǐ, dòngzhīyǐqíng / try to persuade sentimentally and rationally

6. 俯首称臣 fǔshǒu-chēngchén / bow one's head and admit inferiority

7. 低头认罪 dītóu-rènzuì / lower one's head and admit one's guilt

8. 不失时机 bùshī-shíjī / seize the opportune moment

进行一些精神上的威慑，后来，他当场就被我降伏了，低头认输，问题圆满解决。

梅：那你那尾巴骨？

夏：我这尾巴骨……对呀，我当时我太高兴了，我也没想到，事情解决得这么顺利。我……我兴高采烈，我得意忘形，我一乐极生悲，我刺溜啪嗒，哎哟，尾巴骨就这样了。

雨：噢，原来是这样。

星：我还以为您让人家给修理了呢。

夏：修……什么话？

梅：真是……

夏：我告诉你，修理你爸爸的人还没出生呢！

梅：行啊你④，小哥，加菲猫，你怎么那么棒啊？文武兼修，深藏不露啊，我太为你自豪了。请吧，一桌子丰盛的晚餐。

夏：好，吃饭去！

梅：入席！

夏：走！

梅：走！疼吧？

夏：一点点。

9. 精神　jīngshén / n. / spirit, mind
10. 威慑　wēishè / v. / deter
11. 当场　dāngchǎng / adv. / on the spot, then and there
12. 降伏　xiángfú / vanquish, subdue
13. 低头认输　dītóu-rènshū / lower one's head and admit defeat
14. 得意忘形　déyì-wàngxíng / get dizzy with success
15. 乐极生悲　lèjí-shēngbēi / Extreme joy begets sorrow.
16. 刺溜　cīliū / ono. / sound of slipping
17. 啪嗒　pādā / ono. / sound of falling

18. 修理　xiūlǐ / v. / repair, bully

19. 文武兼修　wénwǔ-jiānxiū / master civil and military skills
20. 深藏不露　shēncáng-búlòu / conceal one's skill
21. 入席　rù xí / take one's seat at a banquet, ceremony, etc.

梅：没事儿吧？

夏：没事儿。

梅：快来，快来。

(小雪把小雨和刘星拉到他们的房间)

星：你干吗？

雨：干吗？

星：哦，后悔自己当女生了吧？当然③，女生在某种情况下，是没有什么作用的。

雨：缺少保护自己的实力。

星：不过，不过你有一个神勇无比的爸爸。

雨：还有我们哥儿俩。

星：对。

雪：够了！你们都醒醒吧！事情根本都不像老爸说的那样子。当时我在场，我看到了老爸是怎样滑倒的。

星：干吗呀你？

雨：啊。

雪：咱们老爸就这样被别人推倒了，磕了尾巴骨。

雨：Oh no!

星：不！这不是真的！

雪：我也希望这不是真的，但事实就是这么残酷，老爸还没出手呢，就被别人给打趴下了。

星：心目中的偶像倒塌了。

雨：为什么告诉我们这些呀？

22. 某　mǒu / pron. / certain, some
23. 缺少　quēshǎo / v. / lack, be short of
24. 神勇无比　shényǒng-wúbǐ / fearlessly valiant and unparalleled
25. 哥儿俩　gēr liǎ / two brothers
26. 醒　xǐng / v. / wake up
27. 滑倒　huádǎo / slip and fall

28. 残酷　cánkù / adj. / cruel, brutal, ruthless

29. 心目　xīnmù / n. / heart, mind
30. 偶像　ǒuxiàng / n. / idol
31. 倒塌　dǎotā / v. / collapse

雪：为了让你们知道，以后不要老在外面惹事，惹了事也要自己去了断，不要连累咱们老爸，听见没有？

星：听见了。以后不管在外边受了多大委屈，都不回来告状。

雨：挨了打就说是自己摔的。

雪：哎，不过你们还是有希望的。在不久的将来，老姐会保护你们。

星：算了，算了，走，走吧。

雪：你们别不信，一朵霸王花就要盛开了。

32. 惹事　rě shì / stir up trouble
33. 了断　liǎoduàn / v. / settle
34. 连累　liánlei / v. / involve, implicate

35. 霸王花　bàwánghuā / n. / see *Culture Points* 34
36. 盛开　shèngkāi / v. / blossom

语言点例释 Grammar Points

1 实话跟你说

解释 Explanation

意思与"说实话""说真的"一样，后边就是要说出的实情或真实想法。

The meaning is same as "说实话""说真的". It is followed by the truth or real feeling that the speaker wants to tell.

剧中 Example in Play

夏：我告诉你啊，你当时没在现场，你没见他，他一见到我吓得那样。实话跟你说，我都不好意思大声跟他说话。我生怕把他心脏病给吓出来。

他例 Other Examples

➤ 甲：听说你有女朋友了，是真的吗？
　乙：实话跟你说，我已经向她求婚了。

➤ 甲：这件衣服真漂亮，一定很贵！
　乙：实话跟你说，一共没花多少钱。

❷ 生怕

解释 Explanation

意思是"很怕"。非常小心,以免出现不希望的情况。

"生怕" means "very afraid". Be extremely careful to avoid untoward situations.

剧中 Example in Play

夏:实话跟你说,我都不好意思大声跟他说话。我生怕把他心脏病给吓出来。

他例 Other Examples

- 他说话压低了声音,生怕把妹妹吵醒了。
- 路上很滑,我们慢慢地走着,生怕滑倒。

❸ 当然了

解释 Explanation

用在两句或两段话之间,先说明一种情况,然后对前文加以补充。"了"可以不说。

"当然了" is used between two sentences or two parts of speech. A statement is made first, then followed by further elaboration. It is not necessary to say "了".

剧中 Examples in Play

- 梅:真的?就根本就没动手?
  夏:这还用我亲自动手吗?当然了,我也不失时机地跟他亮了一下我的实力……
- 星:哦,后悔自己当女生了吧?当然,女生在某种情况下,是没有什么作用的。

他例 Other Examples

- 打太极拳对身体很有好处,当然了,贵在坚持。
- 最近大家的工作做得比较好,当然,也不是没有问题,但是总的说来还是很不错的。

❹ 行啊你

解释 Explanation

与"你真行""你真能干啊""你真棒啊"意思相同。有惊喜的语气,夸奖对方时的用语,后边是夸奖的具体内容。

"行啊你" has the same meaning as "你真行""你真能干啊""你真棒啊" (you are excellent or highly capable) and has a tone of pleasant surprise. It's used to praise the listener. It's followed by the specific compliment.

剧中 Example in Play

梅：行啊你，小哥，加菲猫，你怎么那么棒啊？

他例 Other Examples

甲：这件事交给我来办吧。
乙：行啊你，这下我就放心啦！

甲：妈妈，我会修电脑！
乙：行啊你，你跟谁学的？

文化点滴 Culture Points

34 霸王花

花是美丽的。汉语中，人们往往把年轻漂亮或有某种本领的女人叫作"××花"，比如，学校里最漂亮的女生会被称作校花；警察中漂亮干练的女警官会被称作警花；活跃在各种交际场合，擅长与人交往的漂亮女人，被称作交际花（有时含贬义）；军队中武艺高强的女特种兵则被称作霸王花。

34 Heroines

Flowers are beautiful and in Chinese language, people often refer to young beautiful women or those with certain skills as "××花". For instance, in school, the prettiest girls are known as "校花"; in the police force, the beautiful and experienced female police officers are known as "警花"; those beautiful women who flourish in a variety of social situations and are good at interacting with people are known as "交际花" (although this can sometimes have a derogatory meaning); in the military, female soldiers with impressive combat skills are praised as "霸王花".

练习 Exercises

一、将下列熟语与对应的解释连线
Match the idioms below to the corresponding explanations

1. 低头认输	欢乐到极点，转而会产生悲伤的事。
2. 得意忘形	用道理说服对方，用真情打动对方。
3. 乐极生悲	低着头表示承认对方的权威，接受对方的管制。
4. 晓之以理，动之以情	非常高兴，失去常态。
5. 俯首称臣	低着头，承认自己有罪，愿意接受处罚。
6. 低头认罪	文才和武才都很高。
7. 不失时机	把才能或者功夫藏起来，不显示出来。
8. 文武兼修	低着头，承认自己失败了。
9. 深藏不露	非常勇敢。
10. 神勇无比	不错过当时的机会。

二、看视频，根据提示，将相应的句子说出来
Watch the video and speak out loud the corresponding sentences based on the clues

情景提示	代表性内容
1. 如果夏东海是被牛牛的舅舅打的，刘梅的打算：	
2. 夏东海否定刘梅的猜测的话：	
3. 夏东海吹牛的内容：	
4. 夏东海关于摔倒原因的假话：	
5. 刘梅夸奖夏东海的话：	
6. 小雪说出真相的话：	
7. 听了小雪说出的真相，刘星的反应：	
8. 听了小雪说出的真相，小雨的反应：	
9. 小雪嘱咐弟弟们的话：	

三、台词填空　Complete the scripts

1. 夏：我告诉你啊，你当时没在（　　　），你没见他，他一见到我（　　　）得那样。（　　　）跟你说，我都不好意思大声跟他说话。我（　　　）把他心脏病给吓出来。

2. 梅：真的？就根本就没动手？
   夏：这还用我（　　）动手吗？当然了，我也不失时机地跟他亮了一下我的（　　），给他（　　）一些精神上的威慑，后来，他（　　）就被我降伏了，低头认输，问题（　　）解决。
3. 夏：我当时我太高兴了，我也没想到，事情解决得这么（　　）。我……我兴高采烈，我得意忘形，我一（　　）极生悲，我刺溜啪嗒，哎哟，尾巴骨就这样了。
4. 星：我还以为您让人家给（　　）了呢。
5. 夏：我告诉你，修理你爸爸的人还没（　　）呢！
6. 雪：事情（　　）都不像老爸说的那样子。当时我（　　），我看到了老爸是怎样（　　）的。

四、根据剧情，给下列台词排序 Put the scripts below into the correct order based on the plot

序号	台词
☐	雨：挨了打就说是自己摔的。
☐	雪：为了让你们知道，以后不要老在外面惹事，惹了事也要自己去了断，不要连累咱们老爸，听见没有？
☐	雪：哎，不过你们还是有希望的。在不久的将来，老姐会保护你们。
☐	雪：我也希望这不是真的，但事实就是这么残酷，老爸还没出手呢，就被别人给打趴下了。
☐	雨：为什么告诉我们这些呀？
☐	星：心目中的偶像倒塌了。
☐	星：听见了。以后不管在外边受了多大委屈，都不回来告状。
☐	星：不！这不是真的！

五、选词填空 Choose the most appropriate words to fill in the blanks

（一）1. 妻子把这个可怕的消息慢慢地说出来，（　　）吓坏了家人。
2. 武林高手一见面，一般要（　　）一下自己的实力。
3. 听说爸爸要（　　）自己，二胖不敢回家。
4. 各位来宾请（　　），我们的晚会马上开始。
5. 对于一般人来说，友谊是不可（　　）的。
6. 今天早上我（　　）来一看，已经10点了。
7. 地上有水，我不小心（　　）了。

惹事	连累
了断	盛开
生怕	入席
修理	缺少
倒塌	滑倒
醒	亮

8. 地震中，很多房屋都（　　　）了。
9. 淘气的孩子常常（　　　），让父母头疼。
10. 这件事太麻烦了，我们得想一个（　　　）的办法。
11. 这事是我自己做的，不能（　　　）别人。
12. 公园里，到处都是（　　　）的鲜花。

（二）1. 在电视机前看比赛没有（　　　）的氛围。
2. （　　　）人不能进行剧烈的运动。
3. 男朋友变心给她的（　　　）上造成了巨大的打击。
4. 他是我（　　　）中的英雄。
5. 他是我小时候的（　　　），现在不是了。
6. 小偷儿在偷东西的时候（　　　）被警察抓住了。
7. 去年的（　　　）一天，我正在路上走，忽然听见有人叫我的名字。
8. 现实不都是美好的，有时甚至是（　　　）的。

心脏病	精神
残酷	当场
现场	偶像
心目	某

六、用提示词语或句式完成对话，并设计一个新对话
Complete the dialogues using the given prompts and create a new dialogue

1. 实话跟你说
   (1) 梅：那你见着他没有啊？
       夏：我当然见到他了。我告诉你啊，他一见到我吓得那样。_____
       _____
   (2) 甲：你觉得买股票是不是好事？
       乙：_____

2. 当然了
   (1) 梅：真的？就根本就没动手？
       夏：这还用我亲自动手吗？_____
       _____

   (2) 甲：这件事到底是谁的错？
       乙：_____

3. 行啊你
   (1) 夏：他当场就被我降伏了，低头认输，问题圆满解决。
       梅：_____
   (2) 甲：我利用暑假开车去了一趟西藏。
       乙：_____

七、成段表达　Presentations

1. 用小雪的语气叙述事情的经过。
   Use the tone of Xiaoxue to depict the course of events.

2. 根据本课剧情的最后一句话，设想一下小雪今后的行为。
   According to the very last sentence in the episode, imagine what Xiaoxue's behavior will be like in the future.

Lesson 5 第五课

(共3分03秒)

? 热身问题 Warm-up Questions

1 小雪为什么比平时回家晚了？
2 刘星有什么新打算？

（家里）

夏：梅梅，小雪怎么还没回来？这都几点了！

梅：她刚才来个电话，说今天有重要的事儿，要晚点儿回来。

夏：这会考都结束了，还有什么重要的事儿呀？

（小雪冲进来）

雪：哎—哈！呀—哈！

梅：小雪，你没事儿吧？

夏：怎么了？

雪：一切正常。呀嘿！

夏：你每天这会儿不是应该在屋里写作业吗？

雪：那个时代已经结束了，以后每天这个时候，我都要干这个。哈—哈—哈—哈！

梅：小雪，这到底怎么回事儿呀这个？

夏：对呀。

雪：难道你没看出来吗？我，夏家的长女，就要弃文学武了，"谁说女子不如男"*！

星：一朵霸王花就要盛开了！

梅：小雪，为什么呀？

雪：为了不让我爸再摔跟头！

1. 会考 huìkǎo / v. / general examination

2. 时代 shídài / n. / times, era

3. 长女 zhǎngnǚ / n. / eldest daughter
4. 弃文学武 qìwén-xuéwǔ / give up literature and study for martial arts
5. 摔跟头 shuāi gēntou / fall, tumble

---

* 谁说女子不如男 shuí shuō nǚzǐ bùrú nán；豫剧《花木兰》中的唱词。意思是女子不比男子差。
This is a libretto taken from the Henan opera, *Mulan*. It means that women are not inadequate compared to men.

梅：这我就更不明白了。小雪！

夏：梅梅，梅梅。她愿意干什么干什么去吧，反正也无伤大雅，随她去吧①。走走走。

梅：我发现你这人怎么这样，小雪的学习多好啊！

（刘星也比画起来）

雨：刘星，你又怎么了？

星：我受了小雪的启发，"男儿当自强"*！

（三个孩子热闹地练习武功，刘梅进门）

梅：干吗呢这是？咱们家什么时候改武馆了？

星：拳打南山猛虎！

雪：脚踹北海蛟龙！

雨：隔山打老牛！

梅：哎，哎，哎，咱们家没有猛虎，也没蛟龙，更没老牛啊。去去去，都给我回屋，回屋去，写作业去。（问刘星）你怎么不回去啊？

星：妈，我就要走了，我是来跟您拜别的。

梅：拜别？这马上就要做饭吃饭了，你不吃了？

星：恐怕我以后吃不上您老给我做的饭了，我要马上退学，去少林寺做一名少年武僧。

梅：你说什么？

星：我要练一身功夫成为强者，这样我以后就不会再受欺负，老爸就不会再摔跟头了。

6. 无伤大雅　wúshāng-dàyǎ /
no big deal

7. 启发　qǐfā / v. / inspire
8. 自强　zìqiáng / adj. /
stand on one's own two feet
9. 武馆　wǔguǎn / n. / martial arts gym
10. 猛虎　měnghǔ / n. / fierce tiger
11. 蛟龙　jiāolóng / n. /
dragon, a mythical creature capable of invoking storms and floods

12. 拜别　bàibié / v. /
bow and say goodbye
13. 退学　tuì xué / quit school
14. 少林寺　Shàolín Sì / N. /
see Culture Points 35
15. 武僧　wǔsēng / n. / fighting monk
16. 功夫　gōngfu / n. / kung fu
17. 强者　qiángzhě / n. / the strong

---

* 男儿当自强 Nán'ér Dāng Zìqiáng：歌名。Name of a song (*A Man Should Stand Strong*).

梅：这跟你爸摔跟头有什么关系呀？我告诉你啊，小雪这儿还没消停呢，你又找事儿是不是？你还想退学当和尚，你找揍呢吧你？！德行[②]！

夏：豆腐买回来了！南豆腐、北豆腐各一块。

梅：太好了！

18. 消停　xiāoting / adj. / quiet
19. 找事儿　zhǎo shìr / make trouble
20. 和尚　héshang / n. / monk
21. 豆腐　dòufu / n. / tofu, bean curd

语言点例释 Grammar Points

1 随她（他）去吧

解释 Explanation

意思是"随她（他）的便，她（他）想怎么样就怎么样吧"。表示不加干涉，任其自然。

"随她（他）去吧" means "as she/he pleases, let her/him be". It shows an unwillingness to intervene and means to let things slide.

剧中 Example in Play

梅：这我就更不明白了。小雪！

夏：梅梅，梅梅。她愿意干什么干什么去吧，反正也无伤大雅，随她去吧。

他例 Other Examples

▶ 他现在正为考试成绩难过，想安静一会儿，就先随他去吧，过一会儿再说。

▶ 甲：这孩子，怎么又跑出去玩儿了？
　乙：随他去吧，让他玩儿一会儿也好。

2 德行

解释 Explanation

表示讨厌或者轻视某人的言行或举止，用在句子中时意思相当于"令人讨厌的样子"。单独使用时，意思相当于"你看你的那个样子"。也可以写作"德性"。

"德行" indicates disgust at someone's words, actions or deeds. When used in a sentence, it means "令人讨厌的样子" (an annoying appearance) and when used alone, the meaning is rather similar to "你看你的那个样子" (take a look at yourself). This can also be written as "德性".

剧中 Example in Play

梅：我告诉你啊，小雪这儿还没消停呢，你又找事儿是不是？你还想退学当和尚，你找揍呢吧你？！德行！

他例 Other Examples

➥ 你看你那德行，衣服怎么穿的？
➥ 甲：看我这发型怎么样？
   乙：德行！怎么弄得跟鬼一样？

文化点滴 Culture Points

35 少林寺

少林寺是一座佛教寺院，位于中国河南省登封市北，始建于北魏，距今已有1500多年的历史。少林寺的僧人很早就有习武健身的传统。到唐朝初年，因为少林寺昙宗等13位僧人搭救李世民（唐太宗）有功，昙宗被封为大将军，少林寺被特许训练武僧，少林武术得以发扬光大，少林寺也逐步成为闻名于世的武术圣地。

35 The Shaolin Temple

The Shaolin Temple is a Buddhist temple located in the north of Dengfeng in Henan Province. It was built in Northern Wei Dynasty, and has a history of more than 1500 years. Here Shaolin monks practised traditional martial arts long ago. In early Tang Dynasty, Tanzong was proclaimed as great general and the Shaolin Temple was given a special permission to train monks in martial arts because Tanzong and other 12 monks of the Shaolin Temple rescued Li Shimin (Emperor Taizong of Tang). The Shaolin martial arts were carried forward and the Shaolin Temple gradually became the mecca of martial arts.

练习 Exercises

一、根据剧情内容选择正确答案　Choose the correct answers based on the plot

1. 小雪回家比平时晚是因为：（　　）
   A. 会考复习　　　　　　B. 练武　　　　　　C. 练习打球

2. 刘星受小雪的启发，认识到一个道理：（　　）
   A. 谁说女子不如男　　　B. 男儿当自强　　　C. 男孩儿不能欺负女孩儿

3. 夏东海对小雪练武的态度是：（　　）
   A. 随她去　　　　　　　B. 生气　　　　　　C. 激动

4. 刘星的打算是：（　　）
   A. 在家里开武馆　　　　B. 天天练太极拳　　C. 退学当武僧

5. 刘梅认为刘星是：（　　）
   A. 心血来潮　　　　　　B. 无聊　　　　　　C. 没事儿找事儿

6. 夏东海买回来了：（　　）
   A. 两块豆腐　　　　　　B. 一块豆腐　　　　C. 一份外卖

二、台词填空　Complete the scripts

1. 梅：小雪，你没事儿吧？
   夏：怎么了？
   雪：（　　）正常。呀嘿！
   夏：你每天这会儿不是应该在屋里写作业吗？
   雪：那个时代已经（　　）了，以后每天这个时候，我都要干这个。

2. 梅：小雪，这（　　）怎么回事儿呀这个？
   夏：对呀。
   雪：（　　）你没看出来吗？我，夏家的长女，就要弃（　　）学（　　）了，"谁说女子不如男"！

3. 梅：小雪，为什么呀？
   雪：为了不让我爸再（　　）跟头！
   梅：这我就更不（　　）了。小雪！
   夏：梅梅，梅梅。她（　　）干什么干什么去吧，反正也无伤（　　），（　　）她去吧。

4. 雨：刘星，你又怎么了？
   星：我受了小雪的（　　），"男儿（　　）自强"！

5. 星:（　　）打南山猛虎!
   雪:（　　）踹北海蛟龙!
   雨:（　　）山打老牛!

三、选择对画线部分正确的解释　Choose the correct explanations for the underlined parts

1. 这<u>会考</u>都结束了，还有什么重要的事儿呀?
   A. 考试后的会议　　　　B. 统一考试
2. 难道你没看出来吗?我，夏家的长女，就要弃文学武了，"<u>谁说女子不如男</u>"!
   A. 女子不比男子差　　　B. 男子比女子强
3. 她愿意干什么干什么去吧，反正也无伤大雅，<u>随她去吧</u>。
   A. 跟她一起去　　　　　B. 她想怎样就怎样
4. 我受了小雪的启发，"男儿当<u>自强</u>"!
   A. 自己相信自己　　　　B. 自己努力向上
5. 这跟你爸摔跟头有什么关系呀?我告诉你啊，小雪这儿还没<u>消停</u>呢，你又找事儿是不是?
   A. 安静　　　　　　　　B. 休息

四、根据剧情，给下列台词排序　Put the scripts below into the correct order based on the plot

序号	台词
☐	梅：拜别?这马上就要做饭吃饭了，你不吃了?
☐	梅：这跟你爸摔跟头有什么关系呀?
☐	星：我要练一身功夫成为强者，这样我以后就不会再受欺负，老爸就不会再摔跟头了。
☐	星：妈，我就要走了，我是来跟您拜别的。
☐	星：恐怕我以后吃不上您老给我做的饭了，我要马上退学，去少林寺做一名少年武僧。
☐	梅：你说什么?

五、成段表达　Presentation

谈谈你对中国功夫的了解或印象。

Talk about what you know about or your impressions of Chinese kung fu.

Lesson 6 第六课

(共3分24秒)

❓ 热身问题 Warm-up Questions

1. 夏东海被牛牛的舅舅推倒的真相是谁说出来的？
2. 刘梅知道真相以后，有什么反应？

（续前）

夏：豆腐买回来了！南豆腐、北豆腐各一块。

梅：太好了！

星：对了，我以后要去北少林，南少林离家太远了。

夏：啊？你要去哪儿？

梅：想起一出是一出*，要上少林寺当和尚去。又找挨揍呢，不知道哪儿痒痒了。

夏：我看你也像是找挨揍呢！

星：去去去！跟您没法儿说。妈，我这次去少林寺，也是迫不得已的决定。

梅：我想揍你，也属于迫不得已的决定。

星：妈，您不知道，这练武啊，得从小练起。等到我爸这把岁数了，让人一推就一跟头的时候，再练就晚了！

梅：你要练武就练武吧，你干吗①老跟你爸摔跟头连上啊？

星：我可不想长大像我爸这样似的，老受人欺负。您以为他那次摔跟头是自个儿摔的呀②？是让牛牛他舅推的！

夏：你怎么知道的？！

1. 迫不得已 pòbùdéyǐ / have no choice but to

2. 练武 liàn wǔ / practise martial arts

3. 岁数 suìshu / n. / age

---

* 想起一出是一出 xiǎngqǐ yì chū shì yì chū：想起一件事就马上做这件事，也不管该不该做。有贬义。
To do something right away when thinking of it regardless of whether it should be done or not. It is derogatory.

星：哎呀，看来老爸是靠不住了，就得靠自己。您以为小雪练跆拳道是为了什么呀②？就是为了这个。

梅：夏东海，怎么回事儿呀？

夏：我给你弄豆腐……

梅：你甭……你甭……你甭管。你跟我说，这不是真的。

夏：这当然不是真的了……才怪③。

梅：你真让人牛牛他舅舅一推一跟头啊你?!

夏：没有，当时是不小心地上滑。我现在都已经不疼了，没事儿了，你看，没事儿了。

梅：你怎么这样呀你?!

夏：梅梅，梅梅，你听我说嘛！梅梅，梅梅，你别急呀。梅梅，你别生气啊。

梅：你别理我！

夏：别推，别推呀梅梅，你怎么还推我呀？

梅：你怎么回事儿呀你？

夏：我知道你听了心里肯定不舒服，不太能接受是吧？有很多感想，可是我告诉你……

梅：可是什么呀？可是什么呀？我能没感想吗夏东海？你说这算怎么回事儿呀？

夏：事情不是你想象的那样。

梅：那什么样啊？你告诉我什么样呀？是不是人家推你一个大跟头啊？推完大跟头呢，你怎么着了？

4. 靠不住　kàobuzhù /
unreliable, undependable
5. 跆拳道　táiquándào / n. /
Taekwondo

6. 接受　jiēshòu / v. / accept
7. 感想　gǎnxiǎng / n. /
feeling, reflection, thought

夏：是！当时，我起身拍拍土我不就回家来了嘛。

梅：你还好意思④说呢你，拍拍土还回家来了，你回家干吗来呀？你就甭回来了你！你像个男子汉吗你？你有点儿阳刚之气没有啊你？你太让我失望了！

夏：梅梅！梅梅！你看，又急了。这就让你失望了？那你说你希望我怎么样啊？我当时爬起来，我也推他一大跟头，然后他再起来，再推我一大跟头，然后我爬起来，我再推他一大跟头，然后他一看，生气得不行⑤，上去抽我一嘴巴子，然后我打他一拳，他一看，掏出刀子来跟我比画，我夺过刀子来，嘣！一刀把他给捅死了。是，我不用回家来了，我肯定有地方去了。这是不是就叫阳刚之气呀？

梅：去你的！（刘梅把夏东海推了一个大跟头）

8. 拍土　pāi tǔ /
   pat the dirt off one's clothes

9. 阳刚之气　yánggāngzhīqì /
   see *Culture Points* 36

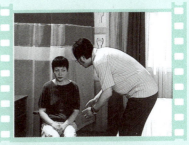

10. 抽　chōu / v. /
    slap (sb. in the face)
11. 嘴巴子　zuǐbazi / n. / = 嘴巴 mouth
12. 掏　tāo / v. / draw out, pull out
13. 比画　bǐhua / v. /
    gesture, gesticulate
14. 夺　duó / v. /
    take by force, seize, wrest
15. 嘣　bēng / ono. /
    sound of stabbing
16. 捅　tǒng / v. / stab

语言点例释 Grammar Points

① 要……就……吧，干吗……

解释 Explanation

意思是"如果想做什么就做什么，为什么要……"，意思是后边的行为或想法等是不必要的。有制止或者不解的语气。

"要……就……吧，干吗……" means "if you want to do something, just do it, why would you...". It refers that the behavior or thought that follows is not necessary. It has a tone of determent or confusion.

剧中 Example in Play

星：妈，您不知道，这练武啊，得从小练起。等到我爸这把岁数了，让人一推就一跟头的时候，再练就晚了！
梅：你要练武就练武吧，你干吗老跟你爸摔跟头连上啊？

他例 Other Examples

↘ 要来就来吧，干吗带这么贵的礼物？
↘ 要说就说吧，干吗看我？

② 您以为……呀

解释 Explanation

意思是"您以为的情况是不真实的、错误的"，后边会说出真实情况或实际的道理。

"您以为……呀" means "the situation that you assumed was untrue and incorrect". Following this is the reality or factual reasons.

剧中 Examples in Play

星：我可不想长大像我爸这样似的，老受人欺负。您以为他那次摔跟头是自个儿摔的呀？是让牛牛他舅推的！
夏：你怎么知道的?!
星：哎呀，看来老爸是靠不住了，就得靠自己。您以为小雪练跆拳道是为了什么呀？就是为了这个。

他例 Other Examples

↘ 您以为他是中国人呀？他是日本人。
↘ 您以为做饭容易呀？要做得人人满意，难着呢！

③ 才怪（呢）

解释 Explanation

"才怪"表示不相信某种情况或不相信在某种情况下会有所希望的结果。有时说成"才怪呢"。

"才怪" indicates a lack of faith towards a situation or a doubt that there would be a hopeful outcome under certain circumstance. Sometimes it can be said as "才怪呢".

剧中 Example in Play

梅：你跟我说，这不是真的。
夏：这当然不是真的了……才怪。

他例 Other Examples

⬇ 你天天开夜车，不生病才怪（呢）！
⬇ 甲：还没到时间，小王一定会准时来的。
　　乙：他能准时来才怪（呢）！

④ 你还好意思……

解释 Explanation

相当于"你竟然好意思……"，也就是"你怎么好意思……""你应该不好意思……"。有指责或埋怨的语气。

It is equivalent to "你竟然好意思……" (you have the nerve...), which is similar to "你怎么好意思……" (how do you have the nerve...) or "你应该不好意思……" (you should feel embarrassed...) . It has a tone of censure or complaint.

剧中 Example in Play

夏：当时，我起身拍拍土我不就回家来了嘛。
梅：你还好意思说呢你，拍拍土还回家来了，你回家干吗来呀？

他例 Other Examples

⬇ 甲：这件事怪我。
　　乙：你还好意思说呢，大家都急死了。
⬇ 大家都很着急，你还好意思笑。

⑤ ……得不行

解释 Explanation

"不行"在这里表示程度极深，相当于"不得了"。用在"得"字后边做补语。

Here "不行" shows that the extent is rather extreme and is rather alike "不得了". It acts as complement when used after "得".

剧中 Example in Play

夏：我当时爬起来，我也推他一大跟头，然后他再起来，再推我一大跟头，然后我爬起来，我再推他一大跟头，然后他一看，生气得不行，上去抽我一嘴巴子，然后我打他一拳……

他例 Other Examples

⬇ 我困得不行了，我先睡了。
⬇ 听说孩子病得很重，母亲急得不行，一下子哭了起来。

文化点滴 Culture Points

36 阳刚之气

阳刚之气，指男人应有的气质和品质。在中国的传统文化中，男为阳，女为阴。刚与柔相对，意为坚硬、坚固。如果说女人的性格特征应该突出温和、宽容、忍耐，那么男人的性格特征则应该突出坚强、勇敢、果断。

36 Masculinity

"阳刚之气" refers to qualities that all men should possess. In traditional Chinese culture, men are yang and women are yin. Firmness is the opposite of gentleness and shows stability and rigidity. If we say that the characteristics of women feature warmth, tolerance, and patience, the key characteristics of men should feature perseverance, bravery, and determination.

练习 Exercises

一、根据剧情内容选择正确答案　Choose the correct answers based on the plot

1. 把夏东海被牛牛的舅舅推倒的真相告诉刘梅的是：（　　　）
   A. 小雨　　　　　B. 小雪　　　　　C. 刘星
2. 刘星认为练武需要：（　　　）
   A. 从小练起　　　B. 在家里练　　　C. 去南少林学习
3. 刘梅知道真相以后的反应是：（　　　）
   A. 心疼　　　　　B. 生气　　　　　C. 无所谓

4. 夏东海给刘梅解释的时候：（　　　）

　　A. 假设了一种可能发生的情景

　　B. 把当时的情况表演了一遍

　　C. 非常不好意思

5. 夏东海给刘梅解释后，刘梅：（　　　）

　　A. 原谅了夏东海

　　B. 把夏东海推了一个大跟头

　　C. 把夏东海骂了一顿

二、根据剧情，给下列图片排序　　Place the pictures below into the correct order based on the plot

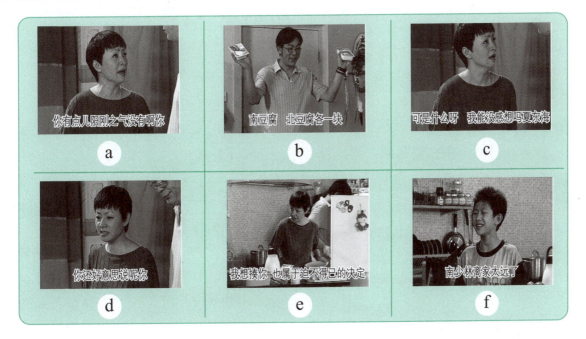

三、解释画线部分的意思　　Explain the meanings of the underlined parts

1. 想起<u>一出是一出</u>，要上少林寺当和尚去。

2. 又找挨揍呢，<u>不知道哪儿痒痒了</u>。

3. 我这次去少林寺，也是<u>迫不得已</u>的决定。

4. 等到我爸<u>这把岁数</u>了，让人一推就一跟头的时候，再练就晚了！

5. <u>这当然不是真的了……才怪</u>。

6. 是，我不用回家来了，<u>我肯定有地方去了</u>。

四、根据剧情，给下列台词排序 Put the scripts below into the correct order based on the plot

序号	台词
☐	夏：啊？你要去哪儿？
☐	梅：我想揍你，也属于迫不得已的决定。
☐	星：去去去！跟您没法儿说。妈，我这次去少林寺，也是迫不得已的决定。
☐	梅：想起一出是一出，要上少林寺当和尚去。又找挨揍呢，不知道哪儿痒痒了。
☐	夏：我看你也像是找挨揍呢！
☐	星：对了，我以后要去北少林，南少林离家太远了。

五、台词填空 Complete the scripts

1. 星：妈，您不知道，这练武啊，得从小练（　　）。等到我爸这（　　）岁数了，让人一推就一跟头的时候，再练就（　　）了！

   梅：你要练武就练武吧，你干吗老跟你爸摔跟头（　　）上啊？

   星：我可不想长大像我爸这样似的，老（　　）人欺负。您（　　）他那次摔跟头是自个儿摔的呀？是让牛牛他舅（　　）的！

   夏：你怎么知道的？！

   星：哎呀，看来老爸是（　　）不住了，就得靠自己。

2. 梅：你怎么回事儿呀你？

   夏：我知道你听了心里肯定不（　　），不太能（　　）是吧？有很多（　　），可是我告诉你……

   梅：可是什么呀？可是什么呀？我能没感想吗夏东海？你说这（　　）怎么回事儿呀？

   夏：事情不是你（　　）的那样。

3. 梅：你像个（　　）吗你？你有点儿（　　）之气没有啊你？你太让我（　　）了！

六、选择恰当的动词填空　Choose the most appropriate verbs to fill in the blanks

你看，又急了。这就让你失望了？那你说你希望我怎么样啊？我当时（　　）起来，我也（　　）他一大跟头，然后他再起来，再（　　）我一大跟头，然后我（　　）起来，我再（　　）他一大跟头，然后他一看，生气得不行，上去（　　）我一嘴巴子，然后我（　　）他一拳，他一看，（　　）出刀子来跟我（　　），我（　　）过刀子来，嘣！一刀把他给（　　）死了。是，我不用回家来了，我肯定有地方去了。

比画	夺
捅	推
爬	打
掏	抽

七、用提示词语或句式完成对话，并设计一个新对话
Complete the dialogues using the given prompts and create a new dialogue

1．要……就……吧，干吗……
　　(1) 星：这练武啊，得从小练起。等到我爸这把岁数了，让人一推就一跟头的时候，再练就晚了！
　　　　梅：_____
　　(2) 甲：明天是我第一天上班，我得买件新衣服。
　　　　乙：_____

2．您以为……呀
　　(1) 梅：你爸不是自个儿摔倒的吗？
　　　　星：_____
　　(2) 甲：她脑子聪明，不用复习就能考第一。
　　　　乙：_____

3．才怪（呢）
　　(1) 梅：你跟我说，这不是真的。
　　　　夏：_____
　　(2) 甲：抽烟对身体没什么坏处。
　　　　乙：_____

4．你还好意思……
　　(1) 夏：当时，我起身拍拍土我不就回家来了嘛。
　　　　梅：_____
　　(2) 甲：他到处惹事，我气得不行，所以动手打了他。
　　　　乙：_____

八、成段表达   Presentations

1. 刘梅听了夏东海的解释,她心里会怎么想?说明理由。

   On hearing Xia Donghai's explanation, how would Liu Mei feel? State your reasons.

2. 假设刘星和小雪都听到了夏东海的解释,他们又会怎么想?说明理由。

   Supposing that Liu Xing and Xiaoxue have both heard Xia Donghai's explanation, what would they think? State your reasons.

九、延伸练习   Extension exercise

如果你是夏东海,你见到牛牛的舅舅会怎么做?

Supposing that you were Xia Donghai, what would you do when you meet Niuniu's maternal uncle?

佳句集锦 Key Sentences

（一）

1. 这牛肉干儿全让你给吃完了？

2. 你能不能别用这调说话呀？真受不了。

3. 这叫绅士风度。

4. 他以为把面包叫成吐司，把奶酪叫成起司，把西红柿酱叫成沙司，他就绅士了？幼稚！

5. 你别娘娘腔了，赶紧说怎么回事儿吧。

6. 咱小区竟敢有人打我弟弟，走，走，咱俩现在就找他去！

7. 你们冷静点儿，现在爸爸妈妈都没在家……

8. 现在正是我作为哥哥发挥作用的时候。

9. 走，哥哥帮你出气去。

10. 别拦着我们。

11. 搞定！

12. 太爽了我！

13. 有这么一回，我敢保证他长大了也不敢再欺负你了。

14. 我为有你这样的哥哥而自豪。

15. 我先绕到他前边给他脑袋来一拳，我再绕他后边给他屁股来一脚。

16. 敢在我们家门口欺负我弟弟，先给他一教训。

17. 我们两个男人在外边打拼，你难道就不能慰劳慰劳我们吗？

（二）

18. 我在这儿等半天了，就为抓着你。

19. 是他先打我弟的！

20. 我不管那套，以大欺小不成！

21. 还是爸爸了解我。

22. 你个小馋猫。

23. 这怎么回事儿呀？

24. 那到底怎么回事儿你说呀。

25. 让人给揍了……

26. 你急什么呀？你先问清楚到底怎么回事儿。

27. 他是报复！

28. 他凭什么揍你呀？他怎么那么不像话呀？他欺负小孩儿呀！

29. 他是一大人，能欺负孩子吗？

30. 你坐下来消消气儿。

31. 你说你火气这么大，去了不明摆着要去跟人吵架吗？

32. 这是男人和男人之间的事儿，你去不合适。

33. 他要是个讲道理的人那更好，他也讲不过我。他要是不讲道理耍浑蛋，我也不怵他。

34. 这事儿很快就会过去。

35. 你在家好好儿看看刘星，做一桌好菜，等着我凯旋。

（三）

36. 你这个称呼不太合适。

37. 本来咱们都是好邻居，你说小孩儿闹点儿矛盾……

38. 您可是一个成年人，您用成年人的暴力，去对付儿童的暴力，这可不太明智，有可能触犯法律啊。

39. 你少来这套。

40. 爸爸不是说让咱们在家等着他胜利的消息吗？不会让咱们失望的。

41. 我是搞医的，我懂这个。

42. 武侠小说讲话，这种下三烂的招数，为江湖人所不齿。

43. 一家之主都被人打败了，咱家没什么希望了。

44. 我必须报警！

45. 不是你想象的那样。

46. 我这是自己不小心摔了一跤。

（四）

47. 你吓死我了！我以为真是那人打的呢。

48. 要真是他打的，咱必须得报警，这绝对都够判刑的。

49. 根本不是那么个情况。

50. 实话跟你说，我都不好意思大声跟他说话。我生怕把他心脏病给吓出来。

51. 我一看他吓成那样，我就对他晓之以理，动之以情，讲事实，摆道理，后来他就在真理面前俯首称臣，低头认罪，一切OK了。

52. 这还用我亲自动手吗？

53. 问题圆满解决。

54. 我也没想到，事情解决得这么顺利。

55. 我还以为您让人家给修理了呢。

56. 文武兼修，深藏不露啊，我太为你自豪了。

57. 请吧，一桌子丰盛的晚餐。

58. 后悔自己当女生了吧？

59. 事情根本都不像老爸说的那样子。

60. 我也希望这不是真的，但事实就是这么残酷。

61. 心目中的偶像倒塌了。

62. 在不久的将来，老姐会保护你们。

63. 你们别不信，一朵霸王花就要盛开了。

（五）

64. 一切正常。

65. 那个时代已经结束了。

66. "谁说女子不如男"！

67. 她愿意干什么干什么去吧，反正也无伤大雅，随她去吧。

68. 我受了小雪的启发，"男儿当自强"！

69. 咱们家什么时候改武馆了？

70. 我要马上退学，去少林寺做一名少年武僧。

71. 这跟你爸摔跟头有什么关系呀？

72. 豆腐买回来了！南豆腐、北豆腐各一块。

（六）

73. 想起一出是一出，要上少林寺当和尚去。

74. 又找挨揍呢，不知道哪儿痒痒了。

75. 我这次去少林寺，也是迫不得已的决定。

76. 我想揍你，也属于迫不得已的决定。

77. 这练武啊，得从小练起。等到我爸这把岁数了，让人一推就一跟头的时候，再练就晚了！

78. 你要练武就练武吧，你干吗老跟你爸摔跟头连上啊？

79. 我可不想长大像我爸这样似的，老受人欺负。

80. 您以为他那次摔跟头是自个儿摔的呀？是让牛牛他舅推的！

81. 看来老爸是靠不住了，就得靠自己。

82. 这当然不是真的了……才怪。

83. 我知道你听了心里肯定不舒服，不太能接受是吧？有很多感想，可是我告诉你……

84. 你还好意思说呢你，拍拍土还回家来了，你回家干吗来呀？

85. 你像个男子汉吗你？

86. 你有点儿阳刚之气没有啊你？

87. 你太让我失望了！

第七单元
Unit 7

风云再起
The Resurgence of Wind and Cloud

源自《家有儿女》第一部第34集《英雄气概》（下）

Extracted from *Heroism* 2 of "Home with Kids" Series 1 Episode 34

第一课 Lesson 1
(共3分14秒)

❓ 热身问题 Warm-up Questions

1 夏东海为什么要出去走走？
2 夏东海在小区里碰见了谁？

（三个孩子在客厅悄悄说着什么，夏东海从卧室出来）

雨：爸，你去干吗呀？

星：是不是让妈给轰出来了？

雪：用不用让我们帮你说说情啊？

雨：对对对！

夏：什么话①！你妈怎么敢把我轰出来呢？我们刚才就是互相沟通了一下，别在这儿瞎②想，快让开，我出去躲……我出去走走。

（刘梅追出来）

梅：站住。事儿没说完呢，你干吗去呀？你上哪儿躲……就走走去呀？

夏：哟，梅梅出来了啊……

（续前）

夏：什么事儿没谈完呀？来，孩子们可都在呢啊，什么事儿至于那么严重吗？

梅：还不严重呢？啊，软弱在先，撒谎在后③，你作为一家之主你好意思吗？

夏：你这可真严重啊，孩子们肯定不会这么想的。

梅：哼！你说他们会不会这么想，你难道没发现吗？（三个孩子摆出武打动作）看见了吧？由于你当爸爸的软弱无能，逼着孩子们走向了自强的道路。

1. 风云再起　fēngyún-zàiqǐ / the resurgence of wind and cloud

2. 说情　shuō qíng / plead for mercy

3. 让开　ràngkāi / get out of the way

4. 软弱　ruǎnruò / adj. / weak, feeble, flabby
5. 撒谎　sā huǎng / tell a lie

6. 无能　wúnéng / adj. / incompetent, powerless
7. 逼　bī / v. / force, coerce
8. 道路　dàolù / n. / road, way

夏：来来来，刘星啊，小雪，小雨，站好了！听我说啊，爸爸的这种行为不是软弱，真正的勇敢不是要去和别人打架。

梅：也不是被人推了一大跟头，拍拍土就回家。

夏：暴力解决不了问题。

梅：摔一大跟头就把问题解决了。

夏：你怎么老提这大跟头啊？

梅：那本来就是嘛，你被人推一大跟头，然后还说自个儿胜利了。

夏：我那不是怕你接受不了，一时④冲动跑到人（家）别人家里，再跟人（家）打一架。

梅：你是不是怕我把他推一大跟头？

夏：你能不能不提这大跟头？逞一时④之勇是勇敢吗？真正的大智大勇是什么你知道吗？

梅：真正的大智大勇是什么我不知道，但是肯定不是被人推了一个大跟头之后，说是自个儿滑倒的。

雪、星、雨：说得对！

夏：像这种一边倒的局面，不适合讨论问题。看来我真得出去溜达溜达了。

梅：当心路上滑，别滑一大跟头！

（小区内，胡一统走来）

胡：老夏，你好。恭喜发财，恭喜发财。

夏：发财，发财。

胡：哎哟，怎么了？病了？发烧了？

夏：没有，我没发烧。

胡：哎，我看你一脸倒霉样儿，是不是丢钱包了？

9. 行为 xíngwéi / n. / action, behavior

10. 一时 yìshí / adv. & n. / temporarily; for a short while
11. 冲动 chōngdòng / v. / act impulsively
12. 逞 chěng / v. / indulge
13. 大智大勇 dàzhì-dàyǒng / great wisdom and great bravery

14. 一边倒 yìbiāndǎo / lopsided
15. 适合 shìhé / v. / suit, fit
16. 溜达 liūda / v. / stroll, go for a walk
17. 恭喜 gōngxǐ / v. / congratulate
18. 发财 fā cái / become rich, make a fortune

19. 倒霉样儿 dǎoméiyàngr / appearance of being out of luck

夏：没丢钱包。

胡：哎哎哎，你这腿怎么了？一瘸一拐的。跟刘梅打架了吧？

夏：不是，这我不小心自己摔了一跤。

胡：这有什么不好意思的呀？是不是让刘梅给推的？

夏：你别瞎②猜，不是你想的那样。

20. 一瘸一拐　yìqué-yìguǎi / go lamely

语言点例释 Grammar Points

1 什么话

解释 Explanation

"什么话"是"你说的是什么话"的简单说法，用在对话中，表示对对方的说法十分不满或极为不赞同。

"什么话" is the simple form of "你说的是什么话" and is used in the dialogue to show a high degree of dissatisfaction with or disapproval of the other person's words.

剧中 Example in Play

星：是不是让妈给轰出来了？
雪：用不用让我们帮你说说情啊？
雨：对对对！
夏：什么话！你妈怎么敢把我轰出来呢？我们刚才就是互相沟通了一下……

他例 Other Examples

➥ 甲：我太笨了，什么都学不好。
　乙：什么话！你可不笨，你是不努力！
➥ 甲：我觉得咱爸怕咱妈。
　乙：什么话！他是在让着妈妈。

② 瞎+V

解释 Explanation

"瞎"是副词，表示"没有根据地、没有效果地"。

"瞎" is an adverb which means "aimlessly, pointlessly".

剧中 Examples in Play

➡ 夏：什么话！你妈怎么敢把我轰出来呢？我们刚才就是互相沟通了一下，别在这儿瞎想，快让开，我出去躲……我出去走走。

➡ 胡：这有什么不好意思的呀？是不是让刘梅给推的？
　　夏：你别瞎猜，不是你想的那样。

他例 Other Examples

➡ 甲：王芳的孩子多大了？
　　乙：别瞎说！她还没有结婚呢，哪儿来的孩子？

➡ 甲：明天我真没脸见大家了。
　　乙：别瞎想了，事情没那么严重。

③ A在先，B在后

解释 Explanation

原指距离上的先后。这里指事情发生的先后次序。强调前者的重要性，或两者都强调。

It originally indicates the physical order of front and back. Here, it indicates the order of events that have taken place. It emphasizes the importance of the preceding event or both events.

剧中 Example in Play

夏：什么事儿没谈完呀？来，孩子们可都在呢啊，什么事儿至于那么严重吗？
梅：还不严重呢？啊，软弱在先，撒谎在后，你作为一家之主你好意思吗？

他例 Other Examples

➡ 为了我们全家，爸爸劳累在先，生病在后，我们一定得好好儿照顾他。
➡ 他打我在先，我打他在后，凭什么只批评我？

4 一时

解释 Explanation

做副词时，表示临时。做名词时，表示短时间。

When "一时" is an adverb, it indicates "temporarily". When used as a noun, it means "for a short while".

剧中 Examples in Play

> 梅：那本来就是嘛，你被人推一大跟头，然后还说自个儿胜利了。
> 夏：我那不是怕你接受不了，一时冲动跑到人（家）别人家里，再跟人（家）打一架。

> 夏：逞一时之勇是勇敢吗？真正的大智大勇是什么你知道吗？

他例 Other Examples

> 听到这个好消息，他一时不敢相信自己的耳朵。
> 这只是一时之需，不必花这么多钱。

文化点滴 Culture Points

37 恭喜发财

"恭喜发财"是祝贺或祝愿别人发财的一句客套话。回答应说"恭喜发财""同喜同喜"或"借您吉言"。这样的客套话，一般是在逢年过节、参加喜庆典礼或宴请聚会时使用。剧中胡一统说"恭喜发财"，在这里并不合常理。夏东海回答"发财发财"也明显是文不对题。这是剧作者根据剧情和人物的需要特意安排的"错误"。

37 Wishing You Prosperity

"恭喜发财" is a pleasantry used to congratulate or wish another person to make a fortune. The response can be "恭喜发财" "同喜同喜" (same happiness with you), or "借您吉言" (all thanks to your lucky words). This kind of pleasantry is usually delivered during Lunar New Year, taking part in festive ceremonys or celebratory get-togethers. In this episode, it is out of place that Hu Yitong says "恭喜发财" here, as is Xia Donghai's response of "发财发财". This is a deliberate "mistake" made by the playwright based on the needs of the plot progression and character development.

练习 Exercises

一、**根据剧情内容判断对错** Decide whether each statement is true or false based on the plot

1. 刘梅一直很生气。 ☐
2. 孩子们都帮夏东海说情。 ☐
3. 夏东海告诉孩子们，真正的勇敢不是去和别人打架。 ☐
4. 刘梅认为被人推一个大跟头之后拍拍土回家是软弱的表现。 ☐
5. 刘梅希望夏东海再摔一个大跟头。 ☐
6. 见到夏东海时，胡一统一脸倒霉样儿。 ☐
7. 胡一统以为夏东海和刘梅打架了。 ☐
8. 夏东海说自己是不小心摔了一跤。 ☐

二、看图片，选台词　Look at the pictures and choose appropriate scripts

☐ 用不用让我们帮你说说情啊？
☐ 你作为一家之主你好意思吗？
☐ 真正的勇敢不是要去和别人打架。
☐ 你能不能不提这大跟头？
☐ 你这腿怎么了？一瘸一拐的。
☐ 跟刘梅打架了吧？

三、台词填空　Complete the scripts

1. 夏：你妈怎么敢把我（　　　）出来呢？我们刚才就是互相（　　　）了一下，别在这儿（　　　）想，快（　　　）开，我出去（　　　）……我出去走走。

2. 夏：什么事儿没谈完呀？来，孩子们可都在呢啊，什么事儿（　　　）那么严重吗？
   梅：还不严重呢？啊，软弱（　　　），撒谎（　　　），你作为一家之主你（　　　）吗？

3. 梅：由于你当爸爸的软弱（　　　），（　　　）着孩子们走向了（　　　）的道路。

4. 胡：你这腿怎么了？一瘸一（　　　）的。跟刘梅打架了吧？
   夏：不是，这我不小心自己（　　　）了一跤。
   胡：这有什么不好意思的呀？是不是让刘梅给（　　　）的？
   夏：你别瞎（　　　），不是你想的那样。

四、选词填空　Choose the most appropriate words to fill in the blanks

夏：听我说啊，爸爸的这种行为不是（　　　），真正的（　　　）不是要去和别人打架。

梅：也不是被人推了一大跟头，拍拍土就回家。

夏：（　　　）解决不了问题。

梅：摔一大跟头就把问题解决了。

夏：你怎么老（　　　）这大跟头啊？

梅：那本来就是嘛，你被人推一大跟头，然后还说自个儿（　　　）了。

夏：我那不是怕你接受不了，（　　　）冲动跑到人（家）别人家里，再跟人（家）打一架。

梅：你是不是怕我把他推一大跟头？

夏：你能不能不提这大跟头？逞一时之勇是勇敢吗？真正的（　　　）是什么你知道吗？

梅：真正的大智大勇是什么我不知道，但是肯定不是被人推了一个大跟头之后，说是自个儿（　　　）的。

雪、星、雨：说得对！

夏：像这种（　　　）的局面，不（　　　）讨论问题。看来我真得出去溜达溜达了。

梅：（　　　）路上滑，别滑一大跟头！

提
勇敢
软弱
当心
暴力
适合
胜利
滑倒
一时
一边倒
大智大勇

五、根据剧情，将相关的台词连线

Match the two corresponding parts of the sentences together based on the plot

1. 由于你当爸爸的软弱无能，
2. 爸爸的这种行为不是软弱，
3. 像这种一边倒的局面，
4. 当心路上滑，
5. 我看你一脸倒霉样儿，
6. 你别瞎猜，

不适合讨论问题。
不是你想的那样。
是不是丢钱包了？
逼着孩子们走向了自强的道路。
别滑一大跟头。
真正的勇敢不是要去和别人打架。

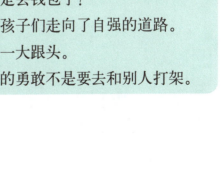

六、用提示词语或句式完成对话，并设计一个新对话
Complete the dialogues using the given prompts and create a new dialogue

1. 什么话
   (1) 星：是不是让妈给轰出来了？
       雪：用不用让我们帮你说说情啊？
       雨：对对对！
       夏：_____
   (2) 甲：你是不是特怕数学老师？
       乙：_____

2. 瞎+V
   (1) 星：是不是让妈给轰出来了？
       雪：用不用让我们帮你说说情啊？
       雨：对对对！
       夏：_____
   (2) 甲：那个又高又帅的人是不是你男朋友啊？
       乙：_____

3. A在先，B在后
   (1) 夏：什么事儿至于那么严重吗？
       梅：还不严重呢？啊，_____
       _____
   (2) 甲：你们俩到底是怎么回事儿？怎么刚见面没多会儿就打起来了？
       乙：_____

4. 一时
   (1) 梅：本来就是嘛，你被人推一大跟头，然后还说自个儿胜利了。
       夏：我那不是怕你接受不了，_____
       _____
   (2) 甲：你提着那么重的东西，为什么一定要坐地铁？怎么不打车呢？
       乙：_____

七、成段表达　　Presentations

1. 刘梅对夏东海失望的原因。
   The reasons why Liu Mei is disappointed with Xia Donghai.
2. 夏东海的委屈和无奈。
   Xia Donghai's grievance and helplessness.

Lesson 2 第二课

(共3分26秒)

❓ 热身问题 Warm-up Questions

1. 胡一统给了夏东海什么建议？
2. 胡一统以为刘星头上的伤是怎么来的？

（续前）

胡：天下男人是一家嘛。我告诉你啊，跟老婆打架要掌握火候儿，该撤的时候，你就得撤，不然呀，真动起手来，明明是她打了你，还落个你打她。

夏：不用你在这儿给我介绍经验，谢谢啊。

胡：哎，还没说完呢，你千万别跟老婆讲理，因为你有理也讲不过她。也别跟老婆认错儿，有错儿也别承认，只要你认错儿开了头儿，以后你就没对的时候了。

夏：你又不了解……

胡：刘梅曾经①是我老婆，我能不了解吗？记住了啊，吵完架三个钟头之内你不要回家。你回去早了，她那频道还没换过来呢，回去之后还得冲你发火儿，啊。（夏东海无语，走开）对对对，就这样，走远一点儿，越远越好，三个钟头之内不要回来啊，远一点儿啊。

（刘梅家中）

胡：怎么了这是？脑袋怎么了？

星：没事儿。

胡：让谁给打的？

1. 掌握　zhǎngwò / v. / control
2. 火候儿　huǒhour / n. / duration and degree (*of heating, cooking, smelting, etc.*)
3. 落　lào / v. / be left with
4. 讲理　jiǎng lǐ / reason with sb.
5. 认错儿　rèn cuòr / admit a fault
6. 曾经　céngjīng / adv. / once, used to be
7. 钟头　zhōngtóu / n. / hour
8. 发火儿　fā huǒr / get angry, lose one's temper

星：哎呀，不是。

胡：儿子，受苦了！

星：哎哟，真不是，哎呀……

胡：到底怎么回事儿呀？让你妈给打的？

星：不是。

胡：那就是让你后爹给打的。

星：不是。

胡：一定是他们俩打架，拿你撒气，俩人一块儿把你给打的，是不是？

星：不是。

胡：儿子，你怕什么呀？你爸爸来了，你还怕什么呀？有事儿我给你做主啊。刘梅！刘梅！刘梅你给我出来！

星：爸您这干吗呀？

胡：我要找他们算账，欺负我儿子不行。刘梅！刘梅！

梅：干吗？干吗呀胡一统？你在这儿嚷嚷什么呀？

胡：你们两口子也忒狠了，看把孩子打成什么样儿了，将来要考不上清华北大，我跟你们两口子没完。

梅：你别在这儿胡说八道行不行啊？

胡：你们两口子打架，摔盆摔碗不成啊？拿孩子出气算什么本事呀？不打大的，不打小的，单②打当间儿的，你说说，欺负孩子干吗呀？他亲爹还活着呢！

9. 受苦 shòu kǔ / suffer hardships

10. 撒气 sā qì / vent one's anger

11. 做主 zuò zhǔ / take the responsibility for a decision

12. 嚷嚷 rāngrang / v. / shout, yell
13. 两口子 liǎngkǒuzi / n. / married couple

14. 单 dān / adv. / =只 only
15. 当间儿 dāngjiànr / n. / (方) =中间 the one in the middle

梅：你弄清楚怎么回事儿了吗？你就在这儿一通③瞎嚷嚷。

星：爸，爸，爸，您听我妈解释呀。

胡：解释什么呀？解释什么呀？她都跟别人成两口子了，我还听她解释？儿子，说出来，有仇的报仇，有冤的申冤。说！

星：开头啊，邻居家牛牛欺负了我的弟弟小雨。

胡：慢点儿说，慢点儿啊，说清楚了。

星：开头啊，邻居家的牛牛欺负了我的弟弟小雨。后来呢，我一生气，我就把邻居家的牛牛给揍了。然后呢，④牛牛一生气，他就告诉了他的舅舅大牛。这个大牛呢，他一生气，他就截着我，要打我。他这么一要打我呢，我就跑。我这么一跑呢，我就撞路边那灯杆儿上了。

胡：反了他了，啊？这邻居怎么那么牛啊？连我儿子都敢欺负，啊！

梅：哎哎哎，你听明白没有？刚才那儿不分青红皂白*，一通③胡说八道，惭愧不惭愧呀，亏心不亏心呀？去去去，那边去，我要做饭了。

16. 一通 yítòng / quan. / an outburst

17. 申冤 shēn yuān / air the grievances

18. 截 jié / v. / stop, block

19. 反 fǎn / v. / revolt, rebel

20. 惭愧 cánkuì / adj. / ashamed
21. 亏心 kuī xīn / feel guilty

---

* 不分青红皂白 bù fēn qīnghóngzàobái：不分对错，不问缘由。皂，黑色。Indiscrimination of right and wrong, no asking why. 皂 means black.

语言点例释 Grammar Points

1 曾经

解释 Explanation

副词。表示从前有过某种情况。

"曾经" is an adverb to indicate that something has happened before.

剧中 Example in Play

夏：你又不了解……
胡：刘梅曾经是我老婆，我能不了解吗？

他例 Other Examples

⇩ 我8年前曾经去过上海。
⇩ 这是我曾经住过的房子。

2 不A，不B，单C

解释 Explanation

意思是"既不A，也不B，偏偏只C"。有时带有不满的语气。

"不A，不B，单C" means "neither A nor B but C". Sometimes it has a tone of dissatisfaction.

剧中 Example in Play

胡：你们两口子打架，摔盆摔碗不成啊？拿孩子出气算什么本事呀？不打大的，不打小的，单打当间儿的，你说说，欺负孩子干吗呀？他亲爹还活着呢！

他例 Other Examples

⇩ 你真会选时间，不早来，不晚来，单这个时候来。
⇩ 你不喜欢老大，不喜欢老二，单喜欢老三，这公平吗？

3 一通

解释 Explanation

"通"是动量词。"一通"意思是"一阵、一次"。

"通" is a measure word referring to action. "一通" means "an outburst".

剧中 Examples in Play

⇩ 梅：你弄清楚怎么回事儿了吗？你就在这儿一通瞎嚷嚷。
⇩ 梅：你听明白没有？刚才那儿不分青红皂白，一通胡说八道，惭愧不惭愧呀，亏心不亏心呀？

他例 Other Examples

⇩ 她和我们开了一通玩笑就走了。
⇩ 两个人一通聊，一直聊到了后半夜。

4　开头（啊），……后来（呢），……然后（呢），……（最后，……）

解释 Explanation

叙述事情经过时常用的格式。

It is a commonly used pattern for describing something in a chronological order.

剧中 Example in Play

胡：慢点儿说，慢点儿啊，说清楚了。
星：开头啊，邻居家的牛牛欺负了我的弟弟小雨。后来呢，我一生气，我就把邻居家的牛牛给揍了。然后呢，牛牛一生气，他就告诉了他的舅舅大牛。……

他例 Other Examples

➢ 开头啊，他们两个人还有说有笑呢，后来呢，不知为什么吵了起来，然后呢，不知谁先动了手，两个人就打起来了。最后，两个人被保安带走了。

➢ 我刚到一个新学校的时候，非常孤独。开头啊，我一个朋友也没有，后来呢，一个人主动来和我说话，然后呢，我们就成了好朋友。

文化点滴 Culture Points

38　清华北大

清华北大，是指清华大学、北京大学。清华和北大都在北京，历史悠久，风景如画。中国的许多优秀人才都出自这两所大学。每年只有全国各地考试成绩优异的考生才能进入这两所大学学习，因而清华和北大是中国许多中小学生从小就向往的神圣殿堂。许多学生家长也都盼望自己的孩子能考入清华、北大。在他们看来，清华、北大是孩子实现理想的重要阶梯。

38 Tsinghua University and Peking University

"清华北大" refers to Tsinghua University and Peking University. Both universities are in Beijing and have long histories and beautiful campuses; many talents in China are graduates of these two universities. Every year, only students with top scores can enter these two universities to study, therefore they have become the mecca many school-aged children and teenagers aspire to enter. Many parents of students also wish their children can enter Tsinghua or Peking; in their eyes, admission to these two universities is a key step to the realization of their children's dreams.

练习 Exercises

一、根据剧情内容选择正确答案　Choose the correct answers based on the plot

1. 胡一统认为：（　　）
   A. 天下男人是一家
   B. 跟老婆打架男人得先撤
   C. 不能动手打老婆

2. 胡一统认为在妻子面前要：（　　）
   A. 讲理　　　　　B. 多认错儿　　　　　C. 掌握火候儿

3. 胡一统认为刘星的伤是：（　　）
   A. 夏东海和刘梅一起打的
   B. 刘星自己磕的
   C. 被别人打的

4. 听了儿子的解释后，胡一统：（　　）
   A. 很不好意思　　　　B. 依然生气　　　　　C. 很惭愧

二、下列哪句话不是胡一统说的？请在方格内打×

Mark "×" in the square next to the sentence that Hu Yitong did not say

1. 天下男人是一家嘛。 ☐
2. 不用你在这儿给我介绍经验。 ☐
3. 有仇的报仇，有冤的申冤。 ☐
4. 反了他了，啊？ ☐
5. 这邻居怎么那么牛啊？ ☐

三、解释画线部分的意思　Explain the meanings of the underlined parts

1. 刘梅<u>曾经是我老婆</u>，我能不了解吗？记住了啊，吵完架三个钟头之内你不要回家。你回去早了，她那<u>频道还没换过来</u>呢，回去之后还得<u>冲你发火儿</u>，啊。

2. 你们两口子也忒狠了，看把孩子打成什么样儿了，将来要考不上清华北大，我<u>跟你们两口子没完</u>。

3. 你们两口子打架，摔盆摔碗不成啊？<u>拿孩子出气</u>算什么本事呀？不打大的，不打小的，单打当间儿的，你说说，欺负孩子干吗呀？他亲爹还活着呢！

4. 你弄清楚怎么回事儿了吗？你就在这儿<u>一通瞎嚷嚷</u>。

5. 解释什么呀？解释什么呀？她都<u>跟别人成两口子</u>了，我还听她解释？

6. 你听明白没有？刚才那儿<u>不分青红皂白</u>，一通胡说八道，惭愧不惭愧呀，<u>亏心不亏心</u>呀？

四、选词填空　Choose the most appropriate words to fill in the blanks

1. 炒菜的时候要（　　）火候儿。
2. 你怎么不（　　）啊？竟然以大欺小。
3. 她没有真生你的气，快去向她（　　）吧，她不会怪你的。
4. 我父亲的脾气不太好，常常（　　）。
5. 为了孩子，母亲不管（　　）多少（　　），都不在乎。
6. 他还是个孩子，这件事不能自己（　　）。
7. 谁在外边大声（　　）呢？吵死了！
8. 小偷儿刚往外边跑，就被赶来的警察（　　）住了。
9. 因为偷东西，他（　　）了一个坏名声。
10. 你自己出了问题，干吗拿别人（　　）？

截	落
嚷嚷	发火儿
撒气	掌握
认错儿	受苦
讲理	做主

五、根据剧情，将相关的台词连线
Match the two corresponding parts of the sentences together based on the plot

1. 你千万别跟老婆讲理，　　　　以后你就没对的时候了。
2. 只要你认错儿开了头儿，　　　连我儿子都敢欺负，啊！
3. 你还怕什么呀？　　　　　　　你就在这儿一通瞎嚷嚷。
4. 你弄清楚怎么回事儿了吗？　　因为你有理也讲不过她。
5. 这邻居怎么那么牛啊？　　　　有事儿我给你做主啊。

六、成段表达　Presentations

1. 叙述刘星受伤的经过。
   Describe how Liu Xing got injured.

   参考句式
   Refer to the sentence structure
   开头（啊），……后来（呢），……然后（呢），……（最后，……）

2. 根据本集和上一集的剧情内容，简单分析一下胡一统的性格。
   Based on the content of this episode and the previous one, analyse briefly the personality of Hu Yitong.

Lesson 3 第三课

(共3分47秒)

❓ 热身问题 Warm-up Questions

1. 听说夏东海被推倒的事以后，胡一统有什么打算？
2. 在与牛牛的舅舅见面时，胡一统有什么表现？

（续前）

胡：对了，儿子让人伤成这样，你们两口子干吗去了？坐视不管？

梅：你怎么知道我们坐视不管呀？我们能坐视不管吗？当时夏东海就出门跟人理论去了。

胡：后来呢？

梅：后来……

胡：后来怎么着了？

梅：后来……

雨：我爸让人推一大跟头。

胡：趴下了？下一个镜头呢？

雪：爬起来拍拍土就自己回家来了。

雨：全剧终。

胡：是真的吗？

梅：是又怎么样？管得着吗你？

胡：真是这么回事儿呀？这夏东海也忒窝囊了，让人家给推一跟头，站起来拍拍自己的土。你有本事拍那小子两下呀！

梅：你别在这儿胡说八道行不行啊？烦不烦呢①？没完没了的！

胡：我就想这事儿啊，这夏东海也实在是太窝囊了，以后出来进去，让邻居这么欺负，那脖子永远伸不直了，老得缩着，这怎么说呀？

1. 伤　shāng / v. / injure, hurt
2. 坐视不管　zuòshì-bùguǎn / sit by and watch without intervening
3. 理论　lǐlùn / v. / debate, argue
4. 镜头　jìngtóu / n. / scene
5. 剧终　jùzhōng / the end (of a play)
6. 窝囊　wōnang / adj. / cowardly
7. 烦　fán / adj. / annoying, vexed
8. 没完没了　méiwán-méiliǎo / endless
9. 脖子　bózi / n. / neck
10. 伸　shēn / v. / stretch, extend
11. 直　zhí / adj. / straight
12. 缩　suō / v. / draw back, recoil

梅：你管呢②？没你什么事儿。

胡：好，什么都甭说了。这事儿既然让我赶上了，我就不能没有个姿态。夏东海既然让人打趴下了，全剧终了，那我就出演一部续集，叫"风云再起"！

梅：你要干吗呀？

胡：找上门去，去会会大牛，给你们全家出这口恶气。有仇的报仇，有冤的申冤。儿子，给爸爸带路。

星：成！

胡：走！

梅：哎，哎，哎，胡一统，干吗呀？你真要跟人打架去呀？

胡：对呀！找那小子单挑，有仇的报仇，有冤的报冤。今儿个就今儿了啊。儿子，走你。

（小区内）

胡：儿子，紧走两步啊！爸爸为你报仇都已经热血沸腾了。（过来一人，胡一统上前）谁敢欺负我儿子？

路人：有病*。

胡：谁敢欺负……

（家里）

雪：刘星的爸爸很男人。

雨：有种！

梅：就你们还夸他呢？就他那表现，整个一大龄古惑仔。

13. 姿态　zītài / n. / attitude, pose
14. 出演　chūyǎn / v. / perform, show
15. 续集　xùjí / n. / sequel
16. 会　huì / v. / meet

17. 恶气　èqì / n. / rage
18. 带路　dàilù / lead the way

19. 单挑　dāntiāo / v. / fight one-on-one

20. 热血沸腾　rèxuè-fèiténg / The blood is boiling.

21. 有种　yǒuzhǒng / v. / have the gut
22. 大龄　dàlíng / adj. / not young, old
23. 古惑仔　gǔhuòzǎi / hooligan

* 有病 yǒu bìng：精神有毛病。Psychotic.

雪：人家是为了给自己的儿子讨回公道。

雨：顺便③替咱爸出气。

雪：勇气可嘉，值得赞赏。

雨：对。

梅：甭管怎么说④，找上门去跟人打架就不对。

雪：那您刚才干吗不拦着他呀？

雨：对，怎么不拦着他呀？

梅：我拦他？我拦他干吗呀？他现在跟我什么关系也没有，他爱干吗干吗。真是，我管他？真是。

雪：看来咱妈妈比较烦。

雨：是咱爸没有刘星的亲爸勇敢。

雪：咱爸被别人推倒了，只会爬起来拍拍自己身上的土。

雨：刘星的亲爸是找上门去拍别人。差距怎么就那么大呢？

（路上）

星：您还是先说说，您怎么收拾牛牛他舅吧。

胡：我先……我先把他们家房子给点了。

星：啊！真的！

胡：我吓唬吓唬他。一进门呀，我先甏*他个满脸花，让他服软儿。对了，爸爸想问你一下啊，就是那个牛牛的舅舅，他身高多少？体重多少？练过什么功夫没有？（看见刘星惊讶的目光）"知己知彼"方能"百战不殆"呀。

24. 顺便	shùnbiàn / adv. / conveniently, by the way
25. 勇气	yǒngqì / n. / courage, nerve
26. 可嘉	kějiā / praiseworthy
27. 值得	zhíde / be worth, merit, deserve
28. 赞赏	zànshǎng / v. / appreciate, praise

29. 差距	chājù / n. / gap
30. 点	diǎn / v. / light, ignite
31. 吓唬	xiàhu / v. / intimidate, scare
32. 满脸花	mǎnliǎnhuā / wounded in face
33. 服软儿	fúruǎnr / admit one's subordinance
34. 知己知彼	zhījǐ-zhībǐ / know yourself and know the enemy (see *Culture Points* 39)
35. 百战不殆	bǎizhàn-búdài / fight a hundred battles with no danger of defeat (see *Culture Points* 39)

---

* 甏 cèi：动词。方言。意思是完整的东西破坏成零块或碎片。
Verb. Dialect. It means to break an object into pieces.

语言点例释 Grammar Points

❶ 烦不烦（呢/啊）

解释 Explanation

"烦不烦"是"你难道不觉得你很烦人吗"的简单说法，意思是"真烦人"。常用的说法是"烦不烦呢/啊"。

"烦不烦" is a short term of "你难道不觉得你很烦人吗". The meaning is "you are so annoying". The common way is "烦不烦呢/啊".

剧中 Example in Play

胡：真是这么回事儿呀？这夏东海也忒窝囊了，让人家给推一跟头，站起来拍拍自己的土。你有本事拍那小子两下呀！

梅：你别在这儿胡说八道行不行啊？烦不烦呢？没完没了的！

他例 Other Examples

↘ 好了好了，我知道了，你已经说过100遍了，烦不烦呢？

↘ 甲：让我玩儿玩儿你的游戏机。
   乙：烦不烦啊？我还没玩儿够呢。

❷ 你管呢

解释 Explanation

意思是"跟你没有关系，不用你管"。语气比较生硬，不礼貌。

"你管呢" means "something is none of your business, and leave it alone". The tone is firm and impolite.

剧中 Example in Play

胡：我就想这事儿啊，这夏东海也实在是太窝囊了，以后出来进去，让邻居这么欺负，那脖子永远伸不直了，老得缩着，这怎么说呀？

梅：你管呢？没你什么事儿。

他例 Other Examples

↘ 甲：你们在这里吵什么？
   乙：你管呢？一边儿待着去。

↘ 甲：别抽烟了。
   乙：你管呢？抽烟是我的享受。

❸ 顺便

解释 Explanation

副词。趁做某事的方便做另外一件事。

"顺便" is an adverb that indicates doing something else out of convenience while doing something.

| 剧 中 Example in Play | 雪：人家是为了给自己的儿子讨回公道。
雨：顺便替咱爸出气。 |

| 他 例 Other Examples | ↳ 我路过母校，顺便看看我的老师。
↳ 我去上海开会，顺便看看多年不见的老同学。 |

4 甭管怎么说

| 解 释 Explanation | 意思就是"不管怎么说"，语气较随便。表示在任何情况下，结果或者结论都一样。"甭"是"不用"的意思。

"甭管怎么说" means "no matter what you say" and has a rather casual tone. It shows that regardless of the situation, the result or conclusion is the same. "甭" means "no need". |

| 剧 中 Example in Play | 雪：勇气可嘉，值得赞赏。
梅：甭管怎么说，找上门去跟人打架就不对。 |

| 他 例 Other Examples | ↳ 甲：是他先骂我，我才动手打他的。
　乙：甭管怎么说，打人是不对的。
↳ 甭管怎么说，我都不相信这件事是他做的。 |

文化点滴 Culture Points

39 知己知彼，百战不殆

这句话出自孙武的《孙子兵法》。《孙子兵法》是我国古代流传下来的最早、最完整、最著名的军事著作，在中国军事史上占有重要的地位，其军事思想对中国历代军事家、政治家、思想家产生了非常深远的影响，已被译成日、英、法、德、俄等十几种文字，在世界各地广为流传，享有"兵学圣典"的美誉。

39 Know Yourself and Know the Enemy, and You Can Fight a Hundred Battles with No Danger of Defeat

> This sentence is from *The Art of War* written by Sun Tzu. *The Art of War* is the oldest, best preserved, and most famous military treatise passed down from ancient China, and it holds an important position in the history of the Chinese military. Its military philosophy has profoundly influenced generations of military strategists, politicians, and thinkers in China. It has been translated into a dozen languages including Japanese, English, French, German, and Russian, spread all around the world, and regarded as the bible of military strategies.

练习 Exercises

一、根据剧情内容选择正确答案　Choose the correct answers based on the plot

1. 胡一统认为夏东海：（　　　）
   A. 很窝囊　　　B. 有本事　　　C. 很理智
2. 胡一统要给夏家：（　　　）
   A. 更多帮助　　B. 特别保护　　C. 报仇
3. 小雪认为胡一统：（　　　）
   A. 不像男人　　B. 很像男子汉　C. 很聪明
4. 胡一统要为夏家出气，刘梅的态度是：（　　　）
   A. 不管他　　　B. 拦住他　　　C. 生气
5. 小雨认为自己的爸爸和刘星的亲爸：（　　　）
   A. 都很勇敢　　B. 特别像　　　C. 差距太大
6. 对于牛牛的舅舅，胡一统最不关心的是：（　　　）
   A. 身高　　　　B. 帅不帅　　　C. 体重

二、本课有三处用电影镜头做比喻的句子，把它们找出来，并且说明意思

There are 3 places that were compared to movie scenes in this lesson. Pick them out and explain their meanings

1. _____

2. _____

3. _____

三、选词填空　Choose the most appropriate words to fill in the blanks

1. 胡：对了，儿子让人伤成这样，你们两口子干吗去了？（　　　　）？
   梅：你怎么知道我们（　　　）呀？我们能（　　　）吗？当时夏东海就出门跟人（　　　）去了。

2. 胡：这夏东海也忒（　　　）了，让人家给推一跟头，站起来拍拍自己的土。你有（　　　）（　　　）那小子两下呀！
   梅：你别在这儿胡说八道行不行啊？烦不烦呢？（　　　）的！
   胡：我就想这事儿啊，这夏东海也（　　　）是太窝囊了，以后出来进去，让邻居这么欺负，那脖子永远伸不（　　　）了，老得（　　　）着，这怎么说呀？

3. 胡：好，什么都甭说了。这事儿（　　　）让我赶上了，我就不能没有个（　　　）。……
   梅：你要干吗呀？
   胡：找上门去，去会会大牛，给你们全家出这口（　　　）。有仇的报仇，有冤的（　　　）。

4. 胡：儿子，紧走两步啊！爸爸为你报仇都已经（　　　）了。

5. 雪：人家是为了给自己的儿子讨回（　　　）。
   雨：（　　　）替咱爸出气。

直	缩	拍
热血沸腾	恶气	本事
顺便	姿态	公道
窝囊	既然	实在
理论	申冤	
坐视不管	没完没了	

四、根据剧情，给下列台词排序　Put the scripts below into the correct order based on the plot

序号	台词
☐	梅：就你们还夸他呢？就他那表现，整个一大龄古惑仔。
☐	雪：人家是为了给自己的儿子讨回公道。
☐	雨：有种！
☐	雪：勇气可嘉，值得赞赏。
☐	雪：刘星的爸爸很男人。
☐	雨：顺便替咱爸出气。

五、台词填空，并根据剧情判断说话人是谁
Complete the scripts and decide which character said the following sentences based on the plot

说话人	台词
	1. 有仇的（　　）仇，有冤的（　　）冤。
	2. 我（　　）他干吗呀？他现在跟我什么关系也没有，他爱干吗干吗。
	3. 看来咱妈妈比较（　　）。
	4.（　　）距怎么就那么大呢?
	5. 我先把他们家房子给（　　）了。
	6. "知己知（　　）"方能"百战不殆"呀。

六、比较下边几个短语的意思　　Compare the meanings of the phrases listed below

1. 有病!
2. 有种!
3. 讨厌!
4. 德行!

七、成段表达　　Presentation

根据剧情，分析一下胡一统"现在"的心理。

Analyse the current thought of Hu Yitong based on the plot.

Lesson 4 第四课

(共4分11秒)

❓ 热身问题 Warm-up Questions

1. 在去会牛牛舅舅的路上，胡一统有什么心理活动？
2. 小雨给胡一统起了一个什么爱称？
3. 刘梅是怎么评价胡一统的？

（续前）

胡：爸爸想问你一下啊，就是那个牛牛的舅舅，他身高多少？体重多少？练过什么功夫没有？（看见刘星惊讶的目光）"知己知彼"方能"百战不殆"呀。

星：成。他呢，没您高，也没您奘，也没您会练。

胡：好，这我就放心了。

星：不过这只是我个人意见。也许，他比您高，比您奘，还比您会练。

胡：儿子，我说你有个准话儿没有啊？

星：<u>在儿子心目中</u>①，亲爹永远是最强壮、最厉害、最勇猛的，不过要是和实际距离有差距的话，那我就不管了。

胡：你可别害我呀，啊。

星：爸，您到底去不去呀？

胡：去，当然去了。前面带路。

星：跟上啊。

胡：（独白）待会儿要碰上个瘦小枯干的，我就开练；要是碰上个高大威猛的，我就说走错门儿了。

（家里）

雨：姐，你说刘星他爸爸，找牛牛他舅舅算账，现在应该快到了吧。

1. 奘　zhuǎng / adj. /（方）=粗壮 buff, robust

2. 准话儿　zhǔnhuàr / n. / verdict
3. 强壮　qiángzhuàng / adj. / strong
4. 勇猛　yǒngměng / adj. / brave and fierce

5. 瘦小　shòuxiǎo / adj. / skinny and small
6. 枯干　kūgān / adj. / withered
7. 开练　kāi liàn / start fighting
8. 高大　gāodà / adj. / tall
9. 威猛　wēiměng / adj. / powerful, mighty
10. 走错门儿　zǒucuò ménr / walk to the wrong door

雪：可能已经踹开大门冲了进去，一把揪住牛牛舅舅的脖领了。

雨："有仇报仇，有冤报冤"什么意思？

雪：这你都不懂啊？就是谁把刘星头上弄了一个大包，他就让谁头上起大包。

雨：我明白了，就是呀，谁把爸爸推一大跟头，爸爸就把那个人推一大跟头。

雪：你推我干什么呀？

雨：我不是故意的②。我还以为你是牛牛他舅舅呢。

雪：在武侠小说里，这就叫作"以彼之道，还施彼身"*，这是姑苏慕容家的绝招儿。

雨：这么说星爸就是个大侠喽。我开始喜欢这个人了。

雪：他的形象一下就高大起来了，嚄，多勇敢呀，"找那小子单挑"！

雨："有仇报仇，有冤报冤"！

雪："今儿个就今儿个"！

梅：哎哎哎，干吗？干吗呢？神经病！犯病了你们俩？什么呀？还"今儿个就今儿个"！什么今儿个明儿个的？怎么老说反面人物台词呀？

雨：星爸怎么会是反面人物呢？

梅：星爸？什么星爸？谁呀？

雪：就是小雨给刘星爸爸起的爱称。

11. 冲　chōng / v. / rush
12. 脖领　bólǐng / n. / collar
13. 包　bāo / n. / bump

14. 姑苏　Gūsū / N. / another name of Suzhou
15. 慕容　Mùróng / N. / a surname (see *Culture Points* 40)
16. 绝招儿　juézhāor / n. / ultimate move
17. 大侠　dàxiá / n. / hero (see *Culture Points* 40)
18. 形象　xíngxiàng / n. / image
19. 神经病　shénjīngbìng / n. / psychotic
20. 犯病　fànbìng / (an illness) flares up
21. 反面人物　fǎnmiàn rénwù / villain, antagonist
22. 台词　táicí / n. / line (*in a play*)
23. 爱称　àichēng / n. / nickname

---

* 以彼之道，还施彼身 yǐ bǐ zhī dào, huán shī bǐ shēn：用别人对待自己的方法去对待别人，也等于"以其人之道，还治其人之身"。Treat someone the same way they treat others. It's also equivalent to "以其人之道，还治其人之身".

雨：爱称。

梅：嚄，你还会起爱称呢你？啊？你为什么爱他呀？

雪：勇敢是可爱的品质。

雨：可爱的人就是星爸大侠。

梅：大侠？还大虾呢。你们呀现在太小，还分不清什么是非好坏呢。

雨：我们怎么不懂好坏是非呀？

雪：勇敢比软弱好。

雨：找上门比溜回家好。

雪：反攻比挨打好。

雨：赢了比输了好。

雪：推别人一大跟头，比让别人推一大跟头好。

梅：错，全错！

雨：怎么错了？

梅：你们呀，想的也是错的，说的也是错的。让这个胡一统，就是你们认为的那个大侠，搅和进来就更是错的。我告诉你们，刘星他爸爸一点儿都不勇敢，从小就胆儿小，尿着呢，还大侠呢。我不爱跟你们说就是了。

雪：那我爸还不如他呢。被别人推一大跟头，就自己跑回家来了。

雨：对呀。

梅：什么呀，就对呀？你们可不能那么说你们爸爸啊。哎哎，小雪……

24. 可爱　kě'ài / adj. / lovable, adorable
25. 品质　pǐnzhì / n. / character, quality

26. 分不清　fēnbuqīng / can't distinguish
27. 是非　shìfēi / n. / right and wrong

28. 溜　liū / v. / escape
29. 反攻　fǎngōng / v. / counterattack

30. 尿　sóng / adj. / cowardly, weak

语言点例释 Grammar Points

❶ 在……（的）心目中

解释 Explanation

意思是"在……（的）心里"，语气比较正式。

"在……（的）心目中"means "in one's heart", and the tone is relatively formal.

剧中 Example in Play

星：在儿子心目中，亲爹永远是最强壮、最厉害、最勇猛的，不过要是和实际距离有差距的话，那我就不管了。
胡：你可别害我呀。

他例 Other Examples

↘ 在孩子（的）心目中，父母是最可信赖的人。
↘ 在你（的）心目中，我到底是什么位置？

❷ 我不是故意的

解释 Explanation

前边的行为不是出自自己的本意，但是不好的结果已经发生。向对方解释、为自己开脱时用。

The previous deed was unintentional, however an untoward outcome has occurred. It's used when explaining to the other people or disassociating oneself from the consequence.

剧中 Example in Play

雪：你推我干什么呀？
雨：我不是故意的。我还以为你是牛牛他舅舅呢。

他例 Other Examples

↘ 甲：哎呀，我的书！
　　乙：对不起，我不是故意的，我不小心把咖啡碰洒了。
↘ 甲：你拍我干什么？
　　乙：哎呀，对不起，我不是故意的，我认错人了。

文化点滴 Culture Points

40 大 侠

在中国历史上,把那些身怀绝技、武艺高强、有勇有谋、大公无私的江湖好汉叫"侠客"。其中名气大、影响大的就叫"大侠"。他们游走于江湖之中,行侠仗义,惩凶除恶,劫富济贫,常常做出一些让百姓称颂敬仰而一般人不敢做或做不到的义举。中国有一类小说,以侠客的生活为写作背景,并把侠客作为主要人物进行刻画,这类小说叫"武侠小说"。剧中提到的姑苏慕容就是武侠小说中的人物。

40 Folk Heroes

In Chinese history, brave and selfless folk heroes with great fighting skills are known as "侠客"; among them, the famous, influential ones are known as "大侠". They wander in the milieu, fight for justice against evil, punish criminals and bullies, and aid the poor. They often carry out honorable deeds that the public dares not to do or doesn't have the ability to do. In Chinese literature, a genre of novels celebrating these folk heroes as the protagonists and depicting their lives is known as "武侠小说". Gusu Murong mentioned in this episode is a fictional folk hero character in the kung fu novels.

练习 Exercises

一、根据剧情内容回答问题　Answer the questions based on the plot

1. 胡一统最担心的是什么?
2. 在刘星的心目中,亲爸的形象是怎样的?

3. 在小雪和小雨的想象中，胡一统是怎样跟牛牛舅舅算账的？
4. 小雨为什么把小雪推倒在沙发上？
5. 小雪是怎么跟小雨解释"有仇报仇，有冤报冤"的含义的？
6. 小雨给胡一统起了一个什么爱称？
7. 为什么刘梅说小雪和小雨的想法是错的？

二、在剧中，小雪和小雨用5个比较句对胡一统和夏东海进行了对比，把它们找出来
In this episode, Xiaoxue and Xiaoyu use 5 comparative sentences to distinguish Hu Yitong from Xia Donghai. Pick them out

1. _____ 比 _____ 好。
2. _____ 比 _____ 好。
3. _____ 比 _____ 好。
4. _____ 比 _____ 好。
5. _____ 比 _____ 好。

三、判断下列台词是谁说的　Decide which character said the following sentences

说话人	台词
	我说你有个准话儿没有啊？
	前面带路。
	什么今儿个明儿个的？怎么老说反面人物台词呀？
	勇敢是可爱的品质。
	可爱的人就是星爸大侠。
	你们呀，想的也是错的，说的也是错的。

四、解释画线部分的意思　Explain the meanings of the underlined parts

1. 星：不过这只是我<u>个人意见</u>。<u>也许</u>，他比您高，比您奖，还比您会练。
2. 星：<u>在儿子心目中</u>，亲爹永远是最强壮、最厉害、最勇猛的，不过要是和实际距离有<u>差距的话</u>，那我就不管了。
   胡：你可别<u>害</u>我呀，啊。

3. 胡：（独白）待会儿要碰上个瘦小枯干的，我就开练；要是碰上个高大威猛的，我就说走错门儿了。
4. 雪：在武侠小说里，这就叫作"以彼之道，还施彼身"，这是姑苏慕容家的绝招儿。
5. 雪："今儿个就今儿个"！
6. 梅：干吗？干吗呢？神经病！犯病了你们俩？什么呀？还"今儿个就今儿个"！
7. 雨：星爸怎么会是反面人物呢？
8. 雨：找上门比溜回家好。
9. 梅：让这个胡一统，就是你们认为的那个大侠，搅和进来就更是错的。我告诉你们，刘星他爸爸一点儿都不勇敢，从小就胆儿小，怂着呢，还大侠呢。

五、选词填空　Choose the most appropriate words to fill in the blanks

(一) 1. 他天天去健身房锻炼，所以身体越来越（　　）。
　　2. 武侠小说中的大侠，个个（　　）无比。
　　3. 别看她身材（　　），可是很少生病。
　　4. 台上那个穿着绿色裙子正在跳舞的小女孩儿真（　　）！
　　5. 别看他（　　），样子很凶，其实心很软。

可爱　瘦小
勇猛　强壮
高大威猛

(二) 1. 我的胳膊被蚊子叮了一个（　　）。
　　2. 在传统电影中，英雄人物的（　　）常常是高大英俊的。
　　3. 导演要求演员尽快把（　　）背下来。
　　4. 善良和包容是非常美好的（　　）。
　　5. 明明是他的错，可我却挨了批评，有没有（　　）观念啊？

是非　包
品质　台词
形象

(三) 1. 在人们的加油声中，运动员（　　）向了终点。
　　2. 小偷儿看见警察就（　　）了。
　　3. 精神病人不能受刺激，一受刺激就容易（　　）。
　　4. 这对双胞胎长得实在太像了，简直（　　）谁是哥哥谁是弟弟。
　　5. 战士们！敌人要开始（　　）了，大家要做好一切准备！

溜　冲
反攻　犯病
分不清

六、成段表达　Presentation

说说你心目中的大侠是怎样的。

Talk about what a hero is like in your opinion.

第五课 Lesson 5
(共3分11秒)

❓ 热身问题 Warm-up Questions

1. 胡一统是怎么为刘星出气的?
2. 胡一统为什么骄傲?

(刘星和胡一统进门)

星：请！

雪、雨：噢！欢迎——

雪：辛苦了！

胡：你们都这么欢迎我啊?

雨：刘星，报仇了吗?

星：这你得问我爸。

胡：刘梅！给你们出气拔份的人回来了，赶快沏杯好茶，要上好的龙井。

梅：嚷嚷什么呀，我以为你半道儿上溜了呢。

胡：我是谁呀？我胡某人是不获全胜是绝不收兵的啊。

梅：你把人邻居怎么着了?

胡：我把他给……

梅：啊？掐晕了？

胡：不是……

梅：啊？打蒙了？

胡：也不是……

星：家里啊压根儿①就没人。

梅：咳，白去一趟。

胡：不是，我冲他们家门上狠踹了好几脚，全楼层的狗都知道我来了。

梅：少在这儿耍威风！你造成的不良影响，我

1. 沏茶 qī chá / brew the tea
2. 上好 shànghǎo / adj. / first-class, best-quality
3. 龙井 lóngjǐng / n. / Longjing tea (see *Culture Points* 41)
4. 某人 mǒu rén / *used to replace of one's name*
5. 获胜 huò shèng / triumph
6. 收兵 shōu bīng / withdraw troops

7. 蒙 mēng / v. / disorient

8. 压根儿 yàgēnr / adv. / since the beginning, at all

9. 威风 wēifēng / n. / power and prestige

还得给你消除去。

胡：算那小子走运，今天躲过一劫，要不非得是眼眶子见黑，鼻孔见红……

星：我爸说得对。

梅：去去去。你少在这儿宣扬暴力。当着孩子呢。

胡：谁宣扬暴力了？我是管打，管治，一条龙服务*，真正的英雄好汉。

梅：胡一统你有完没完？你要这样，我可轰你了。干什么呀你？（对孩子）去去去，做作业去。干吗呢？真烦人。

胡：我呀还真不能走。你想想，夏东海他又盯不住，我一走，这一家子妇女儿童谁来保护啊？

梅：用不着你保护，真有什么事儿，我找政府，找派出所，找警察。

胡：警察忙着呢。干脆，这样，有事儿你给我打电话，我随叫随到。

梅：放心，我不会麻烦你的。我不会给你打电话的。

胡：我特乐意干这事儿。以前吧，我这人挺自卑的，老觉得不如夏东海。

梅：你本来就不如夏东海。

胡：通过②这件事儿吧，我觉得我还是挺男人的，还有这么一股子英雄气概，不像夏东海，一遇事儿就草鸡了。

10. 消除　xiāochú / v. / clear up
11. 走运　zǒu yùn / be fluky
12. 劫　jié / n. / disaster, misfortune
13. 眼眶子　yǎnkuàngzi / n. / eye socket
14. 鼻孔　bíkǒng / n. / nostril, naris
15. 见红　jiànhóng / get bleeding
16. 宣扬　xuānyáng / v. / publicize, propagate
17. 英雄好汉　yīngxióng-hǎohàn / hero, brave man

18. 盯不住　dīngbuzhù / can't keep an eye on it
19. 政府　zhèngfǔ / n. / government
20. 派出所　pàichūsuǒ / n. / police station
21. 警察　jǐngchá / n. / police, policeman
22. 随叫随到　suíjiàosuídào / be on call at all times
23. 自卑　zìbēi / adj. / self-abased
24. 通过　tōngguò / prep. / by means of, through
25. 股　gǔ / mw. / for air, smell, fragrance, etc.
26. 草鸡　cǎojī / adj. / (方) = 软弱 cowardly

*一条龙服务 yìtiáolóng fúwù：从开始到结束连续不断的服务。Continuous service from the beginning to the end.

梅：胡一统你有完没完呀？你非得等我轰你走呀？

胡：说实话啊，在这方面，夏东海跟我差得可不是一星半点儿。我以前吧，是挺自卑的，现在呢，我改骄傲了！

梅：胡一统，你能走了吗？

胡：我……

梅：出去，出去，走吧。

胡：我真走了……

梅：快点儿。

胡：好，我走。

（夏东海进门）

胡：哟，怎么了这是？你看！

梅：哟，怎么了？

夏：梅梅……

梅：爸爸回来了！怎么了？怎么了？

夏：终于③又见到你们了。

胡：是不是差点儿④见不着啊？谁要灭你啊？

梅：啊？怎么了？

胡：让人给打了吧？

梅：你让人给打的？

胡：是呀！光推一跟头不至于这样呀，你看……

梅：没跟你说话。

胡：不是，他不痛痛快快说呀。是不是牙给打掉了？

梅：你能不能不说话呀？有你什么事儿呀？

27. 一星半点儿　yìxīng-bàndiǎnr / tiny bit
28. 骄傲　jiāo'ào / adj. / proud

29. 终于　zhōngyú / adv. / at last, in the end, finally
30. 差点儿　chàdiǎnr / adv. / almost
31. 灭　miè / v. / exterminate, wipe out

32. 痛快　tòngkuài / adj. / straightforward, forthcoming

胡：我不说了，我不说了，行吗？
梅：真是。到底怎么回事儿呀？
夏：你别急，我先坐下，我慢慢儿给你说。
梅：坐坐坐坐坐，怎么了？啊？说说说说。

语言点例释 Grammar Points

① 压根儿

解释 Explanation

副词。意思是"根本，从来"，多用于否定式。用于口语。

"压根儿" is an adverb that means "since the beginning" or "at all" and is usually used in a negative sentence. It's used colloquially.

剧中 Example in Play

星：家里啊压根儿就没人。
梅：咳，白去一趟。

他例 Other Examples

甲：听说他是你的同学？
乙：我压根儿就不认识他。

我压根儿没学过英语，怎么能做翻译呢？

② 通过

解释 Explanation

介词。以人或事物为媒介或手段而达到某种目的，或者取得某种结果。

"通过" is a preposition indicating to reach a certain goal or to attain a certain result taking a person or thing as a medium or vessel.

剧中 Example in Play

胡：通过这件事儿吧，我觉得我还是挺男人的，还有这么一股子英雄气概，不像夏东海，一遇事儿就草鸡了。
梅：胡一统你有完没完呀？你非得等我轰你走呀？

他例 Other Examples

通过学习汉语，我了解到了更多的中国文化。
通过她的讲解和演示，我学会了正确的沏茶方法。

3 终于

解释 Explanation

副词。表示经过种种变化或等待之后出现的情况。在这里有"好不容易"的意思。

"终于" is an adverb that shows something has finally happened after going through many changes or following a long wait. Here it carries the same meaning as "好不容易".

剧中 Example in Play

梅：爸爸回来了！怎么了？怎么了？
夏：终于又见到你们了。

他例 Other Examples

- 终于放假了。
- 经过无数次的试验，我们终于成功了。

4 差点儿

解释 Explanation

副词。在这里表示不希望发生的事情几乎要发生，但最终没有发生。

"差点儿" is an adverb indicating that an unwanted event almost took place, but ultimately did not.

剧中 Example in Play

夏：终于又见到你们了。
胡：是不是差点儿见不着啊？谁要灭你啊？

他例 Other Examples

- 那支笔我好久没有用过了，差点儿找不到了。
- 打篮球时，我的眼镜被碰掉了，差点儿摔坏。

文化点滴 Culture Points

41 龙井茶

龙井茶是中国著名绿茶，产于浙江杭州西湖一带。龙井茶得名于龙井，龙井位于坐落于西湖西南山区中的龙井村。龙井茶因其产地不同，分为西湖龙井、钱塘龙井、越州龙井三种。除了西湖产区（约168平方千米）内的茶叶叫作西湖龙井外，其他两地产的茶叶俗称为浙江龙井茶。龙井茶有"色绿、香郁、味甘、形美"的特点。

41 Longjing Tea

Longjing tea is a renowned type of Chinese green tea produced in the general area of West Lake in Hangzhou, Zhejiang. Longjing tea is named after Dragon Well, a well in Dragon Well village in the southwestern mountainous area of West Lake. Depending on the place of origin, Longjing tea is further divided into 3 types, Xihu Longjing, Qiantang Longjing, and Yuezhou Longjing. With the exception of Xihu Longjing produced in the West Lake tea field (about 168 square kilometers), the other 2 types of Longjing tea are known as Zhejiang Longjing tea. Longjing tea has the characteristics of green, fragrant, sweet, and aesthetic.

练习 Exercises

一、根据剧情内容选择正确答案 Choose the correct answers based on the plot

1. 胡一统和刘星回来后，要求刘梅给他：（　　　）
   A. 倒酒　　　　　　B. 沏茶　　　　　　C. 做饭

2. 胡一统找到牛牛舅舅家后：（　　　）
   A. 把他打蒙了　　　B. 把他掐晕了　　　C. 冲他家的门踹了几脚

3. 胡一统以前很自卑是因为：（　　　）
   A. 他觉得不如夏东海　B. 他个子比较矮　　C. 他体重太大

4. 听了胡一统的话，刘梅：（　　　）
   A. 很惊讶　　　　　B. 不再理他　　　　C. 轰他离开

5. 夏东海进门的时候：（　　　）
   A. 满脸微笑　　　　B. 受伤了　　　　　C. 很紧张

二、解释画线部分的意思 Explain the meanings of the underlined parts

1. 胡：刘梅！给你们<u>出气拔份</u>的人回来了，赶快<u>沏</u>杯好茶，要<u>上</u>好的龙井。

   梅：嚷嚷什么呀，我以为你<u>半道儿上溜了</u>呢。

   胡：我是谁呀？我胡某人是<u>不获全胜</u>是<u>绝不收兵</u>的啊。

2. 星：家里啊<u>压根儿就没人</u>。

3. 梅：少在这儿耍威风！你造成的<u>不良影响</u>，我还得给你消除去。

   胡：算那小子<u>走运</u>，今天躲过一劫，要不非得是<u>眼眶子见黑，鼻孔见红</u>……

4. 胡：谁<u>宣扬暴力</u>了？我是<u>管打</u>，<u>管治</u>，<u>一条龙服务</u>，真正的英雄好汉。

三、台词填空 Complete the scripts

1. 胡：我（　　　）他们家门上（　　　）踹了好几脚，全楼层的狗都知道我来了。

2. 梅：去去去。你少在这儿宣扬暴力。（　　　）着孩子呢。

3. 梅：胡一统你有完没完？你要这样，我可（　　　）你了。

4. 胡：我呀还真不能走。你想想，夏东海他又（　　　）不住，我一走，这一家子妇女儿童谁来（　　　）啊？

5. 胡：我特（　　　）干这事儿。以前吧，我这人挺（　　　）的，老觉得不如夏东海。

   梅：你本来就不如夏东海。

   胡：通过这件事儿吧，我觉得我还是挺（　　　）的，还有这么一股子（　　　）气概，不（　　　）夏东海，一遇事儿就草鸡了。

6. 胡：说实话啊，在这（　　　），夏东海跟我（　　　）得可不是一星半点儿。我以前吧，是挺自卑的，现在呢，我改（　　　）了！

四、根据剧情和图片，写出对话的下一句

Based on the plot and the pictures, write out the next sentence of the dialogues

1. 梅：我以为你半道儿上溜了呢。
   胡：_____

2. 星：家里啊压根儿就没人。
   梅：_____

3. 胡：干脆，这样，有事儿你给我打电话，我随叫随到。
   梅：_____

4. 夏：终于又见到你们了。
   胡：_____

五、将下列熟语与对应的解释连线

Match the idioms below to the corresponding explanations

1. 英雄气概　　　　本领高强、勇猛过人的男子。
2. 英雄好汉　　　　豪迈的、勇敢威武的气势。
3. 一星半点儿　　　取得完全的胜利。
4. 随叫随到　　　　形容量极少。
5. 大获全胜　　　　只要有人召唤，就马上出现在需要的人面前。

六、用提示词语或句式完成对话，并设计一个新对话

Complete the dialogues using the given prompts and create a new dialogue

1. 压根儿
   (1) 星：_____
       梅：咳，白去一趟。
   (2) 甲：你相信有外星人吗？
       乙：_____

2. 通过
   (1) 梅：你本来就不如夏东海。
       胡：_____
   (2) 甲：这次去野外考察，你有什么收获？
       乙：_____

3. 终于
   (1) 梅：爸爸回来了！怎么了？怎么了？
       夏：_____
   (2) 甲：好消息！今年暑假咱们放两个月的假！
       乙：_____

4. 差点儿
   (1) 夏：终于又见到你们了。
       胡：_____
   (2) 甲：昨天他们下海游泳出了什么事儿？
       乙：_____

七、成段表达 Presentation

猜想一下夏东海受伤的原因，并说明理由。

Guess the reason why Xia Donghai was hurt and state your reasons.

Lesson 6 第六课
（共3分36秒）

❓ 热身问题 Warm-up Questions

1 夏东海是怎么受伤的？
2 夏东海是怎么给孩子们解释"勇敢"的含义的？

（续前）

夏：事情是这样的，我刚才在路上，又碰上了咱那个邻居了。

梅：哪个邻居呀？

夏：就是那个牛牛他舅舅。上次推了我一跟头的那个。

众：啊？！

胡：冤家路窄。

梅：啊？他又打你了？

夏：咳……

梅：嘿！凭什么呀？这人怎么这样啊？上次推了你一跟头，咱还没找他算账呢，他怎么还来劲了他？

胡：这就是是可忍孰不可忍人压不住火儿。

梅：你还手了没有？

夏：我干吗还手啊？

梅：你怎么能不还手呢？你怎么连正当的防卫都不会呀？

胡：是不会，还是不敢呀？

梅：你别说话了行不行啊？有你什么事儿呀？老在这儿插嘴，真烦人。

夏：梅梅……

1. 冤家路窄 yuānjiā-lùzhǎi / Enemies are bound to meet on a narrow road.

2. 来劲 lái jìn / feel a burst of energy

3. 压 yā / v. suppress
4. 火儿 huǒr / n. anger

5. 正当 zhèngdàng / adj. proper, appropriate
6. 防卫 fángwèi / v. defend

7. 插嘴 chā zuǐ / interrupt, interject

梅：夏东海，不是我说你，这算怎么回事儿呀，啊？街坊邻居住着，出来进去的，他以后再打习惯了，见你一回打你一回，这咱怎么办哪？

胡：奇耻大辱，奇耻大辱呀！老夏我真受不了了，这回我去给你报仇，我跟他死磕了这次。

夏：老胡、老胡、老胡！

梅：胡一统有你什么事儿呀？你老跟着瞎掺和什么呀？

夏：老胡……

胡：我受不了了……

（牛牛的舅舅进门）

舅：老夏！

梅：干什么？干什么你？你要干吗？我告诉你，你要（是）这样我可就报警了。

舅：不是，老夏，谢谢了，非常感谢。

梅：怎么回事儿啊？

雪：怎么回事儿啊？

雨：怎么回事儿啊？

星：怎么回事儿？

舅：你们还不知道吧？我今天走在半道儿上，一个歹徒偷了我的包儿就跑啊，老夏从此经过，奋不顾身地和歹徒展开了殊死搏斗，手都被划伤了都不撒手，直到把那个歹徒给抓住。老夏，你真了不起，不得了①！我不蒙你，当时我一看歹徒一拔刀，我……我晕了。你……你……老夏，你真不愧是见义勇为的英雄好汉。

8. 街坊　jiēfang / n. / neighbor

9. 奇耻大辱　qíchǐ-dàrǔ / humiliating insult

10. 死磕　sǐkē / v. /（方）= 拼命 fight with one's life

11. 歹徒　dǎitú / n. / thug
12. 奋不顾身　fènbúgùshēn / disregarding one's safety
13. 展开　zhǎnkāi / launch, carry out
14. 殊死搏斗　shūsǐ-bódòu / a battle of life-and-death
15. 划　huá / v. / scratch, cut
16. 撒手　sā shǒu / let go
17. 不得了　bùdéliǎo / adj. / terrific, extraordinary

夏：啊！

舅：对不起对不起，握伤口上了。我对你不但表示感谢，我还特别地敬佩你。

夏：你太客气了，多大点儿事儿啊。

舅：不但敬佩你，我还特别地惭愧，不好意思，你看那天我还把你推一大跟头。

夏：事儿都过去了，没事儿没事儿。

舅：真是，我还不好意思，我还跟小的（你看这）一般见识，我还欺负你儿子。孩子，放心，以后这种事儿不可能再发生了。对不起。

夏：没事儿了，这事儿都过去了，以后大家都是好邻居嘛。

舅：是是。老夏，不行，我得好好儿慰问慰问你。

夏：哎不……

舅：我给你买点儿……水果、蔬菜都有吧，我给你弄点儿海鲜去吧。

夏：千万别，千万别。

舅：大龙虾。

夏：不用不用，真的不用。

舅：鲍鱼、鱼翅、大闸蟹。

夏：心领了，我真不吃，真的。

舅：对，你手上有伤口，那东西是发物。我看着买吧。

夏：你千万别客气，不要买。

梅：你千万别客气，我告诉你啊，你真的不要买。哎，那没事儿来玩儿啊。

星：爸！

梅：行呀你，夏东海，见义勇为呀你。

18. 握	wò / v. / hold, grasp
19. 伤口	shāngkǒu / n. / wound
20. 敬佩	jìngpèi / v. / respect, admire

21. 一般见识 yìbān jiànshi / (lowering oneself to) the same level (as sb.)

22. 慰问 wèiwèn / v. / console, compensate

23. 蔬菜 shūcài / n. / vegetables, greens

24. 海鲜 hǎixiān / n. / seafood

25. 龙虾 lóngxiā / n. / lobster

26. 鲍鱼 bàoyú / n. / abalone
27. 鱼翅 yúchì / n. / shark fin

28. 发物 fāwù / n. / stimulating or allergy-triggeriny food (*such as mutton, fish, etc.*)

雪、雨：爸！

星：老爸！

雪、星、雨：真勇敢！

夏：小心！小心！

梅：别摸爸手，别摸爸手。

雪：爸，您这回怎么那么勇敢啊？

夏：我正想告诉你们呢，这个真正的勇敢，**不是**在小事儿上跟（别）人计较，去争强斗狠，**而是**②在真正的危险面前临危不惧。

梅：记住了吧？

雪、星、雨：记住了！

夏：还有，这个真正的男子汉，首先要宽容为怀，与人为善。我告诉你们，不怕别人说自己软弱，这也是一种勇敢。

梅：爸爸，你说得真好。

雪、星、雨：爸爸，爸爸。

夏：我的手！我的手！我的手！

29. 争强斗狠　zhēngqiáng-dòuhěn /
be competitive
30. 临危不惧　línwēi-bújù /
face danger fearlessly
31. 宽容为怀　kuānróng-wéihuái /
be tolerant
32. 与人为善　yǔrén-wéishàn /
treat others with kindness

语言点例释 Grammar Points

1 不得了

解释 Explanation

形容词，表示程度高、非常突出，带有感叹语气。有时说"了不得"。

"不得了" is an adjective that expresses high degree and very prominent. It has a tone of exclamation. Sometimes it's said as "了不得".

剧中 Example in Play

舅：老夏，你真了不起，**不得了**！我不蒙你，当时我一看歹徒一拔刀，我……我晕了。

他例 Other Examples

↘ 您的儿子真**不得了**，得了全国英语比赛第一名！

↘ 别看她才十岁，却会说四门外语，**不得了**！

❷ 不是……而是……

解释 Explanation

表示并列关系的关联词。"不是……而是……"带有对比的意味,肯定后者。

"不是……而是……" is a conjunction word indicating a coordinate relationship. "不是……而是……" (not..., but...) has a feeling of contrasting two and confirming or emphasizing the latter part.

剧中 Example in Play

雪:爸,您这回怎么那么勇敢啊?
夏:我正想告诉你们呢,这个真正的勇敢,不是在小事儿上跟(别)人计较,去争强斗狠,而是在真正的危险面前临危不惧。

他例 Other Examples

- 她不是我的姐姐,而是我的妹妹,你们都猜错了。
- 我来中国学习汉语,不是为了让父母高兴,而是为了了解中国历史。

文化点滴 Culture Points

42 见义勇为

"见义勇为"源自孔子所说的"见义不为,无勇也"。这句话的意思是见到正义的事而不去做,就是没有勇气。换句话说,就是要"见义勇为"。中国文化很重视"义",认为人应该把道义放在第一位。遇到合乎道义、应该做的事,就要勇于去做,也就是要见义勇为。在中国,政府每年都要表彰那些见义勇为的英雄。

42 Act Bravely for Justice

"见义勇为" originated from Confucius' quote "见义不为,无勇也". It means that when one can execute justice but does not, it shows a lack of bravery; in other words, one should act bravely for justice. In Chinese culture, justice is deemed very important and people should give it the top priority; one should act bravely for justice. In China, the government commends those heros who act bravely for justice every year.

练习 Exercises

一、根据剧情内容判断对错 Decide whether each statement is true or false based on the plot

1. 夏东海在路上被牛牛的舅舅给打了一顿。 ☐
2. 夏东海没有机会向大家说出实际情况。 ☐
3. 胡一统总是在旁边插嘴,让刘梅十分生气。 ☐
4. 牛牛的舅舅追到家里找夏东海算账。 ☐
5. 夏东海的手是被刀子划伤的。 ☐
6. 牛牛的舅舅为了向夏东海表示感谢,买了很多水果。 ☐
7. 大家都对胡一统表示不满。 ☐
8. 刘梅夸丈夫见义勇为。 ☐

二、判断下列台词是谁说的 Decide which character said the following sentences

说话人	台词
	冤家路窄。
	他又打你了?凭什么呀?
	胡一统有你什么事儿呀?你老跟着瞎掺和什么呀?
	我对你不但表示感谢,我还特别地敬佩你。
	事儿都过去了,没事儿没事儿。
	不怕别人说自己软弱,这也是一种勇敢。

三、选择对画线部分正确的解释 Choose the correct explanations for the underlined parts

1. 梅:他又打你了?凭什么呀?<u>这人怎么这样啊</u>?上次推了你一跟头,咱还没找他算账呢,他怎么还来劲了他?

   A. 这个人长得太难看了　　B. 这个人为什么这样做　　C. 这个人太过分了

2. 胡:这就是见尿人<u>压不住火儿</u>。

   A. 不能冷静　　　　　　B. 不能发火儿　　　　　C. 不能生气

3. 胡:奇耻大辱呀!老夏我真受不了了,这回我去给你报仇,我跟他<u>死磕</u>了这次。

   A. 算账　　　　　　　　B. 碰面　　　　　　　　C. 拼命

4. 舅:老夏,你真了不起,不得了!我不<u>蒙</u>你,当时我一看歹徒一拔刀,我……我晕了。

   A. 吓唬　　　　　　　　B. 骗　　　　　　　　　C. 相信

5. 舅：真是，我还不好意思，我还跟小的一般见识，我还欺负你儿子。

    A. 跟小孩子计较　　　　B. 跟小孩子见到的一样　　　C. 不认识你的孩子

6. 夏：不用不用，真的不用。心领了，我真不吃，真的。

    A. 您的心情我了解了　　B. 您让我安心了　　　　　C. 您的心意我接受了

7. 梅：行呀你，夏东海，见义勇为呀你。

    A. 没问题啊　　　　　　B. 了不起啊　　　　　　　C. 走啊

四、将下列成语或四字短语与对应的解释连线

Match the idioms or four-character-phrases below to the corresponding explanations

1. 冤家路窄	极大的耻辱，让人无法忍受的侮辱。
2. 正当防卫	看到正义的事情奋勇去做，或者看到不法的事情勇敢上前制止。
3. 街坊邻居	在危险面前一点儿也不感到害怕。
4. 奇耻大辱	住在自己家附近的人。
5. 见义勇为	为了避免公共利益或者个人的合法权益受到不法侵害而采取的制止不法侵害的行为。
6. 临危不惧	待人接物胸怀宽阔，态度宽容厚道。
7. 与人为善	冒着生命危险，用尽全力与对方进行对打。
8. 奋不顾身	善意地对待和帮助别人。
9. 宽容为怀	仇人或关系不和睦的人，虽然不愿相见，却偏偏遇见。
10. 殊死搏斗	不顾生命危险，奋勇冲向前。

五、台词填空　Complete the scripts

1. 梅：你别说话了行不行啊？有你什么事儿呀？老在这儿（　　　），真烦人。

2. 梅：你要干吗？我告诉你，你要（是）这样我可就（　　　）了。

3. 舅：老夏，你真（　　　）是见义勇为的英雄好汉。

4. 舅：对不起对不起，（　　　）伤口上了。我对你不但表示（　　　），我还特别地敬佩你。

    夏：你太客气了，多大点儿事儿啊。

    舅：不但敬佩你，我还特别地（　　　），不好意思，你看那天我还把你推一大跟头。

5. 舅：老夏，不行，我得好好儿（　　）你。

6. 夏：我（　　）想告诉你们呢，这个真正的勇敢，不是在小事儿上跟（别）人（　　），去争强斗狠，而是在（　　）的危险面前临危不惧。

7. 夏：这个真正的（　　），首先要（　　）为怀，与人为善。我告诉你们，不怕别人说自己（　　），这也是一种勇敢。

六、用提示词语或句式完成对话，并设计一个新对话
Complete the dialogues using the given prompts and create a new dialogue

1. 不得了
   (1) 舅：老夏，你真了不起，_____
       _____
       夏：事儿都过去了，没事儿没事儿。
   (2) 甲：我用中文写了一篇1000字的作文。
       乙：_____

2. 不是……而是……
   (1) 雪：爸，您这回怎么那么勇敢啊？
       夏：我正想告诉你们呢，这个真正的勇敢，_____
   (2) 甲：你为什么那么喜欢滑雪？
       乙：_____

七、成段表达 Presentations

1. 以牛牛舅舅的语气讲述夏东海见义勇为的经过。
   Use Niuniu's maternal uncle's tone to narrate how Xia Donghai bravely helped out.

   参考词语 Refer to the words and expressions
   半道儿上　歹徒　经过　殊死搏斗　直到　拔刀　晕

2. 以夏东海的语气说明什么是真正的勇敢。
   Use Xia Donghai's tone to state clearly what real bravery is.

   参考词语和句式
   Refer to the words and sentence structures
   真正　不是……而是……　首先　不怕……

八、延伸练习 Extension exercise

什么是真正的勇敢？
What is real bravery?

佳句集锦 Key Sentences

（一）

1. 我们刚才就是互相沟通了一下，别在这儿瞎想。
2. 站住。事儿没说完呢，你干吗去呀？
3. 软弱在先，撒谎在后，你作为一家之主你好意思吗？
4. 由于你当爸爸的软弱无能，逼着孩子们走向了自强的道路。
5. 爸爸的这种行为不是软弱，真正的勇敢不是要去和别人打架。
6. 暴力解决不了问题。
7. 我那不是怕你接受不了，一时冲动跑到人（家）别人家里，再跟人（家）打一架。
8. 你能不能不提这大跟头？
9. 逞一时之勇是勇敢吗？
10. 真正的大智大勇是什么你知道吗？
11. 真正的大智大勇是什么我不知道，但是肯定不是被人推了一个大跟头之后，说是自个儿滑倒的。
12. 像这种一边倒的局面，不适合讨论问题。
13. 当心路上滑，别滑一大跟头！
14. 恭喜发财，恭喜发财。
15. 你这腿怎么了？一瘸一拐的。
16. 你别瞎猜，不是你想的那样。

（二）

17. 天下男人是一家嘛。
18. 不用你在这儿给我介绍经验。
19. 刘梅曾经是我老婆，我能不了解吗？
20. 走远一点儿，越远越好，三个钟头之内不要回来啊，远一点儿啊。
21. 儿子，受苦了！
22. 到底怎么回事儿呀？
23. 我要找他们算账，欺负我儿子不行。
24. 你别在这儿胡说八道行不行啊？

25. 你弄清楚怎么回事儿了吗？你就在这儿一通瞎嚷嚷。

26. 有仇的报仇，有冤的申冤。

27. 开头啊，邻居家的牛牛欺负了我的弟弟小雨。后来呢，我一生气，我就把邻居家的牛牛给揍了。然后呢，牛牛一生气，他就告诉了他的舅舅大牛。这个大牛呢，他一生气，他就截着我，要打我。他这么一要打我呢，我就跑。我这么一跑呢，我就撞路边那灯杆儿上了。

28. 这邻居怎么那么牛啊？连我儿子都敢欺负，啊！

29. 刚才那儿不分青红皂白，一通胡说八道，惭愧不惭愧呀，亏心不亏心呀？

（三）

30. 你怎么知道我们坐视不管呀？我们能坐视不管吗？当时夏东海就出门跟人理论去了。

31. 你别在这儿胡说八道行不行啊？烦不烦呢？没完没了的！

32. 这事儿既然让我赶上了，我就不能没有个姿态。

33. 谁敢欺负我儿子？

34. 刘星的爸爸很男人。

35. 有种！

36. 人家是为了给自己的儿子讨回公道。

37. 顺便替咱爸出气。

38. 勇气可嘉，值得赞赏。

39. 甭管怎么说，找上门去跟人打架就不对。

40. 看来咱妈妈比较烦。

41. 差距怎么就那么大呢？

42. 我吓唬吓唬他。

43. 他身高多少？体重多少？练过什么功夫没有？

44. "知己知彼"方能"百战不殆"呀。

（四）

45. 也许，他比您高，比您奘，还比您会练。

46. 在儿子心目中，亲爹永远是最强壮、最厉害、最勇猛的，不过要是和实际距离有差距的话，那我就不管了。

47. 待会儿要碰上个瘦小枯干的，我就开练；要是碰上个高大威猛的，我就说走错门儿了。

48. 我不是故意的。

49. 在武侠小说里，这就叫作"以彼之道，还施彼身"。

50. 怎么老说反面人物台词呀？

51. 勇敢是可爱的品质。

52. 我们怎么不懂好坏是非呀？

53. 勇敢比软弱好。

54. 找上门比溜回家好。

55. 反攻比挨打好。

56. 赢了比输了好。

57. 推别人一大跟头，比让别人推一大跟头好。

（五）

58. 赶快沏杯好茶，要上好的龙井。

59. 我是谁呀？我胡某人是不获全胜是绝不收兵的啊。

60. 家里啊压根儿就没人。

61. 白去一趟。

62. 我冲他们家门上狠踹了好几脚，全楼层的狗都知道我来了。

63. 少在这儿耍威风！你造成的不良影响，我还得给你消除去。

64. 你少在这儿宣扬暴力。当着孩子呢。

65. 我是管打，管治，一条龙服务，真正的英雄好汉。

66. 你要这样，我可轰你了。

67. 用不着你保护，真有什么事儿，我找政府，找派出所，找警察。

68. 警察忙着呢。干脆，这样，有事儿你给我打电话，我随叫随到。

69. 我特乐意干这事儿。

70. 你本来就不如夏东海。

71. 通过这件事儿吧，我觉得我还是挺男人的，还有这么一股子英雄气概。

72. 我以前吧，是挺自卑的，现在呢，我改骄傲了！

73. 终于又见到你们了。

74. 是不是差点儿见不着啊？

(六)

75. 事情是这样的，我刚才在路上，又碰上了咱那个邻居了。

76. 冤家路窄。

77. 你怎么能不还手呢？

78. 你怎么连正当的防卫都不会呀？

79. 不是我说你，这算怎么回事儿呀，啊？

80. 奇耻大辱，奇耻大辱呀！

81. 你老跟着瞎掺和什么呀？

82. 你要干吗？我告诉你，你要（是）这样我可就报警了。

83. 你真了不起，不得了！

84. 你真不愧是见义勇为的英雄好汉。

85. 我对你不但表示感谢，我还特别地敬佩你。

86. 不但敬佩你，我还特别地惭愧，不好意思，你看那天我还把你推一大跟头。

87. 真是，我还不好意思，我还跟小的（你看这）一般见识，我还欺负你儿子。

88. 孩子，放心，以后这种事儿不可能再发生了。

89. 没事儿了，这事儿都过去了，以后大家都是好邻居嘛。

90. 我得好好儿慰问慰问你。

91. 行呀你，夏东海，见义勇为呀你。

92. 我正想告诉你们呢，这个真正的勇敢，不是在小事儿上跟（别）人计较，去争强斗狠，而是在真正的危险面前临危不惧。

93. 真正的男子汉，首先要宽容为怀，与人为善。

94. 我告诉你们，不怕别人说自己软弱，这也是一种勇敢。

第八单元 Unit 8

诱惑 Temptation

源自《家有儿女》第一部第49集《诱惑》（上）

Extracted from *Temptation* 1 of "Home with Kids" Series 1 Episode 49

第一课 Lesson 1
(共3分26秒)

热身问题 Warm-up Questions

1 夏东海告诉大家一个什么好消息？
2 "老外"要来干什么？

（客厅）

夏：来人哪！出事儿了！

梅：怎么了？着火了？出什么事儿了爸爸？啊？怎么了？

夏：我要告诉你们一个好消息。我的一个剧本呀，被美国的一家公司看上了，要准备斥巨资打造，并向国外市场发行。

梅：这么说①爸爸你就要走向世界了！

雪：爸爸，您剧本上写的是什么呀？

夏：写的是一个中国兔的故事。

梅：这么说①中国兔就要走向世界了。

雪：要不然动画片老是美国兔。

星：还有韩国的小眯缝眼流氓兔。

梅：这么说①你打造的中国兔，要是能够走向世界，你就太了不起了！

夏：在外方强大的资金支持下，这不是没有可能的。

梅：那你就是中国兔之父了。

雪、星、雨：兔爸爸——

（卧室）

梅：真的夏东海，你再跟我说说。

1. 诱惑　yòuhuò / v. / lure, tempt
2. 出事儿　chū shìr / Something has happened.
3. 着火　zháo huǒ / catch fire, be on fire
4. 剧本　jùběn / n. / drama, play, script
5. 看上　kànshàng / take a liking to
6. 斥巨资　chì jùzī / invest a large amount of money
   巨资　jùzī / n. / huge investment
7. 发行　fāxíng / v. / issue, publish

8. 眯缝眼　mīfengyǎn / narrow eyes
9. 流氓兔　Liúmángtù / N. / Mashimaro (*a Korean cartoon character*)
10. 外方　wàifāng / the foreign party

夏：说什么呀？

梅：你再跟我说说到底怎么回事儿啊。

夏：想听啊？我告诉你啊，那老外不但选中了我的剧本，还拍板让我做总编导。

梅：真的？我的妈呀②！你现在是自编自导，你就差演了。你别说③，你要演一兔爸爸，还真挺像的。

夏：好啊，那我推荐你去演兔妈妈。

梅：去！我才不像你们那么会演戏呢。

夏：谁呀……不过说真的，我这次倒是真体验到了那种"千里马"*遇见"伯乐"*的感觉了。

梅：而且人家这伯乐多有眼光！

夏：没错儿。他不但看上我的剧本，还特欣赏我本人，还说要来咱们家做客。

梅：什么时候啊？

夏：大概就最近几天吧。

梅：我的妈呀②！我得去买身衣服去。

夏：先甭着急买衣服，我觉得，你倒是应该买条围裙了。

梅：我买围裙干吗呀？

夏：你想想，人（家）大老远的来咱家做客，你是不是得请人（家）吃顿饭？你能不露几手拿手好菜吗，我的老婆大厨？

11. 选中　xuǎnzhòng / v. / select
12. 拍板　pāi bǎn / make a decision
13. 推荐　tuījiàn / v. / recommend
14. 体验　tǐyàn / v. / feel, experience
15. 眼光　yǎnguāng / n. / taste, vision

16. 围裙　wéiqún / n. / apron
17. 大老远的　dàlǎoyuǎnde /（口）afar
18. 露几手　lòu jǐ shǒu / show off a few tricks
19. 大厨　dàchú / n. / chef

---

* 千里马　qiānlǐmǎ：一天能跑一千里的骏马，比喻有才干的人。A horse that can cover a thousand li (500 km) a day. It refers to a person of great talent.
* 伯乐　Bólè：春秋时秦国人，善于相马，后用来比喻善于发现和选用人才的人。A man of Qin who lived in the Period of Spring and Autumn and was adept at spotting good horses. Later Bole refers to a man good at scouting talents.

(客厅)

梅：哎呀，美国朋友就要来咱们家了，咱们必须得做好准备。知道吗？必须得让他们看到当代中国家庭的风貌。咱们得为国争光，为你爸爸争光啊。

雪：妈，那个美国老总长得什么样呀？

星：长得像克林顿还是布什呀？

梅：那我哪儿知道，我也没见过。外国人长什么样的都有，那不重要，关键是④这位外国朋友，他看中了你爸爸的剧本，给咱们家带来了好运，咱必须得好好儿招待人家。

雪：行，到时候啊，咱多给他准备一些鲜花。

梅：好！

星：咱们再给他演几个节目。

梅：成啊，那太好了！

(夏东海进门)

夏：哟，都在呢！老外们明天可就来了，明天的晚餐你可要准备好啊。

梅：哎呀，你放心，第一道菜就是东坡肘子。

夏：胆固醇是不是有点儿太高了？

梅：那有什么办法呀？东坡肘子必须得上，它具有中国特色。

雨：美国的猪也有肘子呀。

梅：咳！光有肘子没文化有什么用啊？东坡肘子为什么烂？它有中国传统文化的积淀。

夏、雪、星、雨：哦。

梅：懂吗你们？！

雪、星、雨：懂、懂、懂……

20. 风貌　fēngmào / n. / appearance and manner
21. 争光　zhēng guāng / win honor
22. 老总　lǎozǒng / n. / president, general manager
23. 克林顿　Kèlíndùn / N. / Bill Clinton
24. 布什　Bùshí / N. / George W. Bush
25. 关键　guānjiàn / n. / crux, key
26. 看中　kànzhòng / take a fancy to
27. 招待　zhāodài / v. / entertain, treat
28. 鲜花　xiānhuā / n. / fresh flower

29. 东坡肘子　Dōngpō zhǒuzi / see *Culture Points* 43
30. 胆固醇　dǎngùchún / n. / cholesterol

31. 烂　làn / adj. / (meat cooked) soft and tender
32. 积淀　jīdiàn / n. / accumulation, condensation

语言点例释 Grammar Points

❶ 这么说……

解释 Explanation

用于对话中,引出对对方所说的话作出的判断。

"这么说……" is used in a conversation to draw forth a speculation made based on the words of the other person.

剧中 Examples in Play

> 夏:我的一个剧本呀,被美国的一家公司看上了,要准备斥巨资打造,并向国外市场发行。
> 梅:这么说爸爸你就要走向世界了!
> 雪:爸爸,您剧本上写的是什么呀?
> 夏:写的是一个中国兔的故事。
> 梅:这么说中国兔就要走向世界了。

> 梅:这么说你打造的中国兔,要是能够走向世界,你就太了不起了!

他例 Other Examples

> 甲:你不该对她那么凶。
> 乙:这么说,是我错了?

> 甲:今年中秋节和周末相连,一共放3天假。
> 乙:这么说,我可以和家人好好儿聚一聚了。

❷ 我的妈呀

解释 Explanation

感叹语。表示惊讶、意外等。有时说成"我的天啊""天啊"。

"我的妈呀" is an exclamation used to show surprise, unexpectedness, etc.. Sometimes it's spoken as "我的天啊" or "天啊".

剧中 Examples in Play

> 夏:我告诉你啊,那老外不但选中了我的剧本,还拍板让我做总编导。
> 梅:真的?我的妈呀!你现在是自编自导,你就差演了。

> 梅:什么时候啊?
> 夏:大概就最近几天吧。
> 梅:我的妈呀!我得去买身衣服去。

他例 Other Examples

> 我的妈呀,街上这么多人!
> 我的妈呀,已经12点了!我以为才11点呢!

3 你别说

解释 Explanation

本来没往这方面想,但是尝试之后或者听了对方的话后往这方面想、做之后,发现的确如此。只用于口语。常用表达式是"你还别说"(见第9单元第2课)。

Something that has not been considered by the speaker is now confirmed after the speaker has taken it into consideration after trying or listening to the other person. It's only used colloquially. The common way is "你还别说" (*see lesson 2 of unit 9*).

剧中 Example in Play

梅:我的妈呀!你现在是自编自导,你就差演了。你别说,你要演一兔爸爸,还真挺像的。

他例 Other Examples

⬇ 甲:他们俩长得真像。
　 乙:你别说,真是挺像的。

⬇ 我本来只是试一试,看能不能修好,你别说,竟然修好了。

4 关键是……

解释 Explanation

"最重要的是……",比喻事物最紧要的部分。

"关键是……" means "the most important is..." and it is used to show that something is of great significance or crucial.

剧中 Example in Play

梅:外国人长什么样的都有,那不重要,关键是这位外国朋友,他看中了你爸爸的剧本,给咱们家带来了好运,咱必须得好好儿招待人家。

他例 Other Examples

⬇ 价格不重要,关键是这个样式适合不适合你。

⬇ 什么也别想了,关键是得立刻把病人送到离这儿最近的医院。

文化点滴 Culture Points

43 东坡肘子

东坡肘子是中国四川菜中的一道名菜。"东坡"指中国宋代大文豪苏轼（号东坡居士，1037—1101），"肘子"指作为食物的猪腿的上半部分。相传，东坡肘子这道菜是苏东坡的妻子王弗发明的。苏东坡年轻时，常常感到腿脚发软，王弗很着急，四处求医。一个老和尚告诉她应该"缺什么补什么"。王弗赶忙回家，想方设法用猪腿为丈夫做菜。苏东坡吃了这道菜，感觉色、香、味、形俱佳，赞不绝口，于是常用这道菜招待客人。人们不知其中缘由，便把这道菜称为"东坡肘子"了。

43 Dongpo Zhouzi

Dongpo zhouzi is a famous dish in the Sichuan cuisine of China. Dongpo refers to 苏轼 (Su Shi), a great literary figure during the Song Dynasty (1037–1101), also known as Dongpo Jushi. Zhouzi (pork elbow) specifically denotes the upper half of a pig's leg used as a culinary ingredient. According to legend, Dongpo zhouzi was invented by Su Shi's wife, 王弗 (Wang Fu). When Su Dongpo was young, he often felt weak in his legs and feet. Wang Fu was very worried and sought medical advice everywhere. An old monk told her that she should "supplement what is lacking". Upon hearing this, Wang Fu hurriedly home and thought of using pork legs to cook dishes for her husband. Su Dongpo tasted this dish and found it to be excellent in color, fragrance, taste, and shape. He praised it highly and began using this dish to entertain guests. Since people didn't know the reason behind it, and started calling this dish Dongpo zhouzi.

练习 Exercises

一、关于夏东海的剧本，下边哪个说法不正确
Which of the statements about Xia Donghai's play is incorrect

1. 夏东海的一个剧本被美国的一家公司看上了。
2. 一个美国公司的老总准备斥巨资打造这个剧本。
3. 美国公司老总希望向国外市场发行。
4. 公司老总不但选中了夏东海的剧本，还拍板让夏东海做总编导。
5. 公司老总打算让刘梅一家人出演剧本。

二、根据剧情内容判断对错　Decide whether each statement is true or false based on the plot

1. 刘梅家着火了。☐
2. 夏东海的剧本写的是一个中国兔的故事。☐
3. 夏东海准备自编、自导、自演剧本。☐
4. 老外要到夏东海家做客。☐
5. 刘梅觉得应该买个新围裙。☐
6. 夏东海准备买一身新衣服。☐
7. 刘梅希望孩子们和自己一起做好准备，让美国朋友看到当代中国家庭的风貌。☐
8. 刘梅想给美国朋友准备的第一道菜是烤鸭。☐

三、根据剧情，给下列台词排序　Put the scripts below into the correct order based on the plot

序号	台词
1	夏：不过说真的，我这次倒是真体验到了那种"千里马"遇见"伯乐"的感觉了。
☐	梅：什么时候啊？
☐	夏：你想想，人（家）大老远的来咱家做客，你是不是得请人（家）吃顿饭？你能不露几手拿手好菜吗，我的老婆大厨？
☐	梅：我买围裙干吗呀？
☐	夏：没错儿。他不但看上我的剧本，还特欣赏我本人，还说要来咱们家做客。
☐	夏：先甭着急买衣服，我觉得，你倒是应该买条围裙了。

梅：我的妈呀！我得去买身衣服去。
梅：而且人家这伯乐多有眼光！
夏：大概就最近几天吧。

四、解释画线部分的意思　Explain the meanings of the underlined parts

1. 我的一个剧本呀，被美国的一家公司<u>看上</u>了，要准备<u>斥巨资</u>打造。
2. 这么说中国兔就要<u>走向世界</u>了。
3. 我告诉你啊，那老外不但选中了我的剧本，还<u>拍板</u>让我做总编导。
4. 说真的，我这次倒是真体验到了那种<u>"千里马"遇见"伯乐"</u>的感觉了。
5. 人（家）<u>大老远的</u>来咱家做客，你是不是得请人（家）吃顿饭？你能不<u>露几手</u>拿手好菜吗，我的老婆<u>大厨</u>？

五、选词填空　Choose the most appropriate words to fill in the blanks

1. 夏东海的剧本被美国的一家公司（　　　）了，他们准备斥巨资打造，并向国外市场（　　　）。
2. 夏东海说如果自己演兔爸爸的话，就（　　　）刘梅去演兔妈妈。
3. 刘梅认为那个美国老总看上夏东海的剧本，很有（　　　）。
4. 刘梅嘱咐孩子们做好准备，让外国老总看到当代中国家庭的（　　　），为国（　　　）。
5. 刘梅说那个外国朋友长什么样不重要，（　　　）是他看中了夏东海的剧本，给全家带来了好运，所以必须好好儿（　　　）人家。
6. 小雪要给外国朋友准备一些（　　　），刘星要给他演几个节目。
7. 刘梅要给外国朋友准备的第一道菜是东坡肘子，夏东海觉得（　　　）有点儿高。
8. 刘梅认为东坡肘子能够炖（　　　），是因为有中国传统文化的（　　　）。

烂	鲜花
选中	风貌
积淀	发行
推荐	关键
眼光	招待
争光	胆固醇

六、用提示词语或句式完成对话，并设计一个新对话
Complete the dialogues using the given prompts and create a new dialogue

1. 这么说……
   (1) 夏：我要告诉你们一个好消息。我的一个剧本呀，被美国的一家公司看上了，要准备斥巨资打造，并向国外市场发行。
   　　梅：_____
   (2) 甲：小雪对刘梅的称呼已经从"哎"变成"阿姨"了。
   　　乙：_____

2. 你别说
   (1) 夏：我告诉你啊，那老外不但选中了我的剧本，还拍板让我做总编导。
   　　梅：真的？_____
   (2) 甲：祝贺你，你数学考试得了第一名！
   　　乙：_____

3. 关键是……
   (1) 雨：那外国人长什么样啊？
   　　梅：长什么样不重要，_____
   (2) 甲：我的口语不好，怎样才能提高呢？
   　　乙：_____

七、成段表达　Presentation

以夏东海的语气说说他现在的心情。
Use Xia Donghai's tone to talk about his feelings at this moment.

八、延伸练习　Extension exercise

在你们国家，如果家里来了客人，一般用什么方式招待？
In your country, how do you treat a guest if he/she visits your home?

Lesson 2 第二课

(共3分41秒)

热身问题 Warm-up Questions

1 刘梅为什么不愿意先把围裙系上？
2 在此之前，夏东海见过那个外国老总吗？
3 第一声门铃响后进来的人是谁？

（客厅）

梅：怎么样？

夏：厉害呀，手艺不错呀。

梅：你看，这怎么样？有没有民族特色？

夏：很有特点，穿上好看，我来帮你系上。

梅：得了吧，我现在可不系，回头我系上它，待会儿人家来了，我开门去，人（家）以为我是咱家保姆呢。

夏：怎么可能呢？有这么漂亮的保姆吗？

梅：哎，爸爸。

夏：干吗？

梅：你说那外国老头儿他会中文吗？

夏：应该会吧，要不然他怎么看得懂我剧本呀？

梅：对，没错儿。待会儿等那老头儿一进门，我能不能跟他拥抱一下？人（家）外国人不兴这个吗？

夏：我什么时候说人家是一外国老头儿了？到目前为止①，我跟人家还没见过面呢。

梅：不过这人把约会地点定在咱们家，这人就说明他挺有个性。

梅：孩子们，出来，出来！快点儿，快点儿，快点儿，过来，过来，排好队，排好队。

1. 手艺　shǒuyì / n. / craftsmanship

2. 保姆　bǎomǔ / n. / housemaid

3. 拥抱　yōngbào / v. / embrace, hug
4. 兴　xīng / v. / be popular, become trendy

5. 约会　yuēhuì / n. / appointment, rendezvous

6. 排队　pái duì / queue up, line up

来，你们节目准备得怎么样了？

雪、星、雨：OK。

梅：OK。

雪：我呢，给客人来一段民族舞。

7. 民族舞　mínzúwǔ / n. / folk dance

梅：嗬，真不错。

夏：不错。

星：我，来段猴拳。

8. 猴拳　hóuquán / n. /
see *Culture Points* 44

梅：嗬，真不错。

雨：妈，您呢？

梅：我？（唱意大利歌曲《我的太阳》）

星：妈，妈，妈，您这噼里啪啦的什么意思呀？

梅：这是意大利语，你听不懂。（门铃响）来了！

夏：来了。

梅：站好，站好。

（秘书进门）

夏：你好，你好，你好。

秘：你好。

夏：请进，请进。这是老总的秘书，范先生。

梅：您好。

秘：（不小心向前摔倒）对不起，对不起，真是不好意思啊。我们老总呢，很忙。她要等一会儿才能够来，委托我给夏太太还有孩子们，带来了一些礼物，希望能够给今天的聚会，增添一些情趣。这是给夏太太的。

9. 委托　wěituō / v. / entrust

10. 增添　zēngtiān / v. / add

11. 情趣　qíngqù / n. / appeal, spice

梅：哎哟，谢谢啊，谢……Thank you, thank you。

秘：这个是给大女儿的。

雪：噢！Thank you, thank you。

秘：这个呢，是给老二的。

梅：老二。

星：Thank you, thank you。

秘：这个就是给小儿子的。

雨：Thank you。

秘：老总一会儿就到，你们稍等一会儿，我先告辞。

夏、梅：好，好，好。

秘：再见。

梅：拜拜，拜拜，拜拜。

（秘书走后，孩子们冲向礼物）

梅：这没出息劲儿的②，人家刚走就这么急着看，你们真……啊！夏东海，这就是我平常特别喜欢又不舍得买的高级化妆品！

夏：真的吗？！

雪：啊！汽车模型！

雨：啊！我最喜欢吃的巧克力！爸爸，怎么我们都有礼物，怎么就你一人没有礼物啊？

夏：谁说我没有啊？我得到了一个机遇，这就是礼物。

梅：爸爸要是没有这个机遇呀，这人怎么可能送给咱们礼物呢？

雪：爸，那个美国老总可真够慷慨的。

星：爸，爸，爸，您在哪儿认识的这个外国财神爷呀？

夏：不是我认识他，是他发现了我。

梅：你爸爸要是没有才能，他能发现他吗？

雪、星、雨：爸，你真行。

12. 告辞 gàocí / v. / bid farewell, say goodbye

13. 没出息 méi chūxi / good for nothing, spineless

14. 舍得 shěde / v. / be willing to sacrifice (*time, money, etc.*) in order to earn...

15. 化妆品 huàzhuāngpǐn / n. / cosmetics, makeup

16. 机遇 jīyù / n. / opportunity

17. 慷慨 kāngkǎi / adj. / unstinting, generous

18. 财神爷 cáishényé / the God of Wealth

梅：爸爸，你真棒。

夏：真的，这只是开始，以后幸福的日子还在后边呢。（门铃响）来了。

梅：来了。

夏：站好，站好。

语言点例释 Grammar Points

1 到目前为止

解释 Explanation

意思是"从以前到现在"。语气比较正式。

"到目前为止" means "up until now". The tone is rather formal.

剧中 Example in Play

夏：我什么时候说人家是一外国老头儿了？到目前为止，我跟人家还没见过面呢。

他例 Other Examples

↳ 到目前为止，我校留学生人数已经达到1000名。

↳ 到目前为止，本市空气质量已连续一个月为优。

2 ……劲儿的

解释 Explanation

用在形容词或形容词性短语后，表示某种神情、态度。

"……劲儿的" is used after an adjective or an adjective phrase to show a certain appearance or manner.

剧中 Example in Play

梅：这没出息劲儿的，人家刚走就这么急着看，你们真……啊！

他例 Other Examples

↳ 瞧你们这高兴劲儿的，有什么好消息吧？

↳ 看你这得意劲儿的，是不是考试又得了第一？

文化点滴 Culture Points

44 猴 拳

猴拳是中国象形拳之一，因模仿猴子的各种动作而得名。据记载，中国早在西汉时就有了猴拳。猴拳在发展过程中形成了不同的流派和技术风格，但基本要领却是共同的。既要模仿猴子机灵、敏捷的形象，又要符合武术的技击特点。动作轻巧迅速，紧密连贯，有起伏，有节奏。1953年以后，历届全国性武术表演和比赛都有猴拳项目。

44 Monkey Boxing

Monkey Boxing is one of China's pictographic boxings. It is named after the imitation of various movements of monkeys. According to records, Monkey Boxing existed in China as early as the Western Han Dynasty. Throughout its development, Monkey Boxing has given rise to different schools and technical styles, but they share common principles. It aims to mimic the dexterity and agility of monkeys while incorporating the attacking techniques of traditional martial arts. The movements are light, swift, closely connected, with ups and downs, and rhythmic. Since 1953, Monkey Boxing has been included as a category in various national martial arts performances and competitions.

练习 Exercises

一、判断下列台词是谁说的 Decide which character said the following sentences

说话人	台词
	有这么漂亮的保姆吗？
	你说那外国老头儿他会中文吗？
	你们节目准备得怎么样了？
	妈，妈，妈，您这噼里啪啦的什么意思呀？
	老总一会儿就到，你们稍等一会儿，我先告辞。
	这没出息劲儿的，人家刚走就这么急着看，你们真……啊！
	怎么我们都有礼物，怎么就你一人没有礼物啊？
	不是我认识他，是他发现了我。

二、用剧中的词语填空 Use the words and expressions in the episode to fill in the blanks

1. 刘梅准备了一桌子菜，夏东海夸她（　　　　）不错。
2. 刘梅的新围裙很有民族（　　　　）。
3. 刘梅不想在客人来以前系上新围裙，她担心客人把她当成（　　　　）。
4. 刘梅打算在外国朋友进门后，跟他（　　　　）一下。
5. 刘梅觉得外国老总把约会地点定在家里，说明他挺有（　　　　）。
6. 刘星打算给客人来一段（　　　　）。
7. 老总委托秘书给刘梅和孩子们带来一些礼物，以便为聚会增添一些（　　　　）。
8. 刘梅得到的礼物是平常特别喜欢又不（　　　　）买的高级化妆品。
9. 夏东海认为自己的礼物是得到了一个（　　　　）。
10. 小雪觉得那个美国老总很（　　　　）。

三、找出与画线部分意思相同的词或短语

Pick out the words or phrases that have the same meanings as the underlined parts

（一）梅：你说那外国老头儿他会中文吗？

　　　夏：应该会吧，<u>否则</u>他怎么看得懂我剧本呀？

　　　梅：对，没错儿。<u>过一会儿</u>等那老头儿一进门，我能不能跟他拥抱一下？人（家）外国人不<u>流行</u>这个吗？

　　　夏：我什么时候说人家是一外国老头儿了？<u>直到现在</u>，我跟人家还没见过面呢。

| 兴 |
| 到目前为止 |
| 要不然 |
| 待会儿 |

(二) 星：爸，爸，爸，您在哪儿认识的这个外国有钱人呀？
　　 夏：不是我认识他，是他发现了我。
　　 梅：你爸爸要是没有能力，他能发现他吗？
　　 雪、星、雨：爸，你真厉害。
　　 梅：爸爸，你真了不起。
　　 夏：真的，这只是开始，以后幸福的生活还在后边呢。

才能
真棒
日子
真行
财神爷

四、结合所给短语，用"到目前为止"造句
Use "到目前为止" to make sentences incorporating the given phrases

1. 世界人口

2. 学汉语的人数

3. 联合国的成员国

4. 中国的少数民族

五、成段表达　Presentation

根据剧情，猜想一下"老总"是一个什么样的人，并说明理由。
Based on the plot, guess what kind of person the "boss" is and state your reasons.

六、延伸练习　Extension exercises

1. 你觉得最具有中国特色的物品或者艺术是什么？简单介绍一下。
What in your opinion is the most typical Chinese product or art form? Give a brief introduction.

2. 分别采访10个中国人和10个外国人，请他们介绍3个最能代表中国特色的物品或活动，并进行对比分析与总结。
Interview 10 Chinese and 10 foreigners, and ask them to introduce 3 items or activities that best represent Chinese characteristics, and to make a comparative analysis and summary.

第三课 Lesson 3
（共3分20秒）

❓ 热身问题 Warm-up Questions

1. 老总进门之前，秘书给大家念了什么？
2. 客人进来后，夏东海为什么大叫起来？

（开门，秘书又进）

夏：你好。

秘：老总马上就到，可是因为她太忙了，但是又十分地讲究效率，所以，让我们先把见面的具体程序商量落实一下。

夏：不用商量，您帮着给安排一下就行了。

梅：对对。

秘：那好。（拿出一个小本子）

梅：瞧瞧人家！

秘：第一项：老总到来亮相，接受大家或惊讶、或赞赏的目光。

　　第二项：老总和大家亲密接触，先和大女儿拥抱，再和小儿子拥抱。

星：哎哎哎，怎么把我给隔过去了？

秘：其他人是否与老总拥抱，视情况而定①。

梅：我不一定跟他拥抱。

秘：第三项：喝饮料。喝什么饮料，视情况而定①。

　　第四项：接受主人邀请，共进晚餐。吃不吃，视情况而定①。

　　第五项：……

夏：如果都是视情况而定①的话，就不用念了。

秘：夏先生，最后一项，是不管在什么样的情

1. 讲究 jiǎngjiu / v. / pay attention to, be particular about
2. 效率 xiàolǜ / n. / efficiency
3. 具体 jùtǐ / adj. / concrete, specific
4. 落实 luòshí / v. / implement, put... into practice
5. 项 xiàng / mw. / for items on a timetable
6. 亮相 liàng xiàng / make an appearance
7. 惊讶 jīngyà / adj. / surprised, amazed
8. 亲密 qīnmì / adj. / close, intimate
9. 隔 gé / v. / separate, isolate
10. 视 shì / v. / depend on

况下，都要落实的。那就是，老总和夏先生您去国际饭店包间，进行私人友情会谈。

夏：我万分荣幸，转告老总。

秘：对不起，接个电话。喂，OK，OK，OK。（对大家）老总马上就到。

夏、梅、雪、星、雨：OK。

秘：我去接。

夏、梅、雪、星、雨：OK，OK，OK。

梅：为什么他不跟刘星拥抱啊？

星：不会他知道我是玉面小蛟龙*吧？

夏：去！

梅：瞧你那样②！

（开门）

秘：老总到。

夏：到了。

玛：Hi！

夏：啊！

梅：你叫唤什么呀？女的怎么了？你注意点儿影响。

玛：Hi！

雪、雨：啊！

梅：你们俩叫唤什么呀？

星：啊！

梅：嘿，你跟着叫唤什么呀？

星：不是，他们都叫了，我不叫不合适。

11. 私人　sīrén / adj. / private, personal
12. 荣幸　róngxìng / adj. / honored

---

* 玉面小蛟龙 yù miàn xiǎo jiāolóng：刘星按照武侠小说的特点给自己起的外号。蛟龙，古代传说中指兴风作浪、能发洪水的龙。It is Liu Xing's kung fu novel style nickname for himself. 蛟龙 refers to the type of dragon capable of invoking storms and floods in Chinese mythology.

玛：我是夏东海的前妻。

梅：啊！

玛：我现在的名字叫Mary（玛丽）。

雪：妈妈！

雨：妈咪！

玛：哎！

星：妈妈！

梅：嘿，你跟着叫什么呀？

星：我叫您呢，这到底怎么回事儿呀？

梅：这到底怎么回事儿呀？

夏：这到底怎么回事儿呀？你这玩笑开得可有点儿太大了啊。

玛：我没有开玩笑。我真的看上你写的剧本了，而且我真的想到你的新家来看一看。大家好！宝贝，来呀，到亲妈妈的怀抱中来呀，啊！宝贝！

13. 前妻　qiánqī / n. / ex-wife

14. 怀抱　huáibào / n. / embrace

语言点例释 Grammar Points

1 视……而定

解释 Explanation

"根据……决定""看……情况再决定"。语气比较正式。

"视……而定" is equivalent to "根据……决定""看……情况再决定" (it depends on...). The tone is rather formal.

剧中 Examples in Play

秘：其他人是否与老总拥抱，视情况而定。

梅：我不一定跟他拥抱。

秘：第三项：喝饮料。喝什么饮料，视情况而定。

　　第四项：接受主人邀请，共进晚餐。吃不吃，视情况而定。

　　第五项：……

夏：如果都是视情况而定的话，就不用念了。

他 例 Other Examples

➡ 能否按时出发，视天气情况而定。
➡ 是否做手术，要视病情严重程度而定。

② 瞧你那样

解 释 Explanation

意思是"你看你的那个样子"。对某人的表现表示不满。"样"要重读，且常读成yàngr。

"瞧你那样" means "take a look at yourself". It shows dissatisfaction towards another person. The "样" is stressed here and can be read as yàngr.

剧 中 Example in Play

梅：为什么他不跟刘星拥抱啊？
星：不会他知道我是玉面小蛟龙吧？
夏：去！
梅：瞧你那样！

他 例 Other Examples

➡ 甲：看我的打扮怎么样？
　乙：瞧你那样！快把墨镜摘下来，一会儿该上课了。
➡ 瞧你那样！这么大的人了，怎么还怕打针？

文化点滴 Culture Points

45 拥 抱

拥抱在中国人的交往中并不常见。这种问候方式一般只在关系特别亲密的人群之间才适用。中国人见面时，传统的礼仪是鞠躬或拱手作揖。现代交往中则通常都是互相握手问好。剧中，刘梅提出可与为夏东海投资的老总拥抱，与其说是刘梅为了提高对投资人的接待礼遇而"献身"，不如说是剧作者为追求戏剧效果而做的特意安排。

45 Hugging

Hugging is not common in Chinese social interactions. This greeting gesture is generally reserved for people with exceptionally close relationships. When Chinese people meet, the traditional etiquette involves bowing or nodding with folded hands. In modern interactions, it is more common to greet each other with a handshake. In this episode, Liu Mei suggested hugging the boss who is considering investing in Xia Donghai's project — rather than seeing it as Liu Mei "sacrificing" herself to upgrade the etiquette for the investor, it seems more like a comedic element deliberately arranged by the playwright for humorous effects.

练习 Exercises

一、根据剧情内容选择正确答案　Choose the correct answers based on the plot

1. 秘书再次进门，是为了落实：（　　）

    A. 晚饭的内容　　　　　B. 见面的程序　　　　　C. 与夏东海会谈的地点

2. 具体程序中视情况而定的是：（　　）

    A. 老总亮相　　　　　　B. 与小雪拥抱　　　　　C. 喝饮料

3. 对于外国老总的特殊要求，夏东海觉得：（　　）

    A. 非常荣幸　　　　　　B. 很生气　　　　　　　C. 很紧张

4. 关于外国老总，下列哪个说法不正确？（　　）

    A. 她是夏东海的前妻　　B. 她现在叫玛丽　　　　C. 她在跟夏东海开玩笑

二、台词填空　Complete the scripts

1. 秘：老总马上就到，可是因为她太忙了，但是又十分地讲究（　　），所以，让我们先把见面的（　　）程序商量（　　）一下。

    夏：不用商量，您帮着给（　　）一下就行了。

2. 秘：第一（　　）：老总到来亮相，接受大家或（　　）、或（　　）的目光。

    第二项：老总和大家亲密（　　），先和大女儿（　　），再和小儿子（　　）。

星：哎哎哎，怎么把我给（　　　）过去了？

秘：其他人（　　　）与老总拥抱，（　　　）情况而定。

梅：我（　　　）跟他拥抱。

秘：第三项：喝饮料。喝什么饮料，（　　　）情况而（　　　）。

　　第四项：接受主人（　　　），共（　　　）晚餐。吃不吃，（　　　）。

　　第五项：……

夏：如果都是视情况而定的话，就不用念了。

秘：夏先生，最后一项，是（　　　）在什么样的情况下，都要落实的。那就是，老总和夏先生您去国际饭店包间，进行（　　　）友情会谈。

夏：我万分（　　　），转告老总。

3. 梅：你（　　　）什么呀？女的怎么了？你注意点儿（　　　）。

4. 夏：这（　　　）怎么回事儿呀？你这（　　　）开得可有点儿太大了啊。

玛：我没有开玩笑。我真的（　　　）你写的剧本了，而且我真的想到你的新家来看一看。

三、句子辨析　Sentences discrimination

比较一下这两个句子在含义和语气上的差别，并分别设计一个对话。

Compare the differences in meaning and tone between these two sentences, and create a dialogue with them respectively.

1. 瞧瞧人家！

2. 瞧你那样！

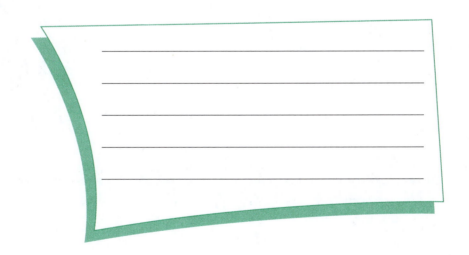

四、判断下列台词是谁说的　Decide which character said the following sentences

说话人	台词
	瞧瞧人家！
	怎么把我给隔过去了？
	其他人是否与老总拥抱，视情况而定。
	我不一定跟他拥抱。
	如果都是视情况而定的话，就不用念了。
	不会他知道我是玉面小蛟龙吧？
	瞧你那样！
	你注意点儿影响。
	你这玩笑开得可有点儿太大了啊。
	我真的看上你写的剧本了，而且我真的想到你的新家来看一看。

五、成段表达　Presentations

1. 用自己的话概括一下范秘书说明的"具体程序"。
   Summarize the "specific steps" explained by Secretary Fan in your own words.

2. 谈谈你对夏东海前妻的第一印象。
   Talk about your first impression of Xia Donghai's ex-wife.

六、延伸练习　Extension exercise

举例说明不同国家或地区的人们见面时的问候方式。
Give examples of how people from different countries or regions greet each other when they meet.

Lesson 4 第四课

(共2分57秒)

❓ 热身问题 Warm-up Questions

1. 玛丽要送给刘星什么礼物？
2. 玛丽说她想象中的刘梅是什么样的？

（续前）

梅：夏东海，咱怎么办哪？

夏：我哪儿知道啊？

玛：（对小雪）小雪呀，妈妈送你去英国顶级的贵族学校去读书，那儿所有的女孩子都有机会接触英国的王室。（对小雨）啊，小雨，妈妈带你去世界各地去旅游，然后送你到哈佛去深造，那可是美国总统的摇篮呢。（对刘星）别紧张呀小男孩儿，等你到了十八岁的时候，我送你一个生日礼物，一台摩托车，你可以开着它去越野。

梅：不用，不用，他不用。他不爱骑那个，他骑自行车骑特溜。

玛：你简直①跟我想象当中一模一样。

梅：是吗？

玛：就是工薪阶层的职业妇女，没有去美容院打理自己的时间。你的生活质量有待于提高，你知道吗？

夏：玛丽女士！

玛：哎哟，夏先生，你对我的新名字，记得这么快呀。

夏：你有话直接对我说，你别拐弯抹角的。

1. 顶级 dǐngjí / adj. / first-class, top
2. 贵族 guìzú / n. / noble family
3. 王室 wángshì / n. / royal family
4. 哈佛 Hāfó / N. / Harvard (University)
5. 深造 shēnzào / v. / pursue advanced studies
6. 摇篮 yáolán / n. / cradle, place of origin
7. 摩托车 mótuōchē / n. / motorcycle
8. 越野 yuèyě / v. / drive cross-county
9. 溜 liù / adj. /（方）=轻松，熟练 skillful
10. 职业妇女 zhíyè fùnǚ / a professional woman
11. 美容院 měiróngyuàn / n. / beauty parlor
12. 打理 dǎlǐ / v. / organize, manage
13. 有待于 yǒudàiyú / be await
14. 拐弯抹角 guǎiwān-mòjiǎo / talk in a roundabout way

玛：好啊。那我们就直接进入最后一项内容，去国际饭店的包房，进行私人友情会谈。来呀！Come on!

梅：你要敢挎着她，我跟你急！

星：我也跟你急！

（夏东海、玛丽走后）

梅：有什么了不起的呀？还挺傲，傲什么呀？我要不是看在夏东海的面子上，看在你姐姐的面子上，你弟弟的面子上……

星：那我的面子呢？

梅：去去去，没你面子。有你什么事儿啊？

星：怎么没我事儿啊？那阿姨还答应送我一辆摩托车呢。

梅：嘿，你凭什么惦记着让人（家）送你一辆摩托车呀？

星：我倒惦记着让您送我一辆摩托车呢，您舍得吗？

梅：不舍得！没门儿②！财迷！

雪：阿姨。

梅：嘿，你妈这一回来，我又改回叫"阿姨"去了。

雪：您千万别误会，我就是怕把你们俩给弄混*了。阿姨，你说我妈也真是的，她当初根本都不要我和小雨了，她现在又来干什么呀？

梅：我哪儿知道啊？她不是已经跟你爸爸去私人亲切友情会谈去了吗？

15. 包房　bāofáng / n. / a reserved room
16. 挎　kuà / v. / link arms with
17. 傲　ào / adj. / haughty, proud
18. 面子　miànzi / n. / face, respect
19. 惦记　diànjì / v. / covet
20. 没门儿　méi ménr / no way
21. 财迷　cáimí / n. / moneygrubber, miser
22. 误会　wùhuì / v. / misunderstand
23. 混　hùn / v. / mix up, confuse

---

*混 hùn：剧中小雪把"混"读成了第三声，这是很多中国人的读法。In the episode, Xiaoxue pronounces "混" in the third tone, which is how many Chinese people pronounce it.

雪：我想把她礼物给退回去，还有你们俩的，通通③退回去，我不想让她来打扰我们的生活。

星：我的生活又没被礼物打扰。

雨：我喜欢打扰生活的礼物。

雪：你们俩怎么能这样呢？

星：礼物有什么错儿呀？我可以当成是我亲妈送的。

雨：我可以当成是我后妈送的。

梅：去去去，少把我掺和进去啊，我才不送你们礼物呢，想倒美④。

24. 通通　tōngtōng / adv. / all, entirely, completely

语言点例释 Grammar Points

❶ 简直

解释 Explanation

副词，表示完全如此（语气带夸张）。

"简直" is an adverb that indicates something is absolutely like this (which has an exaggerated tone).

剧中 Example in Play

玛：你简直跟我想象当中一模一样。

他例 Other Examples

↘ 这对双胞胎简直长得一模一样。
↘ 今年夏天热得简直没法儿过。

❷ 没门儿

解释 Explanation

意思是"休想""办不到"。表示不同意。

"没门儿" means "no way" "impossible". It shows disagreement.

剧中 Example in Play

星：我倒惦记着让您送我一辆摩托车呢，您舍得吗？
梅：不舍得！没门儿！财迷！

他例
Other Examples
➘ 想叫我放弃？没门儿！
➘ 让我去做那样的事？没门儿！

3 通通

解释
Explanation

副词，表示全部。也可以是"统统"。

"通通" is an adverb that refers to entirely or completely. It's same as "统统".

剧中
Example in Play

雪：我想把她礼物给退回去，还有你们俩的，通通退回去，我不想让她来打扰我们的生活。
星：我的生活又没被礼物打扰。
雨：我喜欢打扰生活的礼物。

他例
Other Examples
➘ 把这些东西通通拿走，我不想再看到它们。
➘ 要上中学了，我把小学用的书通通送给了我邻居家的孩子。

4 想（得）倒美

解释
Explanation

用在对话中，常用格式是"想得倒美"。意思是"想得过于理想，但是无法实现或者难以实现"。有讽刺的语气。

"想（得）倒美" is used in the dialogue. The commonly used format is "想得倒美". The meaning is "the thought is too ideal to be realized or very difficult to attain". It has a sarcastic tone.

剧中
Example in Play

梅：我才不送你们礼物呢，想（得）倒美。

他例
Other Examples
➘ 甲：你说老板会不会给咱们涨工资呢？
　　乙：想（得）倒美！
➘ 甲：要是我买彩票也能中个十万八万的就好了。
　　乙：想（得）倒美！

文化点滴 Culture Points

46 面 子

中国人常常讲"面子"。简单地说,面子就是一个人是否受别人尊重,被别人重视。常听人说的"给某人面子""看在某人的面子上"都是尊重某人的意思。如果一个人被重视,他就有面子。反之,被人忽视、笑话,他就没面子。一个人越受重视,面子越大。面子大,说话就有分量;说话有分量,人们就听从;人们听从,这个人就有了权威。因此有人说,面子的核心本质是权力。

46 "Face"

Chinese people often talk about "面子 (face)". Simply put, "face" refers to whether a person is respected or valued by others. Expressions like "giving someone face" or "considering someone's face" all imply showing respect to someone. If a person is highly regarded, he "has face". On the contrary, if someone is ignored or mocked, he "loses face". The more a person is respected, the more "face" he has. If someone "has great face", then one's words carry weight, people listen to what he says and follow his words. Therefore, some people say that the essence of "face" is power.

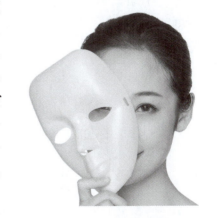

练习 Exercises

一、根据剧情内容判断对错 Decide whether each statement is true or false based on the plot

1. 对于玛丽的出现，夏东海一时不知道怎么办好。 □
2. 玛丽说要送小雪去贵族学校读书。 □
3. 玛丽要带小雨去美国旅游，然后送他到哈佛去读书。 □
4. 玛丽说等刘星十六岁的时候送他一台摩托车。 □
5. 玛丽认为刘梅的生活质量需要提高。 □
6. 小雪把对刘梅的称呼改回"阿姨"了，是怕亲妈听见她管刘梅叫"妈"不高兴。 □
7. 小雪想把礼物退回去。 □
8. 小雨和刘星对礼物都不反感。 □

二、选词填空 Choose the most appropriate words to fill in the blanks

玛：小雪呀，妈妈送你去英国（　　　）的贵族学校去读书，那儿所有的女孩子都有机会（　　　）英国的王室。啊，小雨，妈妈带你去（　　　）去旅游，然后送你到哈佛去（　　　），那可是美国总统的（　　　）呢。别紧张呀小男孩儿，等你到了十八岁的时候，我送你一个生日礼物，一台摩托车，你可以开着它去（　　　）。

梅：不用，不用，他不用。他不爱骑那个，他骑自行车骑特（　　　）。

玛：你（　　　）跟我想象当中（　　　）。

梅：是吗？

玛：就是（　　　）的职业妇女，没有去美容院（　　　）自己的时间。你的生活质量（　　　）提高，你知道吗？

打理	越野
深造	接触
摇篮	顶级
简直	溜
有待于	世界各地
工薪阶层	一模一样

第八单元（第四课） 诱惑
Unit 8 (Lesson 4) Temptation

三、根据剧情，给下列台词排序 Put the scripts below into the correct order based on the plot

序号	台词
☐	梅：不舍得！没门儿！财迷！
☐	星：那我的面子呢？
☐	星：我倒惦记着让您送我一辆摩托车呢，您舍得吗？
☐	梅：去去去，没你面子。有你什么事儿啊？
☐	星：怎么没我事儿啊？那阿姨还答应送我一辆摩托车呢。
☐	梅：有什么了不起的呀？还挺傲，傲什么呀？我要不是看在夏东海的面子上，看在你姐姐的面子上，你弟弟的面子上……
☐	梅：嘿，你凭什么惦记着让人（家）送你一辆摩托车呀？

四、找出与画线部分意思相同的词或短语
Pick out the words or phrases that have the same meanings as the underlined parts

1. 夏：你有话直接对我说，你别<u>绕弯子</u>。
2. 梅：你凭什么<u>想着</u>让人（家）送你一辆摩托车呀？
   星：我倒<u>想着</u>让您送我一辆摩托车呢，您舍得吗？
   梅：不舍得！<u>没这个可能</u>！<u>贪财的人</u>！
3. 梅：嘿，你妈这一回来，我又改回叫"阿姨"去了。
   雪：您千万别<u>往别处想</u>，我就是怕把你们俩给弄混了。阿姨，你说我妈也真是的，她<u>以前</u>根本都不要我和小雨了，她现在又来干什么呀？
4. 雪：我想把她礼物给退回去，还有你们俩的，<u>全部</u>退回去，我不想让她来打扰我们的生活。

通通
误会
没门儿
财迷
当初
惦记
拐弯抹角的

五、根据提示，用"简直"各说一句话 Make sentences using "简直" based on the clues
1. 刘星考试得了5分。
   →
2. 小雨怎么也攒不够赔朵朵玩具的钱。
   →

3. 刘梅第一次进美容院。
   →

4. 夏东海的剧本被一家美国公司选中。
   →

5. 小雪收到了一束狂野男孩儿送来的鲜花。
   →

六、成段表达　Presentations

1. 玛丽对三个孩子许的愿。

   Mary's promises for the three children.

2. 玛丽对想象中和现实中的刘梅的描述。

   Mary's description of Liu Mei in her imagination and in reality.

3. 小雪对亲妈的出现以及送礼物行为的看法。

   Xiaoxue's opinions on the appearance and giftgiving of her biological mother.

Lesson 5 第五课
(共4分03秒)

❓ 热身问题 Warm-up Questions

1. 玛丽到底来干什么？
2. 玛丽给小雪和小雨分别开出了什么样的条件？

（饭店咖啡厅）

夏：有话你快说行吗？你大老远的从美国跑回来，找我到底想干什么？

玛：你看，这么多年了，你还是这么孩子气。我啊，是真的看上你写的剧本了，你的剧本基础啊，真的不错。我准备投入重金打造，然后推向市场，到时候，你可就一炮走红了，那个时候你可就名利双收了。

夏：什么条件直说吧！

玛：从这点上看呢，你好像又长大了。

夏：哼哼，谢谢。

玛：我这次回来，就是想要回属于我的东西。别紧张，我对你没兴趣。我就是想要回两个孩子的抚养权。

夏：不可能！

玛：这个世界上，没有什么事情是不可能的，只有说这个条件开出得合适和不合适。

夏：免谈！

玛：坐下！听我把话说完，然后，我给你二十四小时的时间考虑。

（家里）

梅：这都几点了？你爸怎么还不回来呀？

1. 孩子气　háiziqì / adj. / childish
2. 基础　jīchǔ / n. / base, foundation
3. 投入　tóurù / v. / invest
4. 重金　zhòngjīn / n. / large sum of money
5. 推　tuī / v. / push
6. 一炮走红　yípào-zǒuhóng / become famous suddenly
7. 名利双收　mínglì-shuāngshōu / gain both fame and fortune
8. 抚养权　fǔyǎngquán / n. / custody
9. 免谈　miǎn tán / (we) will not talk about it

星：哎呀，妈，你就放心吧。我爸他一定会回来的，他不会和那个阿姨跑的。

梅：你会说话不会你？

雪：您是不是担心我爸，怕他禁不住①诱惑啊？

10. 禁不住　jīnbuzhù / v. / unable to withstand
11. 原则　yuánzé / n. / principle

梅：我相信你爸绝对不会那么没有原则的。

雪：不是，我说的是这个。您是不是怕我爸和我妈挎着？

梅：我能怕吗？你没看见你妈冲你爸这样，你爸挎了吗？没有吧。当然了，出了门以后挎不挎，我就不知道了……

（夏东海进门）

夏：我回来了。

梅：回来了。你怎么才回来呀你？都说什么了？

夏：没说什么。我本来不想回来的，想在大街上溜达溜达，可是后来我想了想，溜达到天亮也解决不了问题，就回来了。他（们）妈妈说，想把小雪和小雨带走。

雪：要回我们，那早干什么来着②？

雨：是不是去妈咪那儿玩儿几天就回来？

夏：你要是去了妈咪那儿，也许，永远都回不来了。

雨：那我得想想。

夏：你们的妈妈，为我们在座的每一个人，都开了一个非常优厚的条件。我必须如实地转达，好让大家自己拿主意。小雪……

12. 在座　zàizuò / v. / be seated, be present
13. 优厚　yōuhòu / adj. / munificent, favorable
14. 拿主意　ná zhúyi / make a decision

雪：她是不是又说，要送我去英国贵族学校念书啊？

夏：<u>还不止这些</u>③，如果你跟妈妈去，她会让你很快得到绿卡，会让你加入美国国籍，然后可以穿名牌的服装，吃法国大餐，戴南非钻石，会成为一位淑女。（对小雨）小雨，你要是跟了妈咪回去呢，妈咪就会让你住上一个带游泳池的大房子，还可以让你养很多的狗，还可以带你去逛迪斯尼乐园，带你去看好莱坞影城，还可以带你到夏威夷度假。

雨：可以吃法国大餐吗？

夏：别说法国大餐了，土耳其大餐也可以。

雨：耶！

夏：还有刘星……

星：啊！还有我？

15. 绿卡　lǜkǎ / n. / green card
16. 国籍　guójí / n. / nationality, citizenship
17. 南非　Nánfēi / N. / South Africa
18. 淑女　shūnǚ / n. / a fine lady
19. 迪斯尼乐园　Dísīní Lèyuán / N. / Disneyland
20. 好莱坞　Hǎoláiwū / N. / Hollywood
21. 夏威夷　Xiàwēiyí / N. / Hawaii
22. 度假　dùjià / v. / go on vacation
23. 土耳其　Tǔ'ěrqí / N. / Turkey

语言点例释 Grammar Points

1 禁不住

解释 Explanation

动词。在这里是"承受不住""经受不了"的意思。也可以写成"经不住"，还有"不由得""抑制不住"的意思。

"禁不住" is a verb that here means "cannot withstand or resist", and also can be written as "经不住". Additionally it can also mean "cannot help".

剧中 Example in Play

雪：您是不是担心我爸，怕他禁不住诱惑啊？

他例 Other Examples

↳ 这种花禁不住冻，得放在屋子里。
↳ 听了她的话，大家禁不住笑起来。

2 早干什么来着

解释 Explanation

意思是"早就应该这样做,可当时怎么不这样做呢"。有不满或者埋怨的语气。

"早干什么来着" means "someone should have done this before, but why didn't he/she do it then". There is a tone of dissatisfaction or complaint.

剧中 Example in Play

夏:他(们)妈妈说,想把小雪和小雨带走。
雪:要回我们,那早干什么来着?

他例 Other Examples

甲:啊?今天有考试?我还没复习呢!
乙:早干什么来着?

甲:茶杯在哪里呢?客人就要到了。
乙:早干什么来着?

3 还不止这些

解释 Explanation

意思是"除了前边说的以外,还有其他的"。用在对话中,起到承上启下的作用。

"还不止这些" means "in addition to the above, there are more things". It is used in the dialogue to connect the parts before and after.

剧中 Example in Play

雪:她是不是又说,要送我去英国贵族学校念书啊?
夏:还不止这些,如果你跟妈妈去,她会让你很快得到绿卡,会让你加入美国国籍,然后可以穿名牌的服装,吃法国大餐,戴南非钻石,会成为一位淑女。

他例 Other Examples

甲:什么?刘星把班里的椅子都拆了?还把玻璃打碎了?
乙:还不止这些,他还把同学的鼻子打流血了。

甲:这是你高中的课本啊?这么多?
乙:还不止这些,这只是一半而已。

文化点滴 Culture Points

47 会说话

在剧中，刘星说夏东海不会和玛丽跑，让刘梅放心。刘星说的，正是刘梅担心的事情，可刘梅却责备刘星"不会说话"。这是为什么？

中国人一般比较含蓄，说话做事习惯留有余地，认为照顾、维护对方的情绪和脸面，不使对方难堪，这样做就是"会说话"，反之，往往被看作"不会说话"。

47 Knowing How to Speak

In the drama, Liu Xing said that Xia Donghai will not run away with Mary to assure Liu Mei not to worry. What Liu Xing said is exactly what Liu Mei was concerned about, but Liu Mei blamed Liu Xing for "not knowing how to speak". Why is that?

Chinese people are generally more reserved and tend to leave room for ambiguity in their speech and actions. They are accustomed to considering and preserving the other person's emotions and face, avoiding causing embarrassment. By doing so, they are considered knowing how to speak, or skilled in communication, whereas being too straightforward or blunt might be seen as not knowing how to speak, or not skilled in communication.

练习 Exercises

一、根据剧情内容判断对错 Decide whether each statement is true or false based on the plot

1. 玛丽觉得夏东海还是有些孩子气。 ☐
2. 玛丽打造夏东海的剧本是有条件的。 ☐

3. 玛丽希望和夏东海复婚。　☐

4. 玛丽给夏东海24小时的考虑时间。　☐

5. 刘梅担心夏东海禁不住诱惑。　☐

6. 夏东海和玛丽见面后，在街上溜达了一个晚上才回家。　☐

7. 小雨觉得去玛丽那里几天还是可以接受的。　☐

8. 夏东海向大家如实转达了玛丽开出的条件。　☐

二、台词填空　Complete the scripts

1. 夏：什么条件（　　）吧！

   玛：从这（　　）上看呢，你好像又长大了。

2. 玛：我这次回来，就是想要回（　　）我的东西。别紧张，我对你没兴趣。我就是想要回两个孩子的（　　）。

   夏：不可能！

   玛：这个世界上，没有什么事情是不可能的，只有说这个（　　）开出得合适和不合适。

3. 雪：您是不是担心我爸，怕他（　　）诱惑啊？

   梅：我相信你爸绝对不会那么没有（　　）的。

4. 夏：你们的妈妈，为我们（　　）的每一个人，都开了一个非常优厚的条件。我必须（　　）地转达，好让大家自己（　　）主意。

5. 雨：可以吃法国大餐吗？

   夏：（　　）法国大餐了，土耳其大餐也可以。

三、剧中有两处夏东海坚决拒绝玛丽的要求的话，把它们找出来

There are 2 places in this episode where Xia Donghai firmly declined Mary's requests. Pick them out

1. _____

2. _____

四、将相关的台词连线，并判断说话人是谁
Match the relevant scripts and decide which character said the sentences

说话人	A	B
	你大老远的从美国跑回来，	也许，永远都回不来了。
	这么多年了，	要送我去英国贵族学校念书啊？
	要回我们，	找我到底想干什么？
	你要是去了妈咪那儿，	那早干什么来着？
	她是不是又说，	你还是这么孩子气。

五、用提示词语或句式完成对话，并设计一个新对话
Complete the dialogues using the given prompts and create a new dialogue

1. 禁不住
   (1) 雪：您是不是担心我爸，＿＿＿＿＿＿
   ＿＿＿＿＿＿＿＿＿＿＿＿＿＿
   梅：我相信你爸绝对不会那么没有原则的。
   (2) 甲：哥，才一个月不见，你胖了这么多。
   乙：＿＿＿＿＿＿＿＿＿＿＿＿＿＿

2. 早干什么来着
   (1) 夏：他（们）妈妈说，想把小雪和小雨带走。
   雪：＿＿＿＿＿＿＿＿＿＿＿＿＿＿
   (2) 甲：啊，要出发了？我手机还没充电呢！
   乙：＿＿＿＿＿＿＿＿＿＿＿＿＿＿

3. 还不止这些
   (1) 雪：她是不是又说，要送我去英国贵族学校念书啊？
   夏：＿＿＿＿＿＿＿＿＿＿＿＿＿＿
   (2) 甲：听说你的电脑中了病毒，刚写好的论文和很多资料都丢了？
   乙：＿＿＿＿＿＿＿＿＿＿＿＿＿＿

六、根据剧情回答问题　Answer the questions based on the plot
1. 夏东海问玛丽到底想干什么，玛丽的回答是：
   提示：看上，投入，推向市场，到时候，一炮走红，名利双收，属于，抚养权，条件，考虑

2. 玛丽给小雪的优厚条件是：

提示：贵族学校，绿卡，国籍，名牌，大餐，钻石，淑女

3. 玛丽给小雨的优厚条件是：

提示：游泳池，养狗，迪斯尼乐园，好莱坞，度假，大餐

七、成段表达　Presentation

如果你是刘梅，在等待夏东海回家的时候，心里会想些什么？

If you were Liu Mei, what would you be thinking while waiting for Xia Donghai to return home?

八、延伸练习　Extension exercise

说一说你"梦想中的生活"是什么样的。

Talk about what your "dream life" looks like.

Lesson 6 第六课

(共3分54秒)

🔍 热身问题 Warm-up Questions

1 玛丽给刘梅开出了什么条件？
2 刘梅和夏东海对孩子们最后的选择有没有信心？
3 孩子们的反应是什么？

（续前）

夏：还有刘星……

星：啊！还有我？

夏：对呀，如果小雨和小雪跟他（们）的亲妈妈回去以后，你就是独生子女了。玛丽说了，要给你一定的经济补偿。

星：是美元吗？（刘梅打刘星一下）我问问怎么了？

夏：对了，还有你，梅梅……

梅：甭说我，我不听。

夏：她说，给你一个高级美容院的美容卡，可以享受五年的免费服务。

梅：得了吧，我才不要呢。我在家贴点儿黄瓜挺好。

夏：**至于**①我交出抚养权以后，会有什么回报，我也不想说了，反正我也不会答应的。当然了，小雨，小雪，我的表态不代表你们的决定。你们有权决定自己的去留，大人之间的恩怨跟你们无关。如果你跟你们妈妈回去以后呢，我相信，在物质方面，可能会比现在好很多。何去何从，你们好好儿想想，二十四小时以后给我答复。

1. 独生子女 dúshēng-zǐnǚ / only child

2. 免费 miǎnfèi / be gratuitous

3. 回报 huíbào / v. / reward

4. 代表 dàibiǎo / v. / represent

5. 去留 qùliú / v. / leave or stay

6. 恩怨 ēnyuàn / n. / gratitude and grudge

7. 何去何从 héqù-hécóng / what path to take

8. 答复 dáfù / v. / reply

（夏东海、刘梅回到卧室）

梅：真是的，咱日子本来过得好好儿的，全被她给搅和了。耍什么富婆派头儿啊，我要不是<u>看在你跟孩子的份儿上</u>②，我早就对她不客气了我。夏东海，你说，孩子们会跟她走吗？

夏：不知道。

梅：那你猜猜，你猜猜孩子们会不会跟她走。

夏：不知道。

梅：你是不是对孩子们没什么信心呀？

夏：不是我对他们没有信心，可玛丽给他们的糖衣炮弹，实在是太大了。

9. 富婆　fùpó / n. / rich woman
10. 派头儿　pàitóur / n. / flair
11. 份儿　fènr / n. / （方）= 面子 face, part

12. 糖衣炮弹　tángyī pàodàn / see *Culture Points* 48

（孩子们在自己的房间）

雨：妈咪跟以前的照片儿不一样了。

雪：更年轻了，更漂亮了。

星：你们真要和那个有钱的女的走啊？

雪：她是我亲妈。

雨：亲妈咪。

星：是呀，亲妈，又有钱，光是这两点，就足够让你们和她远走高飞了，把我变成这个家里的独生子。

雪：那也不一定。

星：嗯？你们不和她走了？

雨：我没说啊。

雪：她说我可以得到南非的钻石。

星：你这么小要什么钻石啊？

雪：你不懂，在我们女孩子的梦里，钻石早就开始闪烁了。

13. 远走高飞　yuǎnzǒu-gāofēi / go far and fly high, go far away

14. 闪烁　shǎnshuò / v. / glisten, shine

星：好像钻石是男朋友送的。

雨：这你就不懂了吧③，妈咪送完钻石，男朋友再送，越多越好。

星：这么说你们就这么决定了。

雪：我也得想一想。

星：小雨呢？

雨：我也得想一想。

星：思想者是不流哈喇子的。

雨：我正在想法国大餐的味道。

（客厅）

夏：你们的亲妈妈，马上就要来了。你们想好了没有啊？

梅：愿意跟谁，你们决定了没有啊？你们要是决定跟你们妈妈走……你们最好再好好儿想想。

雪：爸，那我可就说了啊。

夏：你说吧。

15. 哈喇子　hālázi / n. /（口）= 口水
saliva

语言点例释 Grammar Points

1 至于

解 释 Explanation

介词。用在小句或者句子开头，引进另外一个话题。

"至于" is a preposition that is used at the beginning of a short expression or a sentence to bring in another subject.

| 剧 中
Example in Play | 夏：她说，给你一个高级美容院的美容卡，可以享受五年的免费服务。
梅：得了吧，我才不要呢。我在家贴点儿黄瓜挺好。
夏：至于我交出抚养权以后，会有什么回报，我也不想说了，反正我也不会答应的。 |

他 例 Other Examples
↳ 我的情况就是这样，至于他的情况，我一点儿也不清楚。
↳ 我只知道那个电影的名字，至于内容是什么，你还得去网上查查。

❷ 看在……的份儿上

解 释 Explanation

"考虑到某种情分"。多用于请求别人或者不情愿地帮助或原谅别人时。

"看在……的份儿上" means "considering the closeness with...". It's mainly used when begging for help, or helping or forgiving another person reluctantly.

剧 中 Example in Play

梅：要什么富婆派头儿啊，我要不是看在你跟孩子的份儿上，我早就对她不客气了我。

他 例 Other Examples

↳ 这件事是我错了，看在咱们多年朋友的份儿上，请你原谅我吧。
↳ 我是看在老同学的份儿上才帮助他的，要是别人，我才不管呢！

❸ 这你就不懂了吧

解 释 Explanation

用在对话中，对对方的观点表示不赞同，此后说明自己的观点或者看法。语气比较随便。

It is used in the dialogue to show that someone disagrees with another person's point of view. After this he/she should state clearly what his/her point or opinion is. The tone is rather casual.

剧 中 Example in Play

星：好像钻石是男朋友送的。
雨：这你就不懂了吧，妈咪送完钻石，男朋友再送，越多越好。

他 例 Other Examples

↳ 甲：能多吃就多吃一点儿，免得营养不够。
  乙：这你就不懂了吧，现在的观点是要少吃一些。
↳ 甲：春天来了，终于可以脱去棉衣了。
  乙：这你就不懂了吧，中国有句话叫"春捂秋冻"，还是别着急脱吧。

文化点滴 Culture Points

48 糖衣炮弹

"糖衣"原指包裹在药物外面的那一层甜味的薄膜。"糖衣炮弹"就是用糖衣裹着的炮弹。比喻经过巧妙伪装，容易使人丧失警惕和斗志，并乐于接受的进攻手段。因为毛泽东曾使用"糖衣炮弹"这一比喻，所以中国人都熟悉这个词。在夏东海看来，前妻玛丽许诺的种种好处，都是为了夺回孩子抚养权而使用的"糖衣炮弹"。

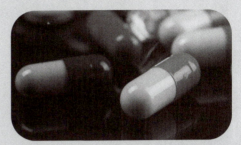

48 Sugar-Coated Bullets

"糖衣 (sugar-coat)" originally referred to the sweet-tasting thin film that wraps around medicine. "Sugar-coated bullets" are bullets wrapped in a sugar-coat. Metaphorically, it refers to tactics of attack that are cleverly disguised, making people lose their vigilance and fighting spirit, and willingly accept. Because Mao Zedong once used the metaphor of "sugar-coated bullets", this term is well-known among Chinese people. In Xia Donghai's view, all the benefits promised by his ex-wife Mary are just "sugar-coated bullets" used to regain custody of their children.

练习 Exercises

一、根据剧情内容选择正确答案 Choose the correct answers based on the plot

1. 玛丽要给刘星：（　　　）
   A. 出国机会　　　　B. 经济补偿　　　　C. 法国大餐
2. 玛丽要给刘梅：（　　　）
   A. 美容卡　　　　　B. 健身卡　　　　　C. 钻石
3. 刘梅在家里用什么美容？（　　　）
   A. 蜂蜜　　　　　　B. 牛奶　　　　　　C. 黄瓜

4. 对于孩子们的最后决定，夏东海：（　　　）

　　A. 完全没有信心

　　B. 担心玛丽的礼物的诱惑太大

　　C. 一点儿也不担心

5. 小雨和小雪觉得玛丽：（　　　）

　　A. 老多了　　　　　　B. 跟以前一样　　　　　　C. 更漂亮了

二、选词填空　Choose the most appropriate words to fill in the blanks

耍	份儿	物质
答复	恩怨	日子
搅和	补偿	享受
回报	去留	答应
表态	独生子	

1. 如果小雨和小雪跟亲妈回去以后，刘星就是（　　　）了。
2. 玛丽说，要给刘星一定的经济（　　　）。
3. 玛丽要给刘梅一个高级美容院的美容卡，可以（　　　）五年的免费服务。
4. 夏东海交出抚养权以后，也会有一定的（　　　），但是他不会（　　　）。
5. 夏东海说他的（　　　）不代表孩子们的决定。孩子们有权决定自己的（　　　），大人之间的（　　　）跟孩子无关。
6. 如果孩子们跟玛丽回去，在（　　　）方面，可能会比现在好很多。
7. 何去何从，夏东海让孩子们好好儿想想，二十四小时以后给他（　　　）。
8. 刘梅觉得他们的（　　　）本来过得好好儿的，全被玛丽给（　　　）了。
9. 刘梅觉得玛丽（　　　）富婆派头儿，要不是看在夏东海跟孩子的（　　　）上，她早就对玛丽不客气了。

三、解释画线部分的意思　Explain the meanings of the underlined parts

1. 玛丽说了，要给你一定的<u>经济补偿</u>。
2. <u>何去何从</u>，你们好好儿想想，二十四小时以后给我答复。
3. 要什么富婆派头儿啊，我要不是<u>看在你跟孩子的份儿上</u>，我早就对她不客气了我。
4. 不是我对他们没有信心，可玛丽给他们的<u>糖衣炮弹</u>，实在是太大了。
5. 亲妈，又有钱，光是这两点，就足够让你们和她<u>远走高飞</u>了，把我变成这个家里的<u>独生子</u>。

四、根据提示，用"至于"完成句子　Use "至于" to complete the sentences based on the clues

　　1. 这辆摩托车的样式我很喜欢，_____

　　2. 钻石每个女孩子都喜欢，_____

　　3. 为了让小雪高兴，刘梅查阅了很多有关黑猩猩的资料。_____

　　4. 我的态度不代表你们的态度。_____

五、成段表达　Presentations

　　1. 夏东海向孩子们表明自己的态度，请孩子们认真考虑。请结合第5课的内容，作一个比较完整的说明。
　　　Xia Donghai stated his stance to the children and asked them to think over their decisions. Please incorporate the content of lesson 5 to describe the situation.

　　2. 设计小雪和小雨的心理独白。
　　　Create a inner monologue of both Xiaoxue and Xiaoyu.

　　3. 回忆剧情，回想一下小雪说了什么。
　　　From your memory of the episode, recall what Xiaoxue said.

佳句集锦 Key Sentences

(一)

1. 我要告诉你们一个好消息。

2. 我的一个剧本呀，被美国的一家公司看上了，要准备斥巨资打造，并向国外市场发行。

3. 这么说爸爸你就要走向世界了！

4. 在外方强大的资金支持下，这不是没有可能的。

5. 我告诉你啊，那老外不但选中了我的剧本，还拍板让我做总编导。

6. 你现在是自编自导，你就差演了。你别说，你要演一兔爸爸，还真挺像的。

7. 不过说真的，我这次倒是真体验到了那种"千里马"遇见"伯乐"的感觉了。

8. 人家这伯乐多有眼光！

9. 他不但看上我的剧本，还特欣赏我本人，还说要来咱们家做客。

10. 先甭着急买衣服，我觉得，你倒是应该买条围裙了。

11. 人（家）大老远的来咱家做客，你是不是得请人（家）吃顿饭？你能不露几手拿手好菜吗，我的老婆大厨？

12. 美国朋友就要来咱们家了，咱们必须得做好准备。

13. 知道吗？必须得让他们看到当代中国家庭的风貌。

14. 咱们得为国争光，为你爸爸争光啊。

15. 那个美国老总长得什么样呀？

16. 外国人长什么样的都有，那不重要，关键是这位外国朋友，他看中了你爸爸的剧本，给咱们家带来了好运，咱必须得好好儿招待人家。

17. 你放心，第一道菜就是东坡肘子。

18. 胆固醇是不是有点儿太高了？

19. 东坡肘子必须得上，它具有中国特色。

(二)

20. 厉害呀，手艺不错呀。

21. 你看，这怎么样？有没有民族特色？

22. 很有特点，穿上好看，我来帮你系上。

23. 有这么漂亮的保姆吗？
24. 你说那外国老头儿他会中文吗？
25. 应该会吧，要不然他怎么看得懂我剧本呀？
26. 到目前为止，我跟人家还没见过面呢。
27. 这人把约会地点定在咱们家，这人就说明他挺有个性。
28. 我呢，给客人来一段民族舞。
29. 我，来段猴拳。
30. 她要等一会儿才能够来，委托我给夏太太还有孩子们，带来了一些礼物，希望能够给今天的聚会，增添一些情趣。
31. 老总一会儿就到，你们稍等一会儿，我先告辞。
32. 这没出息劲儿的，人家刚走就这么急着看，你们真……
33. 这就是我平常特别喜欢又不舍得买的高级化妆品！
34. 怎么我们都有礼物，怎么就你一人没有礼物啊？
35. 我得到了一个机遇，这就是礼物。
36. 那个美国老总可真够慷慨的。
37. 不是我认识他，是他发现了我。
38. 这只是开始，以后幸福的日子还在后边呢。

(三)

39. 老总马上就到，可是因为她太忙了，但是又十分地讲究效率，所以，让我们先把见面的具体程序商量落实一下。
40. 不用商量，您帮着给安排一下就行了。
41. 第一项：老总到来亮相，接受大家或惊讶、或赞赏的目光。
42. 第二项：老总和大家亲密接触，先和大女儿拥抱，再和小儿子拥抱。
43. 怎么把我给隔过去了？
44. 其他人是否与老总拥抱，视情况而定。
45. 第三项：喝饮料。喝什么饮料，视情况而定。
46. 第四项：接受主人邀请，共进晚餐。吃不吃，视情况而定。
47. 如果都是视情况而定的话，就不用念了。

48. 我万分荣幸，转告老总。

49. 你注意点儿影响。

50. 我没有开玩笑。我真的看上你写的剧本了，而且我真的想到你的新家来看一看。

(四)

51. 妈妈送你去英国顶级的贵族学校去读书，那儿所有的女孩子都有机会接触英国的王室。

52. 妈妈带你去世界各地去旅游，然后送你到哈佛去深造，那可是美国总统的摇篮呢。

53. 别紧张呀小男孩儿，等你到了十八岁的时候，我送你一个生日礼物，一台摩托车，你可以开着它去越野。

54. 你简直跟我想象当中一模一样。

55. 你的生活质量有待于提高，你知道吗？

56. 你有话直接对我说，你别拐弯抹角的。

57. 有什么了不起的呀？还挺傲，傲什么呀？

58. 我要不是看在夏东海的面子上，看在你姐姐的面子上，你弟弟的面子上……

59. 你凭什么惦记着让人（家）送你一辆摩托车呀？

60. 我倒惦记着让您送我一辆摩托车呢，您舍得吗？

61. 不舍得！没门儿！

62. 财迷！

63. 你妈这一回来，我又改回叫"阿姨"去了。

64. 您千万别误会，我就是怕把你们俩给弄混了。

65. 她当初根本都不要我和小雨了，她现在又来干什么呀？

66. 我想把她礼物给退回去，还有你们俩的，通通退回去，我不想让她来打扰我们的生活。

67. 我的生活又没被礼物打扰。

68. 我喜欢打扰生活的礼物。

69. 礼物有什么错儿呀？我可以当成是我亲妈送的。

70. 少把我掺和进去啊，我才不送你们礼物呢，想倒美。

(五)

71. 有话你快说行吗？你大老远的从美国跑回来，找我到底想干什么？

72. 这么多年了，你还是这么孩子气。

73. 我准备投入重金打造，然后推向市场，到时候，你可就一炮走红了，那个时候你可就名利双收了。

74. 什么条件直说吧！

75. 从这点上看呢，你好像又长大了。

76. 我这次回来，就是想要回属于我的东西。

77. 别紧张，我对你没兴趣。

78. 我就是想要回两个孩子的抚养权。

79. 这个世界上，没有什么事情是不可能的，只有说这个条件开出得合适和不合适。

80. 免谈！

81. 我给你二十四小时的时间考虑。

82. 您是不是担心我爸，怕他禁不住诱惑啊？

83. 我相信你爸绝对不会那么没有原则的。

84. 我本来不想回来的，想在大街上溜达溜达，可是后来我想了想，溜达到天亮也解决不了问题，就回来了。

85. 要回我们，那早干什么来着？

86. 你要是去了妈咪那儿，也许，永远都回不来了。

87. 你们的妈妈，为我们在座的每一个人，都开了一个非常优厚的条件。我必须如实地转达，好让大家自己拿主意。

88. 还不止这些。

89. 别说法国大餐了，土耳其大餐也可以。

(六)

90. 如果小雨和小雪跟他（们）的亲妈妈回去以后，你就是独生子女了。玛丽说了，要给你一定的经济补偿。

91. 给你一个高级美容院的美容卡，可以享受五年的免费服务。

92. 得了吧,我才不要呢。我在家贴点儿黄瓜挺好。
93. 至于我交出抚养权以后,会有什么回报,我也不想说了,反正我也不会答应的。
94. 我的表态不代表你们的决定。
95. 你们有权决定自己的去留,大人之间的恩怨跟你们无关。
96. 如果你跟你们妈妈回去以后呢,我相信,在物质方面,可能会比现在好很多。
97. 何去何从,你们好好儿想想,二十四小时以后给我答复。
98. 真是的,咱日子本来过得好好儿的,全被她给搅和了。
99. 耍什么富婆派头儿啊,我要不是看在你跟孩子的份儿上,我早就对她不客气了我。
100. 不是我对他们没有信心,可玛丽给他们的糖衣炮弹,实在是太大了。
101. 她是我亲妈。
102. 亲妈,又有钱,光是这两点,就足够让你们和她远走高飞了,把我变成这个家里的独生子。
103. 你这么小要什么钻石啊?
104. 你不懂,在我们女孩子的梦里,钻石早就开始闪烁了。
105. 愿意跟谁,你们决定了没有啊?

第九单元 Unit 9

给母爱一个机会
Give Motherhood a Chance

源自《家有儿女》第一部第50集《诱惑》（下）

Extracted from *Temptation* 2 of "Home with Kids" Series 1 Episode 50

第一课 Lesson 1
（共3分51秒）

❓ 热身问题 Warm-up Questions

1 小雪和小雨的决定是什么？
2 玛丽来了以后，孩子们进自己的房间去干什么了？

（客厅）

雪：爸，那我可就说了啊。

夏：你说吧。

雪：爸，您没事儿吧？

夏：没事儿，没事儿。你说吧。爸爸神经系统是很坚强的。

雪：是这样的，我呢，和小雨想了很久。

雨：很久。

星：对对对，我也想了很久。

梅：没你事儿。

雪：我承认，①亲妈对我们的承诺，的确是很诱人的：美国的绿卡，英国的贵族学校，当上流社会淑女，还有穿世界名牌衣服。

雨：住在（带）游泳池的房子，养一大群狗，吃法国大餐，确实不错。

雪：这一切，都是爸爸您所给不了我们的。

星：老妈也给不了。

梅：我……我是给不了……

雪：所以，我们决定……

梅：你不要再说了。

夏：没关系，你们说出来吧，我挺得住。

雪：我们决定……

雨：还是跟爸爸生活在一起。

1. 神经系统 shénjīng xìtǒng / nervous system

2. 承诺 chéngnuò / v. / promise
3. 的确 díquè / adv. / indeed
4. 诱人 yòurén / adj. / attractive, alluring
5. 上流社会 shàngliú shèhuì / upper class
6. 群 qún / mw. / group

7. 挺得住 tǐngdezhù / can hold on

梅：什么？

夏：我没听错吧？

星：没错儿，他们不想让我当独生子女。

雪：怎么了？难道你们不高兴吗？

梅：高兴！

夏：高兴！当然高兴！

梅：太高兴了！但是我们什么也给不了你们呀，尤其是那个带游泳池的房子，这事儿咱们家还没有列到议事日程。

8. 列　liè / v. / itemize
9. 议事日程　yìshì rìchéng / agenda

夏：就是。我也不可能带你们到法国，去吃什么大餐。

梅：是呀。

雪：我想，我们走了以后，一定会非常非常想念您的，我舍不得您！

雨：所以我也不想一起走了，我要爸爸养着我。

夏：我的好儿子。

星：其实呀，他们就是舍不得和我说拜拜。

雪：得了吧你。其实呀，我最舍不得的就是您，妈妈！

梅：啊！

雪：我们已经习惯您这个新妈妈了。

雨：新妈妈爱我习惯了，我爱新妈妈也习惯了。

星：对，对新妈妈的中式大餐也习惯了。

雨：这是我的家，轰我我都不走。

梅：我的宝贝，快来快来，妈妈抱抱！要把妈妈吓死了。

夏：我也来抱抱。

梅：我以为你们真的要走了呢。

（客厅，玛丽进来）

玛：哎呀，你们在举行集体告别仪式吧？

雪：妈妈。

雨：妈咪。

雪：走，拿东西去。

玛：决定已经做好了是吗？我想这是一个最完美的结局了。你看，小雨和小雪呢，回到我的身边，过着幸福而高贵的生活。夏东海你呢，你的剧本会得到我资金的有力支持，名利双收。你呢，你和你的儿子也会得到我的补偿，何乐而不为②呢？

夏：事情恐怕不是你想象的那样。

梅：是，可能得让你失望了。

玛：怎么可能呢？我的孩子们都收拾东西去了，一会儿就会跟我走的。

（孩子们出来）

雪：妈妈，这些东西我们不要了。

雨：对，我们要跟爸爸生活在一起。

星：对！

玛：你有没有搞错啊小雪？（对小雨）小雨，你刚才说什么呢？

夏：我想，你刚才应该听清楚了。小雨说希望和我们生活在一起。

玛：怎么……怎么会是这样呢？

10. 集体	jítǐ / n. /	collective, group
11. 结局	jiéjú / n. /	outcome, ending
12. 高贵	gāoguì / adj. /	noble
13. 何乐而不为	hé lè ér bù wéi /	why not enjoy doing it

雨：妈咪。

玛：宝贝，你改变主意了是吗？

雨：不是，我把你的巧克力给吃光了，我只能还你小汽车了。

玛：天哪！怎么这样啊？

夏：恐怕是这样。

语言点例释 Grammar Points

1 我承认，……

解释 Explanation

用于句子或者一段话的开头，表明自己的真实想法。

"我承认，……" is used at the beginning of a sentence or a paragraph to state the real thought.

剧中 Example in Play

雪：我承认，亲妈对我们的承诺，的确是很诱人的：美国的绿卡，英国的贵族学校，当上流社会淑女，还有穿世界名牌衣服。

他例 Other Examples

↘ 我承认，你说的的确有道理。

↘ 我承认，这次事故主要是我的原因。

2 何乐而不为

解释 Explanation

意思是"为什么不乐于这样做呢"。用反问的语气表示完全应该这样做。

"何乐而不为" means "why not enjoy doing it". It indicates that something absolutely should be done in a rhetorical tone.

剧中 Example in Play

玛：我想这是一个最完美的结局了。你看，小雨和小雪呢，回到我的身边，过着幸福而高贵的生活。夏东海你呢，你的剧本会得到我资金的有力支持，名利双收。你呢，你和你的儿子也会得到我的补偿，何乐而不为呢？

他例 Other Examples

➡ 你不想参加,他正好乐意参加,你就让他去好了,何乐而不为呢?
➡ 储蓄是一件既不麻烦又对家庭有好处的事,何乐而不为呢?

文化点滴 Culture Points

49 "天"与"上帝"

在这一集末尾,玛丽说了一句"天哪"。如果翻译成英文,就是"my God"。汉语中的"天""老天爷",在西方传教士到达中国时被翻译成"上帝",至今,已不知不觉过了六七百年。一般而言,"天""上帝"在东方和西方都是人们心中的权威,虽然他们分属于不同的文化圈。但随着文化比较研究的深入,人们发现"天"和"上帝"有许多不同。比如,在西方文化中上帝的权威是绝对的,而在中国文化中虽然有"天意不可违"的观念,但同时也有"天法道""人定胜天"等说法。因而"天"的权威又是相对的。两者还有怎样的区别?认清他们的区别能否成为东西方文化交流的一把钥匙?渐渐成为学者们越来越关注的问题。

49 "Heaven" and "God"

At the end of this episode, Mary said "天哪". If translated into English, it would be "my God". "天" and "老天爷" was initially translated as "上帝" (God) when Western missionaries arrived in China. Until now, six to seven centuries have passed without anyone realizing it. Generally speaking, both "天" and "上帝" hold authoritative positions in the hearts of people in the East and West, respectively, even though they belong to different cultural spheres. However, with the deepening of cross-cultural studies, people have discovered many differences between "天" and "上帝". For example, in Western culture, the authority of God is absolute; while in Chinese culture, although there is the concept of "天意不可违" (the will of Heaven cannot be violated), there are also sayings like "天法道" (天 follows 道) and "人定胜天" (mankind can conquer 天). Therefore, the authority of "天" is relative. What do other differences exist between these two concepts? Is the recognition of these differences a key to cross-cultural communication between the East and the West? Scholars are increasingly focusing on these questions.

练习 Exercises

一、根据剧情内容判断对错 Decide whether each statement is true or false based on the plot

1. 小雪说亲妈的承诺对她和小雨没有任何吸引力。 ☐
2. 夏东海和刘梅在听小雪宣布决定时非常紧张。 ☐
3. 小雪和小雨最舍不得和刘星说再见。 ☐
4. 玛丽进来时,大家正在举行集体告别仪式。 ☐
5. 看见玛丽进来,孩子们都回屋收拾行李去了。 ☐
6. 孩子们把礼物还给了玛丽。 ☐

二、根据剧情,给下列台词排序 Put the scripts below into the correct order based on the plot

序号	台词
☐	雪:怎么了?难道你们不高兴吗?
☐	梅:太高兴了!但是我们什么也给不了你们呀,尤其是那个带游泳池的房子,这事儿咱们家还没有列到议事日程。
☐	雪:这一切,都是爸爸您所给不了我们的。
☐	夏:高兴!当然高兴!
☐	夏:你说吧。爸爸神经系统是很坚强的。
☐	雪:我承认,亲妈对我们的承诺,的确是很诱人的:美国的绿卡,英国的贵族学校,当上流社会淑女,还有穿世界名牌衣服。
☐	雨:住在(带)游泳池的房子,养一大群狗,吃法国大餐,确实不错。
☐	夏:没关系,你们说出来吧,我挺得住。

三、看视频，根据提示，将正确的句子写出来
Watch the video and write out the correct sentences based on the clues

1. 夏东海准备听小雪宣布决定时的话（两处）：
   (1) _____ (2) _____
2. 小雪重复玛丽对自己的承诺：_____
3. 小雪说要留下来和爸爸在一起的原因：_____
4. 小雪说离不开刘梅的原因：_____
5. 小雨说不想离开刘梅的原因：_____
6. 刘梅听小雪宣布留下来后又惊又喜的话：_____
7. 玛丽说完自己对于"理想结局"的描述后，夏东海的回答：_____
8. 小雪还玛丽礼物后，玛丽的反应：_____
9. 小雨还玛丽小汽车后，玛丽的反应：_____

四、台词填空　Complete the scripts

1. 雪：我想，我们走了以后，一定会非常非常想念您的，我（　　）您！
   雨：所以我也不想一起走了，我要爸爸（　　）着我。
2. 雨：这是我的家，（　　）我我都不走。
3. 玛：决定已经做好了是吗？我想这是一个最（　　）的结局了。你看，小雨和小雪呢，回到我的身边，过着幸福而（　　）的生活。夏东海你呢，你的剧本会得到我资金的有力（　　），名利双收。你呢，你和你的儿子也会得到我的（　　），何乐而不（　　）呢？
   夏：事情恐怕不是你（　　）的那样。
   梅：是，可能得让你（　　）了。
4. 玛：宝贝，你改变（　　）了是吗？
   雨：不是，我把你的巧克力给吃（　　）了，我只能（　　）你小汽车了。
   玛：天哪！怎么这样啊？
   夏：（　　）是这样。

五、用提示词语或句式完成对话，并设计一个新对话
Complete the dialogues using the given prompts and create a new dialogue

1. 我承认，……
   (1) 星：你亲妈的承诺够诱人的啊！
       雪：_____
   (2) 甲：你觉得这件事没有你一点儿责任吗？
       乙：_____

2. 何乐而不为
   (1) 玛：我想这是一个最完美的结局了。
       你看，_____
       夏：事情恐怕不是你想象的那样。
   (2) 甲：我的好朋友约我一起去欧洲旅行。
       乙：_____

六、成段表达 Presentation

用刘梅的语气叙述一下孩子们做决定前后她的心理变化。（可以参考并选择下列提示作为开头）

Use Liu Mei's tone to describe her psychological changes before and after the children made their decisions. (you can refer to the clues below as a starting point)

> 1. 玛丽的出现，打乱了我们家平静的生活……
> 2. 玛丽的糖衣炮弹，实在是太厉害了……
> 3. 夏东海让孩子们考虑二十四小时……
>
> _____
> _____
> _____
> _____
> _____
> _____

第二课 Lesson 2
（共3分12秒）

🔍 热身问题 Warm-up Questions

1. 玛丽怎么又出现了？
2. 玛丽有什么新打算？
3. 刘梅是怎么看待玛丽的？

（小区里）

夏：真舒服！一切都结束了！

梅：咱们这新家还真能禁得住①考验啊。

夏：那是呀。

梅：你还别说②，这些孩子咱还真没白疼他们。

夏：你说，我为什么没有一种轻松的感觉呢？

梅：你是不是有点儿后悔，丢失这次机会呀？

夏：别瞎说！我后悔什么呀③？不过说实在的，这玛丽一天不回美国啊，我这心里一天就踏实不下来。

梅：那是玛丽的宝马吗？

（玛丽跑过来）

玛：你们好！

夏、梅：你好。你好。

夏：怎么样，挺好的吧？

玛：（哭）好什么呀③！我是一个失败的母亲呀，孩子们都不听我的。

梅：我可没对他们施加什么影响，这都是他们自己的决定。

夏：对。都是他们真实的心愿。

玛：我知道，是我对不起孩子，所以，我打算暂时不回美国去，在国内发展自己的事业。

1. 考验 kǎoyàn / v. / trial, test
2. 疼   téng / v. / love dearly
3. 丢失 diūshī / v. / lose

4. 宝马 Bǎomǎ / N. / BMW
5. 失败 shībài / v. / lose, fail
6. 施加 shījiā / v. / (of pressure, influence, etc.) exert, impose
7. 心愿 xīnyuàn / n. / wish
8. 暂时 zànshí / adj. / in a short period, temporary
9. 事业 shìyè / n. / career

这样，我就可以经常来看看孩子们。希望能够得到你们的理解、支持、配合，行吗，夏太太？请对一个失败的母亲宽容一些吧！

梅：可以。

玛：您真不愧是一个白衣天使，虽然你穿着一件蓝色的衣服。

夏：她色盲。

玛：我能送孩子们一些小礼物吗？

梅：可以。

玛：能在周末的时候带他们出去玩儿吗？

梅：可以。

玛：孩子们不同意，你能替我说两句好话吗？

梅：这个……

玛：请对一个失败的母亲宽容一些吧！

梅：可以。

玛：真的！我爱你！

梅：她爱我。

夏：我也爱你。

梅：都爱我。

（家里）

夏：跟玛丽拥抱的感觉如何呀？

梅：夏东海，我觉得，我觉得她也真不容易。你想想，毕竟是当妈的，成天见不着俩孩子，得多想啊。要（是）我，我都受不了。我真觉得她也挺可怜的。咱俩以后多给她点儿宽容跟理解，啊。

10. 白衣天使 báiyī tiānshǐ / an angel in white (see *Culture Points* 50)
11. 色盲 sèmáng / n. / color blindness

12. 毕竟 bìjìng / adv. / after all, all in all
13. 成天 chéngtiān / adv. / all day long, all the time

夏：啊呀，我现在终于明白她为什么爱你了。有一点她还真没看错，你就是一个白衣天使，虽然穿着蓝衣服。

梅：讨厌！

星：爸，妈，我把他们都给叫来了。

雪：什么事儿啊？

雨：是不是又发巧克力了？

星：上次他妈送他的巧克力，把他馋虫都给勾出来了。

梅：来来来，坐下。妈妈要给你们开会。

夏：妈妈有事儿要跟你们说。来，坐好。

14. 馋虫　chánchóng / n. / cravings
15. 勾　gōu / v. / lure, attract

语言点例释 Grammar Points

1 禁得住

解释 Explanation
承受得住，经受得了。
"禁得住" means that something can be toughed through or endured.

剧中 Example in Play
梅：咱们这新家还真能禁得住考验啊。
夏：那是呀。

他例 Other Examples
↘ 这座桥禁得住大卡车通过吗？
↘ 我的身体很棒，再开两天夜车我也禁得住。

❷ 你还别说

解释 Explanation

插入语，表示确认某种说法或事实。有时这些被确认的内容是不能从表面或常理来推断的，因此显得出人意料。

"你还别说" is a parenthesis expressing confirmation of a statement or fact. Sometimes these confirmed contents cannot be inferred from the surface or by using common sense, therefore seem unexpected.

剧中 Example in Play

梅：咱们这新家还真能禁得住考验啊。
夏：那是呀。
梅：你还别说，这些孩子咱还真没白疼他们。

他例 Other Examples

⬇ 甲：你看，他俩长得像不像？
　乙：你还别说，真挺像的。
⬇ 都说快步走是健身的好办法，我试了一个月，你还别说，效果真不错。

❸ V/Adj.+什么呀

解释 Explanation

"什么呀"用在动词或形容词后，常常有反问语气。意思是"为什么要……""不需要……"或"一点儿也不……"。

"什么呀" is used after a verb or an adjective, which often expresses a rhetorical tone. The meaning is "why...""no need to..." or "not... at all".

剧中 Examples in Play

⬇ 梅：你是不是有点儿后悔，丢失这次机会呀？
　夏：别瞎说！我后悔什么呀？
⬇ 夏：怎么样，挺好的吧？
　玛：好什么呀！我是一个失败的母亲呀，孩子们都不听我的。

他例 Other Examples

⬇ 甲：我得减肥了，最近又胖了。
　乙：减什么呀，你身材够标准的了。
⬇ 甲：我得减肥了，最近又胖了。
　乙：胖什么呀，再减你就没了。

文化点滴 Culture Points

50 白衣天使

"白衣天使"是人们对医疗工作者，尤其是对医生和护士的一种美誉。在中国，人们对一些职业或事物都有相对固定的美誉。如：教师被称作"园丁"或"人类灵魂的工程师"，新闻记者被称为"无冕之王"，国家公务员被称作"人民公仆"，中国军队被称作"钢铁长城"，军队的战士被称作"人民子弟兵"，等等。剧中刘梅的职业是医院的护士，所以玛丽说她是白衣天使。

50 An Angel in White

"白衣天使" is a term of praise that people use to refer to healthcare workers, especially doctors and nurses. In China, there are standard commendations for certain professions. For example, teachers are called "园丁" (gardeners) or "人类灵魂的工程师" (engineers of the human soul); journalists are known as "无冕之王" (king without a crown); civil servants are referred to as "人民公仆" (public servants); the Chinese military is called "钢铁长城" (the Great Wall of steel), and the soldiers are known as "人民子弟兵" (the People's soldiers of brothers and sons) and so on. In this episode, Liu Mei was a nurse at the hospital, so Mary called her an angel in white.

练习 Exercises

一、根据剧情内容选择正确答案 Choose the correct answers based on the plot

1. 刘梅和夏东海觉得很高兴，是因为：（　　）
   A. 他们的新家禁不住考验　　B. 他们没有白疼孩子们　　C. 玛丽已经回国了

2. 夏东海没有轻松的感觉是因为：（　　）
   A. 他觉得玛丽有些可怜　　B. 他自己后悔丢失了机会　　C. 他心里不踏实

3. 玛丽哭泣是因为她：（　　）
   A. 觉得自己是一个失败的母亲　B. 觉得很孤独　　C. 回国的钱不够了

4. 玛丽决定：（　　）
   A. 暂时不回美国　　B. 回美国发展事业　　C. 还是带孩子们走

5. 下列哪个要求不是玛丽提出的?（　　）
   A. 经常来看孩子们　　B. 周末带孩子们出去玩儿　　C. 带孩子们去买礼物

6. 刘梅觉得玛丽：（　　）
   A. 太可气　　B. 很可怜　　C. 像天使

7. 刘梅要给孩子们开会，下列哪个是正确的?（　　）
   A. 小雨以为要发巧克力　　B. 是小雪把大家叫来的　　C. 夏东海没参加

二、剧中有重复两次的句子，请把它们找出来
Some sentences in the episode were repeated twice and pick them out

_____

三、用剧中的词语替换画线部分 Use the words and expressions in the episode to substitute the underlined parts

夏：真舒服！<u>全都结束了</u>！
梅：咱们这新家还真能<u>经受得住</u>考验啊。
夏：那是呀。
梅：你还别说，这些孩子咱还真没<u>白</u>爱他们。
夏：你说，我为什么没有一种<u>放松</u>的感觉呢？
梅：你是不是有点儿后悔，<u>失去</u>这次机会呀？
夏：别<u>胡说</u>！我后悔什么呀？<u>不过</u>说真的，这玛丽一天不回美国啊，我这心里一天就<u>安定</u>不下来。

四、台词填空，并给各句排序　Complete the scripts and put the sentences into the correct order

序号	台词
☐	梅：可以。
☐	夏：怎么样，挺好的吧？
☐	玛：您真（　　　）是一个白衣天使，虽然你穿着一件蓝色的衣服。
☐	夏：她（　　　）。
☐	夏：对。都是他们真实的（　　　）。
☐	玛：好什么呀！我是一个（　　　）的母亲呀，孩子们都不（　　　）我的。
☐	玛：我知道，是我（　　　）孩子，所以，我打算（　　　）不回美国去，在国内（　　　）自己的事业。这样，我就可以经常来看看孩子们。希望能够得到你们的理解、支持、（　　　），行吗，夏太太？请对一个失败的母亲（　　　）一些吧！
☐	梅：我可没对他们施加什么（　　　），这都是他们自己的决定。

五、判断下列台词是谁说的　Decide which character said the following sentences

说话人	台词
	孩子们不同意，你能替我说两句好话吗？
	跟玛丽拥抱的感觉如何呀？
	我真觉得她也挺可怜的。
	有一点她还真没看错，你就是一个白衣天使，虽然穿着蓝衣服。
	上次他妈送他的巧克力，把他馋虫都给勾出来了。

六、用提示词语或句式完成对话，并设计一个新对话
Complete the dialogues using the given prompts and create a new dialogue

1. 禁得住

   (1) 梅：咱们这新家＿＿＿＿＿＿＿＿

   　　夏：那是呀。

   (2) 甲：外边风很大，咱们还能带孩子出去吗？

   　　乙：＿＿＿＿＿＿＿＿＿＿＿＿＿

2. 你还别说

   (1) 梅：咱们这新家还真能禁得住考验啊。

   　　夏：那是呀。

   　　梅：＿＿＿＿＿＿＿＿＿＿＿＿＿

   (2) 甲：你相信中医疗法吗？

   　　乙：＿＿＿＿＿＿＿＿＿＿＿＿＿

七、成段表达　Presentations

1. 根据图片提示，模仿前边的剧情中刘梅的话。（可以增加你自己设想的内容）
   Copy what Liu Mei says at the beginning of the play based on the hint from the picture. (you may add your own thoughts)

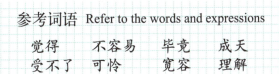

参考词语　Refer to the words and expressions

| 觉得 | 不容易 | 毕竟 | 成天 |
| 受不了 | 可怜 | 宽容 | 理解 |

2. 在本集剧情末尾，刘梅要给孩子们开个会。如果你是刘梅，你会说些什么？
   At the end of this episode, Liu Mei wants to hold a meeting with the children. If you were Liu Mei, what would you say?

第三课 Lesson 3
(共3分22秒)

❓ 热身问题 Warm-up Questions

1 刘梅给孩子们开会谈的是什么？
2 玛丽送给小雪一件什么礼物？

（续前）

梅：孩子们，妈妈希望你们能够成为有爱心、懂宽容的孩子，所以，小雪小雨，你们的妈妈以后会经常来看你们的。

雪：我不见她，谁让①她以前那么狠心？

雨：因为不要爸爸，连我们俩都不要了。

雪：现在又回来干什么呀？不欢迎！

梅：小雪，甭管过去怎么回事儿，她毕竟是你们妈妈呀。你想想，她老见不着你们，她多想你们呀。其实我相信，你们俩有的时候，也是挺想妈妈的，对不对？所以我觉得，你们应该接受她送给你们的小礼物，也不应该拒绝她经常会来看你们。给母爱一个机会，好吗？

夏：妈妈说得很对，你们应该好好儿想想。

雪：看在你们的面子上，那好吧。

雨：那我也同意了，希望她下次再给我带巧克力。

夏：那么说我们之间达成共识了？

梅：好！

星：我还有个问题。

梅：去，人家俩都没问题，你有什么问题？

1. 狠心 hěnxīn / adj. / cruel-hearted, heartless

2. 达成 dáchéng / v. / reach (*an agreement*)
3. 共识 gòngshí / n. / mutual understanding, consensus

星：要是那个阿姨顺便也送我一个爱心小礼物的话，我是不是也应该宽容地接受啊？

梅：歇着你的吧②！

（小区里）

雨：刘星等等我。刘星，刘星。

星：你快点儿。你看那辆宝马，多漂亮！

雨：我妈咪上次来就是开的这种车。

（玛丽走过来）

玛：小雨。

雨：妈咪。

玛：宝贝呀，来，妈妈好想你哟。

星：阿姨好。

玛：小男孩儿啊，怎么样啊，你对弟弟好不好？有没有欺负他？

雨：刘星对我还不错，他最爱吃的鸡翅都分给我。

玛：真的！OK，作为好哥哥是可以得到奖励的。到我的宝马车上坐一会儿好不好？有礼物送的。走。

雨：巧克力！

（小雪房间）

星：刚才看见你亲妈了啊。

雨：对，我还在妈咪的宝马车上坐了一会儿。

雪：收获不小嘛。

星：也有你的。

雪：放那儿吧。

星：你不看看是什么东西呀？

4. 歇　xiē / v. / have a rest, take a rest

5. 鸡翅　jīchì / n. / chicken wings

雨：那我们哥儿俩分了。

星：对。

雨：我的紫盒…… 6. 紫　zǐ / adj. / purple

星：早就看见了……（小雪抢过来）你收下了？

雪：干吗不收啊？你妈妈说了，要给母爱一个机会。

星：那紫盒子里什么东西呀？

雪：别动！真是！

星：看看怎么了？

雪：都给我出去。

星：看看。

雪：出去。又不是送给你们的。

雨：看看不成啊？

雪：不行，出去。

星：烦不烦？

语言点例释 Grammar Points

1 谁让……

解释 Explanation

用反问表示强调，意思是某人既然做了不该做的事，就该自作自受。带有指责的语气。

This pattern uses a rhetorical tone to show emphasis. It means that since somebody has done something that he shouldn't have, he now has no choice but to accept the consequences. There's an accusatory tone.

剧中 Example in Play

梅：孩子们，妈妈希望你们能够成为有爱心、懂宽容的孩子，所以，小雪小雨，你们的妈妈以后会经常来看你们的。

雪：我不见她，<u>谁让</u>她以前那么狠心？

他 例 Other Examples
- 肚子疼了吧？谁让你吃完饭就跑步的？
- 甲：我实在不想起床啊！
  乙：谁让你昨晚睡那么晚的？赶紧起床吧，要不迟到了。

❷ 歇着你的吧

解 释 Explanation
制止别人的不恰当建议或者想法时用。语气比较生硬。有时说"歇着吧你"。

It is used to put down one's unsuitable opinions or thoughts. The tone is rather firm. It can sometimes be said as "歇着吧你".

剧 中 Example in Play
星：要是那个阿姨顺便也送我一个爱心小礼物的话，我是不是也应该宽容地接受啊？
梅：歇着你的吧！

他 例 Other Examples
- 甲：要是能一整天都玩儿游戏机，那该多好！
  乙：歇着你的吧！没门儿！
- 甲：我还想再弄几只小白鼠来养着。
  乙：歇着吧你，有两只已经够受的了。

文化点滴 Culture Points

51 接受礼物

在接受礼物时，中国与西方的习惯不同。西方人在收到礼物时，要当着送礼人的面打开，赞美礼物，而后才表示感谢和接受礼物，认为这样有礼貌。但中国人在收到别人赠送的礼物时，一般不当面打开，只表示高兴和谢意，或说些"太客气了""太破费了"之类的客套话。中国人不习惯当着外人，特别是送礼人的面打开礼物。中国的道德观中有"礼轻情意重"的思想。立即打开礼物往往会被看作过于重视礼物，给人留下贪财的印象。

51 Accepting a Gift

> In accepting gifts, the customs are different between China and the West. In Western culture, when receiving a gift, it is customary for the recipient to open it in front of the giver, praise the gift, express gratitude, and accept the gift as a polite gesture. However, in Chinese culture, when receiving a gift from someone, the gift is generally not opened in front of the giver. Instead, the recipient typically expresses joy, gratitude, and may use polite phrases like "太客气了" (you're too kind) or "太破费了" (you've spent too much). Chinese people are not accustomed to opening gifts in front of others, especially in front of the givers. Chinese ethics emphasize the idea of "礼轻情意重" (the thought behind the gift is more valuable than the gift itself). Opening a gift immediately is often seen as attaching too much importance to the material value of the gift, which could leave the impression of being greedy.

练习 Exercises

一、根据剧情内容选择正确答案 Choose the correct answers based on the plot

1. 刘梅希望孩子们成为：（   ）
   A. 有爱心的孩子　　　　B. 听话的孩子　　　　C. 乖孩子

2. 关于小雪，下列哪个说法不正确？（   ）
   A. 小雪觉得亲妈太狠心　　　B. 小雪有时也想亲妈
   C. 小雪非常欢迎亲妈回国

3. 关于刘星，下列哪个说法正确？（   ）
   A. 他也希望得到玛丽的礼物　　　B. 他有时欺负小雨
   C. 他把小雨的鸡翅抢走了

4. 玛丽送给小雪的礼物：（   ）
   A. 被刘星弄坏了　　　　B. 是放在一个紫色的盒子里的
   C. 使小雪很烦恼

二、选词填空 Choose the most appropriate words to fill in the blanks

1. 小雪不想见玛丽，因为她觉得亲妈当初不要自己，太（　　　）了。
2. 夏东海夫妇与孩子们达成了（　　　），愿意接待玛丽的来访。
3. 为了招待客人，刘梅买了很多菜。到家后，大家让她赶紧（　　　）一会儿。
4. 刘星常常把炸（　　　）让给弟弟吃。
5. 我们这儿卖的葡萄大多数是（　　　）皮的，绿皮的不多。

紫
歇
鸡翅
狠心
共识

三、将相关的台词连线，并判断说话人是谁
Match the relevant scripts and decide which character said the sentences

说话人	A	B
	妈妈希望你们	连我们俩都不要了。
	因为不要爸爸，	我是不是也应该宽容地接受啊？
	看在你们的面子上，	他最爱吃的鸡翅都分给我。
	要是那个阿姨顺便也送我一个爱心小礼物的话，	能够成为有爱心、懂宽容的孩子。
	刘星对我还不错，	那好吧。

四、用提示词语或句式完成对话，并设计一个新对话
Complete the dialogues using the given prompts and create a new dialogue

1. 谁让……

    (1) 梅：小雪小雨，你们的妈妈以后会经常来看你们的。

    　　雪：我不见她，_____

    (2) 甲：今天真倒霉，我没有复习最后一课，偏偏最后一课考的内容最多。

    　　乙：_____

2. 歇着你的吧

    (1) 星：要是那个阿姨顺便也送我一个爱心小礼物的话，我是不是也应该宽容地接受啊？

    　　梅：_____

    (2) 甲：我想养只狗。

    　　乙：_____

五、成段表达　Presentations

1. 刘梅劝小雪的话。
   Advice from Liu Mei to Xiaoxue.

   参考词语　Refer to the words and expressions
   甭　毕竟　老　多……呀　其实
   挺……的　所以　应该　拒绝　机会

2. 设想一下小雪看到紫盒里边的礼物后的心理活动。
   Imagine Xiaoxue's feelings after seeing the gift inside the purple box.

六、延伸练习　Extension exercise

介绍一个你曾经收到的或者送出的心爱的礼物。
Describe a cherished gift you have ever received or sent.

Lesson 4 第四课

(共3分21秒)

❓ 热身问题 Warm-up Questions

1 玛丽这次来夏家干什么？
2 刘梅和夏东海有什么感觉？

（家里）

星：谁呀？

玛：Hi，小男孩儿……

星：阿姨好！我爸我妈还没下班呢。

玛：是吗？那太好了。来，把这个冰激凌蛋糕放到冰箱里好吗？

星：成成成！小雨，小雪，你们的亲妈来了！

雨：妈咪。

玛：宝贝呀，有没有想妈妈？

雪：妈，您来了。

玛：小雪儿啊，我的小雪儿，真是长得越来越漂亮了。对了，（摘下项链）来，这个可以和你手上的那个手链配成一套。怎么样？

雪：谢谢妈妈。

玛：不客气。

雨：妈咪，我的礼物呢？

玛：有。还有小男孩儿，一个都不会少的，但是呢，你们要先回答我一个问题：你们想不想在贵宾席里现场观看大卫·科波菲尔*的魔术表演呢？

雪、星、雨：哇！噢——

1. 冰激凌　bīngjīlíng / n. / ice cream
2. 蛋糕　dàngāo / n. / cake

3. 手链　shǒuliàn / n. / bracelet
4. 配　pèi / v. / match

5. 贵宾席　guìbīnxí / n. / VIP seats

---

* 大卫·科波菲尔 Dàwèi·Kēbōfēi'ěr：美国著名的魔术师。A famous American magician (David Copperfield).

玛：欢呼声说明了一切。走吧,我的宝马车就在门口!

(刘梅进门)

梅：哟,干吗去呀?

雨：坐宝马车!

雪：看魔术大师的表演!

玛：是这样的,我准备带孩子们去现场观看大卫·科波菲尔创造的魔幻世界。你不介意吧①,夏太太?

梅：嗯……不介意。(拉住刘星)干吗去呀?

玛：是这样的,他作为小雪的弟弟、小雨的哥哥,也接受了我的邀请。

梅：电视里不是演过吗?

星：现场的更好看。

玛：夏太太,你就让他去吧。你看他们三个人在一起,多高兴啊。

梅：咳,他们都还没吃饭呢。

玛：没关系。一会儿我带他们去饭店吃。

梅：这……

玛：看完演出以后,我开车把他们送回来,就送到家门口。这下你放心了吧?

梅：那……

雨：那就这样吧!

星：没有时间了,走。

雪、雨、星：拜拜,拜拜。

玛：那就这样了,再见,再见。

(夏东海回家后)

夏：哎,我刚才可在咱冰箱里看见,有这么大

6. 欢呼	huānhū / v. / cheer, hail
7. 魔幻	móhuàn / adj. / magical
8. 介意	jièyì / v. / hold grudge, mind

个儿，一个哈根达斯冰激凌蛋糕，是你给孩子买的？你可够奢的啊！

梅：你看我像买那东西的人吗？玛丽！

夏：我早该想到是她。我那前妻呀，是一个机会都不错过，给点儿阳光就灿烂。

梅：那个大卫·科波菲尔那魔术票，多少钱一张啊？

夏：不太清楚，总之②，会让很多老百姓立马感到自己是穷人，当然也包括咱们，所以你也甭想不开③。

梅：我倒不是想不开③，我就是④想不明白……

夏：孩子这么晚了怎么还不回来，还有一点儿说不出来道不出来的感觉。

梅：嘿，你怎么知道的？

夏：因为咱俩感觉一样。

9. 哈根达斯　Hāgēn Dásī / N. / Haagen-Das
10. 奢（侈）　shē (chǐ) / adj. / luxurious, extravagant
11. 错过　cuòguò / v. / miss out
12. 总之　zǒngzhī / conj. / in a word, in short
13. 立马　lìmǎ / adv. /（方）=立刻 immediately
14. 道　dào / v. / say, speak

语言点例释 Grammar Points

❶ 你不介意吧

解释 Explanation

"介意"的意思是"把不愉快的记在心里""在意"，多用于否定式。"你不介意吧"的意思是询问对方是否介意，更主要的意思是说话人觉得对方不应该介意。有时也说"您不介意吧"。

"介意" means "hold grudge" and "mind". It is often used in negation. The meaning of "你不介意吧" is to ask the other person whether or not he minds something and the key point here is that the speaker expects the other person not to mind. Sometimes we also say "您不介意吧".

剧中 Example in Play

玛：是这样的，我准备带孩子们去现场观看大卫·科波菲尔创造的魔幻世界。你不介意吧，夏太太？

梅：嗯……不介意。

| 他 例 Other Examples | ↘ 我抽一支烟，您不介意吧？
↘ 您对面有人吗？我想坐在这里，您不介意吧？ |

❷ 总之

| 解 释 Explanation | 连词，表示下文是总括性的话。
"总之" is a conjunction that indicates the following text to be the summary of the conversation. |

| 剧 中 Example in Play | 梅：那个大卫•科波菲尔那魔术票，多少钱一张啊？
夏：不太清楚，总之，会让很多老百姓立马感到自己是穷人。 |

| 他 例 Other Examples | ↘ 他喜欢乒乓球、网球、羽毛球、足球，总之，只要是球类，他都喜欢。
↘ 经过半年的学习，他的听力和口语都提高了，总之，他的汉语水平提高了。 |

❸ 想不开

| 解 释 Explanation | 意思是"把不如意的事放在心上，无法放松下来"，相反的说法是"想得开"。
"想不开" means "take an unpleasant thing to heart and cannot get relaxed". The opposite way of saying is "想得开". |

| 剧 中 Examples in Play | 梅：那个大卫•科波菲尔那魔术票，多少钱一张啊？
夏：不太清楚，总之，会让很多老百姓立马感到自己是穷人，当然也包括咱们，所以你也甭想不开。
梅：我倒不是想不开，我就是想不明白…… |

| 他 例 Other Examples | ↘ 甲：唉，我和孩子越来越没共同语言了。
　乙：你别想不开，现在他是青春期，过了这一段就好了。
↘ 甲：没想到，好好儿的电脑被我摔坏了。
　乙：别想不开了，"旧的不去新的不来"嘛！ |

❹ 倒不是……，就是……

解释 Explanation

相当于"不是……，只是……"。前面否定对方说的情况，后面说明自己担心或者看重的某方面。

"倒不是……，就是……" is rather similar to "不是……，只是……" (not..., but...). The former part is to deny the situation that the other party has said, and the latter part is to state the aspect one actually worries about or values.

剧中 Example in Play

梅：我倒不是想不开，我就是想不明白……
夏：孩子这么晚了怎么还不回来，还有一点儿说不出来道不出来的感觉。

他例 Other Examples

↳ 甲：孩子已经成人了，你就让他自己决定吧。
　乙：我倒不是不让他决定，我就是怕他没有经验决定错了，将来后悔。

↳ 甲：外边很冷吗？
　乙：倒不是很冷，就是风有些大。

文化点滴 Culture Points

52　文化交流

　　改革开放以后，许多机构邀请世界各国文化团来华举办演出、展览等活动，促进中外文化交流。曾有一种流传很广的看法，认为中国文化是传统的、保守的、封闭的，甚至是排外的。但深入了解中国情况后人们会发现，中国现在的年轻人像许多希望亲近中国的外国人一样，乐于接受世界上的先进文化，分享全人类文明与发展的成就。中国文化历来有融合外来文化的传统和能力，这一点无论在文献记载还是在考古发掘中都得到了充分的证明。

52　Cultural Exchanges

After the implementation of the Reform and Opening-up policy, many institutions in China have invited cultural groups from various countries to hold performances, exhibitions, and other activities to promote cultural exchanges between China and foreign countries. There used to be a widely spread perception that Chinese culture was traditional, conservative, closed-off, and even xenophobic. However, upon deeper understanding of the situation in China, people would discover that today's Chinese youth, just like many foreigners who are fond of China, are eager to embrace advanced cultures from around the world and share the achievements of human civilization and development. Throughout history, Chinese culture has demonstrated the capacity of preserving tradition while assimilating foreign cultures. This has been extensively verified in historical records and archaeological discoveries.

练习　Exercises

一、根据提示，从剧中找出相应的台词
　　Pick out the corresponding scripts from the episode based on the clues

1. 玛丽听说刘星的父母还没有下班，她说的是：
　　_____

2. 刘星接过玛丽的冰激凌蛋糕，高兴地喊道：
　　_____

3. 玛丽摘下自己的项链戴在小雪脖子上，说：
　　_____

4. 听见孩子们的欢呼声，玛丽说的是：
　　_____

5. 玛丽告诉刘梅要带孩子们去看表演，问刘梅的是：
　　_____

6. 刘梅对刘星说电视里已经演过了，刘星的回答是：
　　_____

7. 夏东海说刘梅买冰激凌蛋糕太奢侈，刘梅的回答是：
　　_____

8. 夏东海对前妻的评价是：
　　_____

9. 夏东海和刘梅的一种特别的感觉是：
　　_____

二、台词填空　Complete the scripts

1. 玛：来，把这个冰激凌蛋糕放到（　　　）里好吗？
2. 玛：你们想不想在贵宾席里（　　　）观看大卫·科波菲尔的魔术表演呢？
3. 玛：是这样的，他（　　　）小雪的弟弟、小雨的哥哥，也接受了我的邀请。
4. 玛：看完（　　　）以后，我开车把他们送回来，就送到家门口。
5. 夏：我刚才可在咱冰箱里看见，有这么大个儿，一个哈根达斯冰激凌蛋糕，是你给孩子买的？你可够（　　　）的啊！
6. 夏：孩子这么晚了怎么还不回来，还有一点儿说不出来（　　　）不出来的感觉。

三、用提示词语或句式完成对话，并设计一个新对话
Complete the dialogues using the given prompts and create a new dialogue

1. 你不介意吧
   (1) 玛：是这样的，＿＿＿＿＿＿＿＿
   　　　　＿＿＿＿＿＿＿，夏太太？
   　　梅：嗯……不介意。
   (2) 甲：＿＿＿＿＿＿＿＿＿＿＿＿＿＿
   　　乙：我对面没有人，你们坐吧。

2. 总之
   (1) 梅：那个大卫·科波菲尔那魔术票，多少钱一张啊？
   　　夏：不太清楚，＿＿＿＿＿＿＿＿

   (2) 甲：刘梅和夏东海重组家庭后，生活怎么样？
   　　乙：＿＿＿＿＿＿＿＿＿＿＿＿＿＿

3. 倒不是……，就是……
   (1) 夏：总之，会让很多老百姓立马感到自己是穷人，当然也包括咱们，所以你也甭想不开。
   　　梅：＿＿＿＿＿＿＿＿＿＿＿＿＿＿
   (2) 甲：你是不是对孩子们没有信心啊？
   　　乙：＿＿＿＿＿＿＿＿＿＿＿＿＿＿

四、成段表达　Presentation

用刘梅的语气叙述一下今天发生的事情。
Use Liu Mei's tone to describe what has happened today.

五、延伸练习　Extension exercise

六人一组，表演本课内容。
Role-play for this lesson in a group with 6 persons.

第五课 Lesson 5
(共3分59秒)

❓ 热身问题 Warm-up Questions

1 三个孩子回来后有什么新变化？
2 刘梅为什么要拿刘星开刀？
3 夏东海和刘梅给孩子们开会主要要谈什么？

1. 夏利　Xiàlì / N. / a make of car
2. 墨镜　mòjìng / n. / sunglasses

（家里）

雨、星、雪：我回来了，我回来了！

雪：妈妈把我们送到家门口。

雨：宝马车太舒服了！

星：宝马确实比夏利舒服多了！

梅：怎么你们仨一人戴个墨镜啊？

雪：这是妈妈送给我们的小礼物。

夏：你们看完魔术，又去逛商场了？

雨、星、雪：Yes！

梅：你这脖子上怎么挂着……

雪：这是妈妈送给我的手机。

雨：还有我这新鞋。

星：我也有。

夏：拿下去。

梅：刘星，你穿着新鞋，你那双旧鞋呢？

星：哪双啊？

梅：你穿出去的那双呀。

星：那早已成为历史了。

梅：我问的就是，你把那"历史"给我放哪儿了？

星：扔了。

梅：扔了？好好儿的也没破，也没怎么着，你就给扔了？

星：妈，您是不知道，<u>自从</u>我一穿上这高档鞋，<u>就</u>①决定以后不穿低档鞋了，那么臭烘烘的还拿回来干吗呀？

雨：渴死我了，去吃冰棍儿。

星：<u>你傻呀</u>②，有哈根达斯，还吃什么中国<u>破</u>③冰棍儿啊？

梅：什么孩子这是？

雪：分冰棍儿去喽！

雨：走。

星：给我一个。

梅：瞧瞧，这都是那玛丽干的好事儿，这<u>哪</u>是什么爱心小礼物啊，这<u>分明是</u>④糖衣大炮弹！

夏：而且来势汹汹啊，这么快就把他们放倒了，这种势头我们必须遏制住。

梅：我告诉你夏东海，咱们必须得给他们来一个杀一儆百，就从刘星开刀！

夏：好！

梅：刘星，刘星，过来。

星：干吗呀？干吗呀？

夏：过来。

（刘梅拿掉刘星墨镜）

星：干吗呀？

梅：没收！

星：为什么呀？

梅：有了哈根达斯，他还不吃国产冰棍儿了。

夏：就是。

梅：真行你。

3. 高档　gāodàng / adj. / high-end
4. 臭烘烘　chòuhōnghōng / adj. / (*of smell*) stinky, smelly
5. 冰棍儿　bīnggùnr / n. / popsicle

6. 分明　fēnmíng / adv. / obviously, clearly
7. 来势汹汹　láishì-xiōngxiōng / come in strong
8. 放倒　fàngdǎo / defeat
9. 势头　shìtóu / n. / momentum, tendency
10. 遏制　èzhì / v. / quell
11. 杀一儆百　shāyī-jǐngbǎi / execute one as a warning to a hundred
12. 开刀　kāi dāo / make sb./sth. the first target of attack

星：又干吗呀？

梅：没收！

夏：没收！自从穿这高档鞋，就①不穿什么臭烘烘的低档鞋了，什么毛病？

梅：真是。我告诉你，你当心着点儿！夏东海，咱们是杀鸡给猴看*，猴怎么都没出来呀？

夏：在里边吃冰棍儿呢吧？

星：哎呀，冤死我了！我招谁惹谁了我？

（家里）

夏、梅：孩子们！

雪：有什么事儿啊？你们不开心？

夏：我和妈妈，为你们三个人感到非常担心。

雪：可我们挺好的呀。

雨：最近的生活很丰富。

梅：刘星，你怎么不说话？

星：我怕我说了以后您骂我。

夏：不会的。今天咱们全家人，好好儿坐在一起促膝谈心。敞开了谈，言者无罪。

星：那我可就说了。我觉着别人的妈，比我亲妈对我更好。

梅：嘿！刘……

星：妈，您说不骂我的。

梅：我生你养你十几年，我还不如人家一点儿小恩小惠呢？

星：妈，其实您把您没收的鞋还给我，您还是世界上最好的妈。

13. 促膝谈心 cùxī-tánxīn / sit side by side and talk intimately; have a heart-to-heart talk
14. 敞开 chǎngkāi / v. / open up
15. 言者无罪 yánzhě-wúzuì / not blame the speaker even if their opinion is not completely right
16. 小恩小惠 xiǎo'ēn-xiǎohuì / small favors

---

*杀鸡给猴看 shā jī gěi hóu kàn：杀鸡吓猴。比喻严惩一人，警戒众人。Kill the chicken to frighten the monkey. It refers to punishing someone as a warning to others.

梅：你闭嘴吧你，待会儿再聊你的事儿。

夏：小雪，小雨，你们说说心里话，你们是喜欢爱你们的人呢，还是喜欢给你们送礼物的人？

雨：都喜欢。

雪：因为爱我们而送礼物，两者 并不⑤ 矛盾呀。

夏：这亲情怎么能用金钱来衡量呢？这么简单的道理还用我再说吗？我非常不希望，你们 只顾⑥ 奢侈的享受，而忘记了朴素的感情。你们年龄都不小了，我希望你们用脑子好好儿思考思考。

梅：走吧。好好儿想一想，啊。

17. 两者　liǎngzhě /
both sides, both parties
18. 矛盾　máodùn / v. / contradict
19. 衡量　héngliáng / v. /
measure, evaluate
20. 朴素　pǔsù / adj. / simple, plain
21. 思考　sīkǎo / v. / think deeply

语言点例释 Grammar Points

1　自从……就……

解释 Explanation

意思是"从……时候起就……"。

It means "since a certain time".

剧中 Examples in Play

→ 梅：扔了？好好儿的也没破，也没怎么着，你就给扔了？
　 星：妈，您是不知道，自从我一穿上这高档鞋，就决定以后不穿低档鞋了，那么臭烘烘的还拿回来干吗呀？
→ 夏：没收！自从穿这高档鞋，就不穿什么臭烘烘的低档鞋了，什么毛病？

他例 Other Examples

→ 我自从来中国后就再也没有和他见过面。
→ 自从一连吃了三天饺子后，我就再也不想吃饺子了。

② 你傻呀

解释 Explanation

相当于"你真笨啊""你真傻啊"。责怪或嘲笑别人时用。语气很随便。

"你傻呀" is rather similar to "你真笨啊" "你真傻啊" (you are really stupid/foolish) and it is used when blaming or laughing at someone. The tone is very casual.

剧中 Example in Play

雨：渴死我了，去吃冰棍儿。
星：你傻呀，有哈根达斯，还吃什么中国破冰棍儿啊？

他例 Other Examples

↘ 甲：开车到上海至少得20个小时。
　乙：你傻呀，可以坐高铁啊！
↘ 大冷天儿的你还吃冰激凌，你傻呀。

③ 破

解释 Explanation

后接名词，讥讽东西不好。

It is followed by a noun to ridicule that an object is of poor quality.

剧中 Example in Play

雨：渴死我了，去吃冰棍儿。
星：你傻呀，有哈根达斯，还吃什么中国破冰棍儿啊？

他例 Other Examples

↘ 这是什么破电影？一点儿意思也没有！
↘ 这台破电脑，又死机了！

④ 哪是……，分明是……

解释 Explanation

意思是"不是……，明摆着就是……"。前者用反问，后者用强调，有加强语气的作用。

The meaning of "哪是……，分明是……" is "not..., but... obviously". A rhetorical question is followed by an emphasis. It has the function of strengthening the tone.

剧中 Example in Play

梅：瞧瞧，这都是那玛丽干的好事儿，这哪是什么爱心小礼物啊，这分明是糖衣大炮弹！

他例 Other Examples

↘ 帮他写作业？这哪是在帮助他啊，你分明是在害他！
↘ 她对孩子这么好，这哪是后妈啊，她分明是比亲妈还要亲啊。

❺ 并不

解释 Explanation

"并"用在否定词"不"(或"没")前边,加强否定的语气。

"并" is used in front of the refusal word "不" (or "没") to strengthen the tone of negation.

剧中 Example in Play

雪:因为爱我们而送礼物,两者并不矛盾呀。
夏:这亲情怎么能用金钱来衡量呢?

他例 Other Examples

↳ 你爱他并不代表他爱你。
↳ 你说的并不是事实。

❻ 只顾

解释 Explanation

副词,表示只注意某方面的事(而忽视了别的方面)。

"只顾" is an adverb that shows that only certain aspect is taken into consideration (and that other aspect is ignored).

剧中 Example in Play

夏:我非常不希望,你们只顾奢侈的享受,而忘记了朴素的感情。

他例 Other Examples

↳ 我只顾和客人聊天儿,忘记了给他们倒茶。
↳ 他只顾听音乐,没有听见有人敲门。

文化点滴 Culture Points

53 矛盾

矛盾,有不合逻辑、自相冲突的意思。出自中国古代寓言《自相矛盾》:有个卖盾和矛的人,夸他的盾说:"我的盾坚固,没有一个东西能刺破它。"又夸他的矛说:"我的矛最锋利,没有一个东西它刺不破。"有人问:"用你的矛来刺你的盾,会怎么样?"那个人就回答不出来了。什么都刺不破的盾和什么都能刺破的矛不可能同时存在。

53 Contradiction

"矛盾" refers to a lack of logical consistency and contradiction. This idea comes from an ancient Chinese fable *Self-Contradiction*. In the fable, there was a person who sold spears and shields. He boasted about his shield, saying: "My shield is sturdy; nothing can pierce through it." He also boasted about his spear, saying: "My spear is the sharpest; there's nothing it cannot pierce." Someone asked: "What would happen if you use your spear to strike your shield?" The person couldn't come up with an answer. A shield that nothing can pierce and a spear that can pierce anything cannot coexist.

练习 Exercises

一、根据剧情内容判断对错　Decide whether each statement is true or false based on the plot

1. 玛丽带孩子们看了魔术表演后，又逛了商场。☐
2. 玛丽开车把孩子们送到了家门口。☐
3. 玛丽给刘星买了一个新手机。☐
4. 玛丽给小雨买了一双新鞋。☐
5. 小雨要吃哈根达斯，刘星让他去吃冰棍儿。☐
6. 夏东海和刘梅准备给刘星做手术。☐
7. 刘梅没收了刘星的新鞋。☐
8. 夏东海和刘梅很为孩子们担心。☐
9. 小雪认为玛丽送礼物没有错儿。☐
10. 刘星认为亲情不能用金钱衡量。☐

二、找出本课中和"杀一儆百"意思相同的词语

Pick out the expression in this lesson that is similar in meaning to "杀一儆百"

_____

三、选择对画线部分正确的解释　Choose the correct explanations for the underlined parts

1. 星：那（旧鞋）早已成为历史了。
   A. 丢了　　　　　　　　　　　　B. 被扔了

2. 梅：扔了？好好儿的也没破，也没怎么着，你就给扔了？
   A. 没有出问题　　　　　　　　　B. 不怎么样

3. 梅：这哪是什么爱心小礼物啊，这分明是糖衣大炮弹！
   A. 分别　　　　　　　　　　　　B. 明明

4. 夏：而且来势汹汹啊，这么快就把他们放倒了，这种势头我们必须遏制住。
   A. 让孩子们受到了影响　　　　　B. 让孩子们摔倒了

5. 梅：咱们必须得给他们来一个杀一儆百，就从刘星开刀！
   A. 做手术　　　　　　　　　　　B. 开始处理

6. 星：哎呀，冤死我了！我招谁惹谁了我？
   A. 得罪谁了　　　　　　　　　　B. 麻烦了

7. 夏：今天咱们全家人，好好儿坐在一起促膝谈心。敞开了谈，言者无罪。
   A. 怎么说都可以，说错了也不会受批评　　B. 随便说，越多越好

8. 雪：因为爱我们而送礼物，两者并不矛盾呀。
   A. 两个方面是一样的　　　　　　B. 两个方面不是对立的

四、台词填空　Complete the scripts

1. 星：宝马（　　　）比夏利舒服多了！

2. 夏：（　　　）穿这高档鞋，就不穿什么臭烘烘的低档鞋了，什么（　　　）？

3. 梅：我生你（　　　）你十几年，我还不如人家一点儿（　　　）呢？
   星：妈，其实您把您（　　　）的鞋还给我，您还是世界上最好的妈。
   梅：你闭嘴吧你，（　　　）再聊你的事儿。
   夏：小雪，小雨，你们说说（　　　）话，你们是喜欢爱你们的人呢，还是喜欢给你们送礼物的人？

4. 夏：这亲情怎么能用金钱来（　　　）呢？这么简单的（　　　）还用我再说吗？我非常不希望，你们只顾（　　　）的享受，而忘记了（　　　）的感情。你们年龄都不小了，我希望你们用脑子好好儿（　　　）。

五、根据剧情，给下列台词排序 Put the scripts below into the correct order based on the plot

序号	台词
1	夏、梅：孩子们！
☐	星：我怕我说了以后您骂我。
☐	夏：不会的。今天咱们全家人，好好儿坐在一起促膝谈心。敞开了谈，言者无罪。
☐	雪：可我们挺好的呀。
☐	星：那我可就说了。我觉着别人的妈，比我亲妈对我更好。
☐	雨：最近的生活很丰富。
☐	夏：我和妈妈，为你们三个人感到非常担心。
☐	梅：刘星，你怎么不说话？
☐	雪：有什么事儿啊？你们不开心？

六、用提示词语或句式完成对话，并设计一个新对话
Complete the dialogues using the given prompts and create a new dialogue

1. 自从……就……
   (1) 星：我再也不穿臭烘烘的低档鞋啦！
       夏：没收！＿＿＿＿＿＿＿＿＿＿，什么毛病？
   (2) 甲：你多久没和他联系了？
       乙：＿＿＿＿＿＿＿＿＿＿

2. 你傻呀
   (1) 雨：渴死我了，去吃冰棍儿。
       星：＿＿＿＿＿＿＿＿＿＿
   (2) 甲：我要去中国旅行了，我怕不习惯中餐，是不是应该带上一些方便面？
       乙：＿＿＿＿＿＿＿＿＿＿

3. 哪是……，分明是……
   (1) 星：有了新鞋，那双臭烘烘的鞋就成为历史喽！
       梅：瞧瞧，这都是那玛丽干的好事儿，＿＿＿＿＿＿＿＿＿＿
   (2) 甲：你看，对面走来的是不是你姐？
       乙：＿＿＿＿＿＿＿＿＿＿

4. 并不
   (1) 雪：因为爱我们而送礼物，＿＿＿＿＿＿
       夏：这亲情怎么能用金钱来衡量呢？
   (2) 甲：滑冰太难学了。
       乙：＿＿＿＿＿＿＿＿＿＿

5. 只顾
   (1) 星：我觉着别人的妈，比我亲妈对我更好。人家给我送这么多礼物。
       夏：我非常不希望，＿＿＿＿＿＿＿
   (2) 甲：你说米饭已经做好了，在哪里呢？
       乙：＿＿＿＿＿＿＿＿＿＿

七、成段表达　Presentations

1. 本段剧情末尾夏东海教育孩子们的话。
   The words Xia Donghai used to educate the children at the end of this part.

   参考词语和句式
   Refer to the words and sentence structures

   是……，还是……　　怎么能……呢　　这么简单的道理……　　我非常不希望……
   只顾……，而……　　希望　　……好好儿思考思考

2. 想象一下，听了夏东海的话，小雨、小雪和刘星分别在想什么。
   Imagine how Xiaoyu, Xiaoxue and Liu Xing would feel after hearing Xia Donghai's words.

八、延伸练习　Extension exercise

介绍一场精彩演出（包括时间、名称、主演、内容等）。
Introduce a wonderful performance (including the time, name, main actors/actresses, content, etc.).

第六课 Lesson 6

（共3分05秒）

❓ 热身问题 Warm-up Questions

1. 孩子们要出发去哪里？
2. 小雪的什么话让刘梅消了气？

（家里）

夏：孩子们！

梅：哪儿去了？

夏：猴孩子们！小雨，小雪！

梅：快出来，出来。

夏：你们这是未卜先知呀？你们怎么知道我和妈妈决定，今天要带你们到北海公园去玩儿呀？

雪：我们是和我妈去远郊旅游……

星：我也去。阿姨也邀请我了。

雨：宝马车可能就在下面等着喽。

星、雨、雪：出发出发出发。出发了，出发了。

梅：（对夏东海）回屋。

（家里）

夏：唉！都走了两天了，连个电话都不打。

梅：唉！把这家给忘了，哼，把咱俩也给忘了。孩子啊，全是白眼儿狼*，你什么也甭指着他们。

1. 未卜先知 wèibǔ-xiānzhī / foresee, have foresight

2. 远郊 yuǎnjiāo / n. / outer suburbs
3. 旅游 lǚyóu / v. / travel

4. 指 zhǐ / v. / count on

---

* 白眼儿狼 báiyǎnrláng：比喻忘恩负义的人。It refers to an ungrateful person.

（孩子们进门）

雪：我回来喽。

雨：这一趟吃喝玩乐真高兴。

星：比去北海公园爽多了。

雪：放心吧，我是永远不会离开你们的。

雨：对，永远不会离开你们的。

星：我就更甭说了，不管跟谁上哪儿玩儿去，我都得回家。

雪：我们知道谁更爱我们，我和小雨永远不会离开你们的。

雨：对，永远不会离开的。

梅：你信吗？

夏：我反正不太信。

雪：哎呀，既然妈妈有钱，我们享受一下也是可以的嘛。我们接受妈妈的礼物，但并不妨碍①我们爱老爸嘛。

星：就是呀，跟着沾点儿光，也不妨碍①我爱老妈呀。

雨：爸爸，妈妈，高兴起来吧。

星：对对对。

夏：我听着还是假话。

梅：我也不信。

夏：走，不听他们的。

雪：哎呀，爸爸，妈妈，爸爸呀，我……我接受妈妈并不是因为她的礼物，而是②我在学校里看了一段母亲分娩的录像。我觉得给我们生命的母亲真是伟大。我被深深地感

5. 妨碍　fáng'ài / v. / hinder, obstruct

6. 沾光　zhān guāng / benefit from the association with sb. or sth.

7. 分娩　fēnmiǎn / v. / give birth

动了,所以才听了您那句话:"给母爱一个机会。"

梅:看见没有夏东海,我的话那就是至理名言,起决定性的作用③。

夏:有时候你挺像一个哲学家呀。

梅:那当然。

星:我也想给母爱一个机会。您什么时候把我那新鞋还回来?

梅:嘿!

夏:这小子!

(大家拥抱)

梅:想你们着呢!

8. 至理名言　zhìlǐ-míngyán / famous dictum, maxim
9. 决定性　juédìngxìng / n. / decisive
10. 哲学家　zhéxuéjiā / n. / philosopher

语言点例释 Grammar Points

1 妨碍

解释 Explanation

对……产生影响,或形成阻碍。

"妨碍" means to interfere with something or prevent something from going smoothly.

剧中 Examples in Play

雪:我们接受妈妈的礼物,但并不妨碍我们爱老爸嘛。

星:就是呀,跟着沾点儿光,也不妨碍我爱老妈呀。

他例 Other Examples

▶ 大声说话非常妨碍周围的人。

▶ 我听音乐并不妨碍我复习的效果。

2 并不是……,而是……

解释 Explanation

"并"用在"不是……"前边,起到加强语气的作用。强调不是前边所说的情况,实际上完全是后边所说的情况。

"并" is used in front of "不是……" to intensify the tone. It emphasizes that the preceding statement is not the fact but the statement that follows is.

| 剧 中 Example in Play | 雪：爸爸呀，我……我接受妈妈并不是因为她的礼物，而是我在学校里看了一段母亲分娩的录像。 |

| 他 例 Other Examples | 我这样说并不是批评你，而是提醒你，你别误会啊。
他这样做并不是想伤害你，而是为了更好地保护你。 |

3 起……作用

| 解 释 Explanation | 动词"起"用在"作用"前，表示"对……产生效果或影响"。"作用"的前边可以加定语，如"很大""决定性"等。"起"和"作用"也可以连用，成为一个固定短语。

The verb "起" is used before "作用", which means to have an effect or influence on... Attributives can be added before "作用", such as "很大""决定性", etc.. "起" and "作用" can also be used together to become a fixed phrase. |

| 剧 中 Example in Play | 梅：看见没有夏东海，我的话那就是至理名言，起决定性的作用。
夏：有时候你挺像一个哲学家呀。
梅：那当然。 |

| 他 例 Other Examples | 这场讲座对学生们的专业选择起了很大作用。
这种药对他的病根本不起作用。 |

文化点滴 Culture Points

54 北海公园

北海公园，是中国古代皇家园林。位于北京城内景山西侧，面积70多公顷。这里自公元10世纪开始便是皇家园林，1925年开放为公园。园内湖面开阔，古树参天，鸟语花香，有许多古典建筑。湖中有一个岛，名叫琼华岛，岛上有高35.9米的藏式白塔（建于1651年）。

54　Beihai Park

Beihai Park, an ancient royal garden of China, is located on the west side of Jingshan in Beijing, covering an area of over 70 hectares. It has been a royal garden since the 10th century and was opened to the public as a park in 1925. The park features a spacious lake, ancient trees pointing into the sky, the melody of birds, the fragrance of flowers, and various classical buildings from ancient times. Within the lake, there is an island named 琼华岛 (Qionghua Island), where a 35.9-meter tall Tibetan-style white dagoba stands (built in 1651).

练习　Exercises

一、根据剧情内容选择正确答案　Choose the correct answers based on the plot

1. 孩子们要和玛丽去：(　　)
   A. 北海公园　　　　B. 郊游　　　　C. 买礼物

2. 孩子们走了几天没有回来？(　　)
   A. 一天　　　　　　B. 三天　　　　C. 两天

3. 刘梅和夏东海对孩子们的表白：(　　)
   A. 无所谓　　　　　B. 不相信　　　C. 很介意

4. 影响小雪的是：(　　)
   A. 一段录像　　　　B. 母亲的话　　C. 弟弟们的想法

5. 夏东海说刘梅像一个：(　　)
   A. 艺术家　　　　　B. 教育家　　　C. 哲学家

二、找出与画线部分意思相同的词或短语
Pick out the words or phrases that have the same meanings as the underlined parts

1. 夏：你们这是<u>未卜先知</u>呀？你们怎么知道我和妈妈决定，今天要带你们到北海公园去玩儿呀？
2. 梅：孩子啊，全是<u>白眼儿狼</u>，你什么也甭指着他们。
3. 星：比去北海公园<u>爽</u>多了。
4. 星：我就更甭说了，<u>不管</u>跟谁上哪儿玩儿去，我都得回家。
5. 雪：我们接受妈妈的礼物，但并不<u>妨碍</u>我们爱老爸嘛。
6. 雪：爸爸呀，我……我接受妈妈并不是因为她的礼物，而是我在学校里看了一段母亲<u>分娩</u>的录像。我觉得给我们生命的母亲真是<u>伟大</u>。

不论
影响
了不起
生孩子
有意思
忘恩负义的人
有先见之明

三、将相关的台词连线，并判断说话人是谁
Match the relevant scripts and decide which character said the sentences

说话人	A	B
	都走了两天了，	我们享受一下也是可以的嘛。
	既然妈妈有钱，	您什么时候把我那新鞋还回来？
	跟着沾点儿光，	起决定性的作用。
	看见没有夏东海，我的话那就是至理名言，	也不妨碍我爱老妈呀。
	我也想给母爱一个机会。	连个电话都不打。

四、用提示词语或句式完成对话，并设计一个新对话
Complete the dialogues using the given prompts and create a new dialogue

1. 妨碍
   (1) 雪：我们接受妈妈的礼物，但并不 _____

   星：就是呀，跟着沾点儿光，也不 _____

   (2) 甲：都晚上十点了，楼上的音乐开那么大声。
   乙：是啊，_____

2. 并不是……，而是……
   (1) 夏：我听着还是假话。
      雪：爸爸呀，我……我接受妈妈____
      _____
   (2) 甲：你怎么老和我过不去？
      乙：_____

3. 起……作用
   (1) 梅：看见没有夏东海，_____
      夏：有时候你挺像一个哲学家呀。
   (2) 甲：_____
      乙：嗯，看来作用不小。

五、成段表达　Presentations

1. 以小雪的语气告诉刘梅自己心理转变的过程。
   Use Xiaoxue's tone to tell Liu Mei how her thought has changed.

参考词语和句式
Refer to the words and sentence structures

放心吧　永远　既然　并不
并不是……，而是……　感动　所以才……

2. 设想并描述一下刘梅听到小雪的解释后的心理活动。
   Imagine and describe Liu Mei's feelings after hearing Xiaoxue's explanation.

六、延伸练习　Extension exercises

1. 复述本单元内容。
   Retell the content of this unit.
2. 介绍一个名胜古迹（制作幻灯片或小视频进行展示）。
   Introduce a place of historic interest and scenic beauty (making a slideshow or a small video for display).
3. 谈谈你所理解的"母爱"或"父爱"。
   Talk about your understanding of "maternal love" or "paternal love".

佳句集锦 Key Sentences

(一)

1. 爸爸神经系统是很坚强的。

2. 我承认,亲妈对我们的承诺,的确是很诱人的:美国的绿卡,英国的贵族学校,当上流社会淑女,还有穿世界名牌衣服。

3. 这一切,都是爸爸您所给不了我们的。

4. 没关系,你们说出来吧,我挺得住。

5. 我没听错吧?

6. 但是我们什么也给不了你们呀,尤其是那个带游泳池的房子,这事儿咱们家还没有列到议事日程。

7. 我想,我们走了以后,一定会非常非常想念您的,我舍不得您!

8. 其实呀,我最舍不得的就是您,妈妈!

9. 我们已经习惯您这个新妈妈了。

10. 新妈妈爱我习惯了,我爱新妈妈也习惯了。

11. 这是我的家,轰我我都不走。

12. 我的宝贝,快来快来,妈妈抱抱!要把妈妈吓死了。

13. 我以为你们真的要走了呢。

14. 你们在举行集体告别仪式吧?

15. 我想这是一个最完美的结局了。

16. 你和你的儿子也会得到我的补偿,何乐而不为呢?

17. 事情恐怕不是你想象的那样。

18. 我的孩子们都收拾东西去了,一会儿就会跟我走的。

19. 宝贝,你改变主意了是吗?

20. 我把你的巧克力给吃光了,我只能还你小汽车了。

21. 天哪!怎么这样啊?

22. 恐怕是这样。

(二)

23. 真舒服！一切都结束了！

24. 咱们这新家还真能禁得住考验啊。

25. 你还别说，这些孩子咱还真没白疼他们。

26. 我为什么没有一种轻松的感觉呢？

27. 你是不是有点儿后悔，丢失这次机会呀？

28. 别瞎说！我后悔什么呀？

29. 不过说实在的，这玛丽一天不回美国啊，我这心里一天就踏实不下来。

30. 我是一个失败的母亲呀，孩子们都不听我的。

31. 我可没对他们施加什么影响，这都是他们自己的决定。

32. 我打算暂时不回美国去，在国内发展自己的事业。这样，我就可以经常来看看孩子们。

33. 希望能够得到你们的理解、支持、配合。

34. 请对一个失败的母亲宽容一些吧！

35. 您真不愧是一个白衣天使，虽然你穿着一件蓝色的衣服。

36. 她色盲。

37. 我觉得她也真不容易。

38. 你想想，毕竟是当妈的，成天见不着俩孩子，得多想啊。

39. 我现在终于明白她为什么爱你了。有一点她还真没看错，你就是一个白衣天使，虽然穿着蓝衣服。

40. 上次他妈送他的巧克力，把他馋虫都给勾出来了。

(三)

41. 孩子们，妈妈希望你们能够成为有爱心、懂宽容的孩子。

42. 甭管过去怎么回事儿，她毕竟是你们妈妈呀。

43. 其实我相信，你们俩有的时候，也是挺想妈妈的。

44. 给母爱一个机会，好吗？

45. 看在你们的面子上，那好吧。

46. 那么说我们之间达成共识了？

47. 要是那个阿姨顺便也送我一个爱心小礼物的话，我是不是也应该宽容地接受啊？
48. 作为好哥哥是可以得到奖励的。

(四)

49. 我的小雪儿，真是长得越来越漂亮了。
50. 这个可以和你手上的那个手链配成一套。
51. 你们要先回答我一个问题：你们想不想在贵宾席里现场观看大卫·科波菲尔的魔术表演呢？
52. 欢呼声说明了一切。
53. 是这样的，我准备带孩子们去现场观看大卫·科波菲尔创造的魔幻世界。你不介意吧，夏太太？
54. 现场的更好看。
55. 看完演出以后，我开车把他们送回来，就送到家门口。这下你放心了吧？
56. 我早该想到是她。
57. 我那前妻呀，是一个机会都不错过，给点儿阳光就灿烂。
58. 不太清楚，总之，会让很多老百姓立马感到自己是穷人，当然也包括咱们。
59. 我倒不是想不开，我就是想不明白……

(五)

60. 宝马确实比夏利舒服多了！
61. 你穿着新鞋，你那双旧鞋呢？
62. 那早已成为历史了。
63. 我问的就是，你把那"历史"给我放哪儿了？
64. 扔了？好好儿的也没破，也没怎么着，你就给扔了？
65. 这都是那玛丽干的好事儿，这哪是什么爱心小礼物啊，这分明是糖衣大炮弹！
66. 而且来势汹汹啊，这么快就把他们放倒了，这种势头我们必须遏制住。
67. 咱们必须得给他们来一个杀一儆百，就从刘星开刀！
68. 没收！
69. 自从穿这高档鞋，就不穿什么臭烘烘的低档鞋了，什么毛病？
70. 我告诉你，你当心着点儿！

71. 咱们是杀鸡给猴看，猴怎么都没出来呀？

72. 我招谁惹谁了我？

73. 我和妈妈，为你们三个人感到非常担心。

74. 最近的生活很丰富。

75. 今天咱们全家人，好好儿坐在一起促膝谈心。敞开了谈，言者无罪。

76. 我生你养你十几年，我还不如人家一点儿小恩小惠呢？

77. 其实您把您没收的鞋还给我，您还是世界上最好的妈。

78. 你们说说心里话，你们是喜欢爱你们的人呢，还是喜欢给你们送礼物的人？

79. 因为爱我们而送礼物，两者并不矛盾呀。

80. 这亲情怎么能用金钱来衡量呢？

81. 这么简单的道理还用我再说吗？

82. 我非常不希望，你们只顾奢侈的享受，而忘记了朴素的感情。

83. 你们年龄都不小了，我希望你们用脑子好好儿思考思考。

（六）

84. 你们这是未卜先知呀？

85. 你们怎么知道我和妈妈决定，今天要带你们到北海公园去玩儿呀？

86. 都走了两天了，连个电话都不打。

87. 把这家给忘了，哼，把咱俩也给忘了。

88. 孩子啊，全是白眼儿狼，你什么也甭指着他们。

89. 这一趟吃喝玩乐真高兴。

90. 比去北海公园爽多了。

91. 放心吧，我是永远不会离开你们的。

92. 对，永远不会离开你们的。

93. 既然妈妈有钱，我们享受一下也是可以的嘛。

94. 我们接受妈妈的礼物，但并不妨碍我们爱老爸嘛。

95. 我觉得给我们生命的母亲真是伟大。

96. 我被深深地感动了，所以才听了您那句话："给母爱一个机会。"

97. 我的话那就是至理名言，起决定性的作用。

98. 有时候你挺像一个哲学家呀。

第十单元
Unit 10

团圆年
Annual Reunion

源自《家有儿女》第二部第1集《团圆年》

Extracted from *Annual Reunion* of "Home with Kids" Series 2 Episode1

第一课 Lesson 1
(共4分08秒)

❓ 热身问题 Warm-up Questions

1 要过年了,孩子们在干什么?
2 刘梅有什么目标?
3 孩子们在为什么发愁?

(家里,刘星在指挥小雪和小雨贴对联)

雪:好了吗?

星:往左点儿……往右点儿……哎呀,我是让你人往右!

雪:谁让你看我了?我是让你看这个正不正!

星:可你挡着呢,我哪儿看得见?

雨:哎呀,快点儿,我胳膊都酸了。

星:就差一点儿了,谁让你不长个儿的?

雨:这不还没过年呢嘛!

星:你看着点儿吧!折了!

(刘梅回来了,拎着大包小包)

梅:哎哎哎,怎么回事儿啊?这我都出门一个钟头了,这点儿活儿还没干完呢?怎么这么慢呢?

雪:都怪刘星瞎指挥。

星:怎么瞎指挥了……

梅:行,帮我接点儿东西,我买了好多好吃的。

雨:什么?

梅:猕猴桃。

雪:嘿,怎么就剩我一个人了?还没粘完呢!

1. 正 zhèng / adj. / straight, upright
2. 挡 dǎng / v. / block, cover
3. 酸 suān / adj. / sore, ache
4. 长个儿 zhǎng gèr / grow taller
5. 折 zhé / v. / fold
6. 指挥 zhǐhuī / v. / command, direct
7. 猕猴桃 míhóutáo / n. / kiwi
8. 粘 zhān / v. / glue, stick, paste

（书房，三个孩子凑在一起小声说着什么）

梅：（推门而入）夏东海——（孩子们立刻停止说话）爸爸呢？（孩子们一齐摇头）你们仨刚才在这儿干吗呢？刘星！

星：妈，请您不要什么事情都问您的儿子，因为您的儿子也需要隐私。谢谢！

梅：我问你爸爸在哪儿呢，这也是你的隐私吗？

（夏东海正好来到刘梅身后）

星：他就在您的身后。

梅：你吓我一跳，夏东海。

夏：电话，三姑来的。

梅：（接过电话）喂，三姑……（夏东海和刘梅一同出书房）

雨：刘星，你胆儿够大的呀。

星：为了咱们这个CC计划，我也只好这样了。

雪：你们说爷爷也真是的，干吗非得大年三十去旅游啊？

星：真是的，他要是不去，咱这年夜饭也改不了中午啊。

雪：就是，真是的。

雨：现在离中午也没几个小时了！

雪：真是的。

星：哎呀，赶紧想想咱这资金怎么办吧！

（厨房，刘梅准备春节家宴，夏东海走过来）

夏：哇，这么多呀，吃得了吗？

梅：这可是咱们家第一个团圆年，当然得隆重地庆祝一下了。哎哎，知道我的目标是什么吗？

9. 隐私　yǐnsī / n. / privacy

10. 姑　gū / n. / father's sister

11. 胆儿　dǎnr / n. / courage, nerve

12. 年夜饭　niányèfàn / n. / dinner on the Eve of the Lunar New Year (see *Culture Points* 55)

13. 隆重　lóngzhòng / adj. / grand, ceremonious

夏：什么呀？

梅：赛过饭馆儿，气死名厨！想参观一下我的菜单吗？

夏：非常想。（刘梅得意地拿出一张纸）这是菜单吗？这分明是满汉全席嘛。

梅：嘿，你可实在是没当过贵族。

夏：那我就当一回贵族吧。（唱）难忘今宵……

（书房，孩子们继续"密谈"）

雪：下面呢，咱们来预算一下，看看要多少压岁钱才能实现CC计划！

雨：当然越多越好啊！

雪：恐怕发红包的人不这么想吧！（见刘星在发呆）嗯？你想什么呢？

星：我正在想世界首富比尔·盖茨。

雨：你想找他要压岁钱？

星：不是！比尔·盖茨可是一个敛财高手。

雨：你还不如多想想老爸呢。

雪：行了。这个……按照每年的惯例①嘛，老爸发给咱们的红包应该不低于——（按计算器）这个数！

星：（伸头看）太保守了吧！就这水准，我看咱连一个C都没戏，最起码翻一番②！

雨：你说翻一番②就翻一番②？

雪：不过不翻也没关系，因为还有亲妈玛丽那边呢。亲爸给一份，亲妈再给一份！

14. 菜单	càidān / n. / menu
15. 满汉全席	mǎn-hàn quán xí / Man-Han Banquet(a full formal banquet between Man and Han originated in Qing Dynasty)
16. 今宵	jīnxiāo / n. / tonight
17. 预算	yùsuàn / v. / budget
18. 压岁钱	yāsuìqián / n. / money given to children as a Lunar New Year gift, lucky money
19. 红包	hóngbāo / n. / red paper envelope containing money as a gift
20. 首富	shǒufù / n. / the richest man
21. 比尔·盖茨	Bǐ'ěr Gàicí / N. / Bill Gates
22. 敛财	liǎn cái / accumulate wealth
23. 高手	gāoshǒu / n. / master, expert
24. 惯例	guànlì / n. / convention
25. 保守	bǎoshǒu / adj. / conservative
26. 水准	shuǐzhǔn / n. / level, standard
27. 没戏	méi xì /（方）=没希望 be hopeless
28. 翻一番	fān yì fān / double up

雨：而且亲妈给的还是美金！那咱们就赚啦。

雪：没准儿这样就能实现CC计划啦！（与小雨齐声喊）耶！

（见刘星发呆）

雪、雨：你又怎么啦？

星：按照那个每年的惯例[1]，我爸一到年三十就"自动蒸发"，正月十五以后才露面呢。所以我爸是指不上了，只能指你们爸爸了。（见小雪和小雨瞪自己，连忙改口）不过现在也是我爸。

29. 赚 zhuàn / v. / make a profit, gain

30.（大）年三十 (dà) nián sānshí / the Lunar New Year's Eve

31. 蒸发 zhēngfā / v. / evaporate, disappear

32. 露面 lòu miàn / appear

语言点例释 Grammar Points

1 按照（……）惯例

解释 Explanation

意思是"按照一向的做法"。

"按照（……）惯例" means "as usual" "by convention".

剧中 Examples in Play

- 雪：这个……按照每年的惯例嘛，老爸发给咱们的红包应该不低于——这个数！
- 星：按照那个每年的惯例，我爸一到年三十就"自动蒸发"，正月十五以后才露面呢。

他例 Other Examples

- 甲：大会的第一项是什么？
  乙：按照惯例，应该是主办方领导发言。
- 按照我们的惯例，在节目结束之前，我们请嘉宾用一句话结束今天的访谈。

2 番

解释 Explanation

量词。回、次、遍。"翻番"意思是数量加倍。

"番" is a measure word which means "time". The meaning of "翻番" is multiplication of a figure or amount.

剧中 Examples in Play

雪：这个……按照每年的惯例嘛，老爸发给咱们的红包应该不低于——这个数！

星：太保守了吧！就这水准，我看咱连一个C都没戏，最起码翻一番！

雨：你说翻一番就翻一番？

他例 Other Examples

今年我国粮食产量翻了一番。

本地区的工农业总产值翻了两番。

文化点滴 Culture Points

55 年夜饭

过年、过春节，吃年夜饭是中国人最为重要的标志性活动。除夕之夜，全家人一起吃团圆饭，欢声笑语，喜庆热闹。年夜饭非常丰盛，但一般来说北方家庭会吃饺子，南方家庭会吃年糕或汤圆。在很多人看来，春节回家过年，如果没能和家人一起吃年夜饭，就跟没过年一样。特别是传统思想浓厚的老人表现更为强烈，甚至会产生来年不吉利的联想。

55　Lunar New Year's Eve Dinner

During the Lunar New Year or the Spring Festival, having the Lunar New Year's Eve dinner is Chinese people's most significant and symbolic activity. On Lunar New Year's Eve, the whole family gathers to enjoy a reunion dinner filled with laughter and joy, creating a festive and lively atmosphere. The Lunar New Year's Eve dinner is a lavish feast, but typically northern families have dumplings, while southern families have rice cakes or sweet rice dumplings. For many, going home for the Spring Festival is incomplete without sharing the Lunar New Year's Eve dinner with their family. It is considered as essential as celebrating the New Year itself. This sentiment is especially strong among elderly individuals who hold traditional beliefs, as they may even associate the absence of this dinner with a potential ill fortune in the coming year.

练习 Exercises

一、根据剧情内容判断对错　Decide whether each statement is true or false based on the plot

1. 刘星在指挥小雪和小雨贴对联。☐
2. 小雨把春联贴歪了。☐
3. 小雪对刘星的指挥很不满。☐
4. 刘梅夸孩子们干得好，所以奖励他们猕猴桃吃。☐
5. 爷爷准备大年初一去旅游。☐
6. 孩子们在讨论一个神秘的计划。☐
7. 刘梅家的团圆饭改在中午吃了。☐
8. 刘梅在准备满汉全席。☐
9. 比尔·盖茨是刘星的偶像。☐
10. 每年春节，胡一统都会给刘星压岁钱。☐

二、找出与画线部分意思相同的词或短语
Pick out the words or phrases that have the same meanings as the underlined parts

1. 雪：都怪刘星<u>乱指挥</u>。

2. 雪：下面呢，咱们来<u>提前计算</u>一下，看看要多少压岁钱才能实现CC计划！

3. 雪：你想什么呢？

   星：我正在想世界<u>最富有的人</u>比尔·盖茨。

   雨：你想找他要<u>红包</u>？

   星：不是！比尔·盖茨可是一个<u>挣钱</u>高手。

   雨：你还不如多想想老爸呢。

   雪：行了。这个……<u>和每年一样</u>，老爸发给咱们的红包应该<u>多于</u>——这个数！

   星：<u>太少了</u>吧！就这水准，我看咱连一个C都没戏，最起码<u>增加一倍</u>！

4. 星：<u>按照那个每年的惯例</u>，我爸一到年三十就"<u>不见了</u>"，正月十五以后才<u>出现</u>呢。所以我爸是<u>不能依靠</u>了，只能指你们爸爸了。

按照每年的惯例	
自动蒸发	
露面	
预算	
敛财	
压岁钱	
不低于	
指不上	
太保守了	
翻一番	
首富	
瞎	

三、用提示词语完成句子   Use the words and expressions given to complete the sentences

1. 梅：你们仨刚才在这儿干吗呢？刘星！

   星：妈，请您不要什么事情都问您的儿子，因为_____（需要）。谢谢！

   梅：我问你爸爸在哪儿呢，这也是你的隐私吗？

   星：他就在您的身后。

   梅：你_____（吓），夏东海。

2. 雨：刘星，你胆儿够大的呀。

   星：_____（为了……，只好……）。

3. 雪：你们说爷爷也真是的，干吗_____（非得）？

   星：真是的，他要是不去，咱这年夜饭也改不了中午啊。

4. 雨：现在离中午也没几个小时了！

   雪：真是的。

   星：哎呀，_____（赶紧）！

5. 夏：哇，这么多呀，吃得了吗？

   梅：这可是咱们家第一个团圆年，当然_____（隆重）。哎哎，知道我的目标是什么吗？

   夏：什么呀？

   梅：赛过饭馆儿，气死名厨！想_____（菜单）？

   夏：非常想。这是菜单吗？这_____（分明）。

四、分角色模仿表演第一部分"贴对联" Role-play the first part "pasting the couplet"

五、先读出下列多音字，再分别用它们造句，最后再举几个例子
Read the following polyphonic characters first, then use them to make sentences, and finally try to give a few new examples

例字		读音1	读音2	读音3	造句
本课的多音字	得				
	发				
	折				
	露				
	粘				
你知道的多音字					

六、从网上查找《难忘今宵》的歌词，向中国朋友了解这首歌的意义
Search the lyrics of *Unforgettable Tonight* from the internet, and learn about the meaning of this song from your Chinese friend

七、延伸练习　Extension exercises

1. 剧中小雪和小雨贴的对联上写的是什么内容？试着写出来。
   In the play, what are the sentences on the couplets that Xiaoxue and Xiaoyu have put up? Try to write them out.

2. 猜猜下边这副对联的意思。
   Guess the meaning of the couplets below.

横批：万象更新
上联：爆竹声声辞旧岁
下联：瑞雪纷纷迎新春

Lesson 2 第二课

(共3分44秒)

❓ 热身问题 Warm-up Questions

1 刘梅交给夏东海两个什么任务?
2 孩子们干什么去了?
3 家里来了哪两位客人?

(厨房,刘梅忙着准备除夕宴)

梅:夏东海!夏东海!

夏:干吗呀?什么事儿呀?

梅:交给你一个紧急的任务,赶快去,我订了一蛋糕,赶紧取回来!

夏:啊?你还订了个蛋糕?吃得了吗?

梅:哎呀,当然吃得了了。你不想吃,孩子还吃呢!

(孩子们在房间里议论着)

雪:哎,咱们现在就去看看CC产品的最新行情,货比三家!没准儿还能减少点儿资金呢!

雨:那还等什么?赶紧去吧!走喽!

(客厅)

梅:快去吧!

夏:好吧,我这就去!(看见三个孩子正往外跑)哎,你们三个干吗去呀?

雪:出去转转,感受一下节日的气氛。

梅:早点儿回来啊!

雪:好!

星:哎,我给你们猜一谜语啊,少年儿童的年薪——打一经济名词。

夏:<u>小儿科</u>①,你不就是想要压岁钱吗?跟我来这套!

---

1. 紧急 jǐnjí / adj. / urgent

2. 行情 hángqíng / n. / prices of goods on the market
3. 货比三家 huò bǐ sān jiā / comparison of different offers
4. 减少 jiǎnshǎo / v. / reduce, lessen

5. 年薪 niánxīn / n. / annual salary
6. 经济 jīngjì / n. / economy
7. 名词 míngcí / n. / noun

星：爸……

（客厅）

梅：夏东海！夏东海！快点儿快点儿！紧急任务！

夏：来了来了！你的任务啊永远是紧急的。刚才取蛋糕我让你催得**差点儿没**②摔一跟头。

梅：快，买瓶白醋去，快点儿，做鱼呢！

夏：行！白醋！

（夏东海刚要出门，玛丽进来）

夏：你……你怎么来了？

玛：（不理夏东海，只管往屋里走）哟，准备做饭呢！

梅：啊，你怎么……

玛：怎么没在饭店订个位子啊？

梅：我们习惯在家过，这不热闹嘛！

玛：哎，对了，我那两个宝贝呢？小雨！小雪！

梅：他们都出去玩儿去了，没在。

玛：是这样的……

夏：什么事儿啊？

玛：就是……我想……

梅：我是不是得回避一下？

夏：（拦住）干吗回……

玛：不用回避，不用回避。夏东海，你知道传统文化的力量有多么强大吗？你知道亲情和民俗之间的关系有多么紧密吗？

夏：你就直接说来干什么吧！

8. 催　cuī / v. / rush

9. 白醋　báicù / n. / white vinegar

10. 回避　huíbì / v. / abstain, avoid

11. 民俗　mínsú / n. / folk custom
12. 紧密　jǐnmì / adj. / closely knitted

玛：我就是想把小雨和小雪接过去，跟我一起过年。

夏：痛快。不行！(转对刘梅) 你说呢？

梅：我怎么说啊？我还是买醋去吧。

夏：梅梅，梅梅！

玛：为什么不行？你怎么就决定不行啦？

(刘梅刚出门又倒退回来，胡一统进)

梅：你干吗来了？

胡：再不来鸡年就没了③，改狗年了！（大声叫）刘星！儿子！

梅：你别在这儿叫唤行不行？

胡：怎么了？

梅：他出去玩儿去了，没回来呢。

胡：老夏，是不是我儿子让他妈给藏起来了？

夏：怎么会呢？

胡：(看见玛丽) 请问这位是……

夏：这是我……前妻。

胡：噢！久仰大名④！门口那宝马是你的吧？我是刘梅的前夫，论起来⑤咱都不算外人，多少⑥还沾点儿亲呢，是不是？

梅：哎哎哎，你到底干吗来了？

胡：有道是⑦"每逢佳节倍思亲"*，我来接我儿子一起过一个团圆年。

玛：哎，对，夏东海，你还没有答应我呢。

胡：哎哎哎，你是不是也想把孩子接走，一起聚一聚呀？

13. 久仰大名　jiǔyǎng dàmíng /
I have already been hearing about you for a long time.
14. 外人　wàirén / n. /
stranger, outsider
15. 沾亲　zhān qīn /
have ties of kinship
16. 有道是　yǒu dào shì /
there is a saying...

*每逢佳节倍思亲　měi féng jiājié bèi sī qīn：每到过节的时候就更加想念远方的亲人。On festive occasions more than other times, we miss our loved ones far away.

玛：对呀！那当然了！

胡：哎呀！真是爹妈所见略同*，我们为了一个共同的目标，走到一起来了！知音哪！来！握手！

17. 所见略同　suǒ jiàn lüè tóng / think alike
18. 知音　zhīyīn / n. / confidant

语言点例释 Grammar Points

1 小儿科

解释 Explanation
这里比喻极其容易。
Here "小儿科" indicates that something can be done easily.

剧中 Example in Play
星：哎，我给你们猜一谜语啊，少年儿童的年薪——打一经济名词。
夏：小儿科，你不就是想要压岁钱吗？跟我来这套！

他例 Other Examples
▶ 他们常常练习写3000字的文章，现在让他们写600字，简直是小儿科！
▶ 想骗我说出银行卡密码？太小儿科了！

2 差点儿没……

解释 Explanation
"差点儿"是副词。当后边是不希望发生的事情时，"差点儿没"与"差点儿"意思一样，都表示某件事接近实现而没有实现，或者接近发生而没有发生。如果后边是希望发生的事，则"差点儿没"是庆幸它终于勉强实现，"差点儿"是惋惜它未能实现。本课是第一种意思。

"差点儿" is an adverb. When the following is something that is not expected to happen, "差点儿没" has the same meaning as "差点儿". They both mean that something is close to realization but is not realized, or close to happening but not happens. If the situation is desired, then "差点儿没" means to be glad that it has finally been achieved, and "差点儿" means to regret that it failed to be realized. In this lesson, "差点儿没" indicates the first meaning.

---

* 爹妈所见略同 diē mā suǒ jiàn lüè tóng：这句话出自"英雄所见略同"，这里的意思是"爸爸和妈妈两个人的想法一样"。This sentence comes from "great minds think alike", which here means "both of the father and the mother have the same idea".

剧中 / Example in Play

夏：你的任务啊永远是紧急的。刚才取蛋糕我让你催得差点儿没摔一跟头。

他例 / Other Examples

↳ 我到了机场才发现没带护照，差点儿（没）急死！
↳ 音乐会的票很紧张，我差点儿没买到。

❸ 再……就……了

解释 / Explanation

本课中的意思是，如果持续某一种行为，结果将是不好的（"就"后边就是结果）。

The meaning in this lesson is that if an action persists, the result will not be good (after "就" is the result).

剧中 / Example in Play

梅：你干吗来了？
胡：再不来鸡年就没了，改狗年了！

他例 / Other Examples

↳ 快吃吧，再不吃就凉了。
↳ 你再不道歉，他就永远不会原谅你了。

❹ 久仰大名

解释 / Explanation

客套话。意思是"听说您的大名已经很久了"。初次见面时用。有时说"久仰,久仰""久闻大名"。

"久仰大名" is a pleasantry that means "I have already been hearing about you for a long time". It's used when meeting for the first time. Sometimes it's said as "久仰,久仰" or "久闻大名".

剧中 / Example in Play

夏：这是我……前妻。
胡：噢！久仰大名！

他例 / Other Examples

↳ 甲：这是我的老师。
　乙：久仰大名！
↳ 甲：这位是王先生。
　乙：久仰，久仰！

5 论起来

解释 Explanation

意思是"按照一定的说法说起来"。

"论起来"means "according to a certain school of thought".

剧中 Example in Play

胡：我是刘梅的前夫，论起来咱都不算外人，多少还沾点儿亲呢，是不是？

他例 Other Examples

⬇ 我是2018年毕业的，他是2017年毕业的，论起来我们还是师兄弟呢！

⬇ 他来自青岛，你来自威海，论起来你们俩人还是山东老乡呢！

6 多少

解释 Explanation

副词。意思是"或多或少"。

"多少" is an adverb which means "more or less".

剧中 Example in Play

胡：我是刘梅的前夫，论起来咱都不算外人，多少还沾点儿亲呢，是不是？

他例 Other Examples

⬇ 他说的多少有些道理，你就别为难他了。

⬇ 甲：我什么也不想吃。
　乙：多少吃一点儿吧。

7 有道是……

解释 Explanation

意思是"有一句话是这样说的""有这样的说法"。比较正式。后边常跟俗语、谚语或名言名句等。

"有道是……" means "there is a saying that goes like this" "it's said that". It is rather formal and is often followed by an idiom, proverb or well-known sentence, and so on.

剧中 Example in Play

梅：哎哎哎，你到底干吗来了？
胡：有道是"每逢佳节倍思亲"，我来接我儿子一起过一个团圆年。

他例 Other Examples

⬇ 有道是"千里之行，始于足下"，不要着急，好好儿努力，你一定会有所发展。

⬇ 有道是"百闻不如一见"，都说西湖很美，我们暑假去杭州吧。

文化点滴 Culture Points

56 鸡年狗年

中国有着悠久的农耕文化传统，因而历法采用农历。农历采用天干、地支纪年。天干是甲、乙、丙、丁、戊、己、庚、辛、壬、癸的统称。地支是子、丑、寅、卯、辰、巳、午、未、申、酉、戌、亥的统称。天干、地支各取一字，依序相配，而有甲子、乙丑等不同年份，60年为一周期，周而复始，循环往复。另外，十二地支也可以代表十二生肖：鼠、牛、虎、兔、龙、蛇、马、羊、猴、鸡、狗、猪。于是有鼠年、鸡年、狗年……

56 Year of the Rooster and Year of the Dog

China has a long-standing agricultural cultural tradition and uses the lunar calendar as its traditional calendar system. The lunar calendar uses a combination of ten Heavenly Stems (Jia, Yi, Bing, Ding, Wu, Ji, Geng, Xin, Ren, Gui) and twelve Earthly Branches (Zi, Chou, Yin, Mao, Chen, Si, Wu, Wei, Shen, You, Xu, Hai) to mark the years. Each year is represented by one Heavenly Stem and one Earthly Branch, forming unique combinations such as "Jia Zi" and "Yi Chou", resulting in different years. This system follows a 60-year cycle, with each cycle starting over again, in a continuous loop. Moreover, the twelve Earthly Branches are associated with the twelve Chinese zodiac signs: Rat, Ox, Tiger, Rabbit, Dragon, Snake, Horse, Goat, Monkey, Rooster, Dog, and Pig. As a result, there are specific years known as the "Year of the Rat" "Year of the Rooster" and "Year of the Dog" among others.

练习 Exercises

一、根据剧情内容选择正确答案 Choose the correct answers based on the plot

1. 刘梅给大家准备的"年夜饭"里有：(　　　)
   A. 汤圆　　　　　　　B. 饺子　　　　　　　C. 鱼

2. 孩子们出去：(　　　)
   A. 取蛋糕　　　　　　B. 比较商品的价格　　　C. 买年货

3. 刘梅一家人没有去饭店吃饭是因为：(　　　)
   A. 习惯在家里过　　　B. 饭店的位子已经订满了　　C. 刘梅病了

4. 玛丽来是为了：(　　　)
   A. 带三个孩子去饭店　B. 把小雨和小雪带回去过年　C. 看望刘梅

5. 胡一统来是因为：(　　　)
   A. 自己过年太孤独，想和刘梅家一起过
   B. 看望夏东海
   C. 想把刘星接走

6. 胡一统和玛丽：(　　　)
   A. 以前见过面　　　　B. 都来接自己的孩子　　　C. 是夫妻

二、选词填空 Choose the most appropriate words to fill in the blanks

1. 梅：交给你一个紧急的任务，赶快去，我（　　　）了一蛋糕，赶紧取回来！

2. 夏：哎，你们三个干吗去呀？
   雪：出去转转，（　　　）一下节日的气氛。

3. 星：我给你们猜一谜语啊，少年儿童的年薪——打一经济名词。
   夏：(　　　)，你不就是想要压岁钱吗？跟我来这（　　　）！

4. 夏：你的任务啊永远是紧急的。刚才取蛋糕我让你（　　　）得差点儿没（　　　）一跟头。

5. 梅：我是不是得（　　　）一下？
   夏：干吗回……
   玛：不用（　　　），不用（　　　）。夏东海，你知道传统文化的力量有多么（　　　）吗？你知道亲情和民俗之间的关系有多么（　　　）吗？
   夏：你就（　　　）说来干什么吧！

6. 胡：老夏，是不是我儿子让他妈给（　　　）起来了？

藏　摔　套
催　订　强大
回避　感受　紧密
直接　小儿科

三、说一说在什么情况下会用到下边这些话
Say in which kind of situations the statements below will be used

1. 货比三家！

2. 久仰大名！

3. 每逢佳节倍思亲。

4. 英雄所见略同。

5. 知音哪！

四、用提示词语或句式完成对话，并设计一个新对话
Complete the dialogues using the given prompts and create a new dialogue

1. 差点儿没……
   (1) 梅：夏东海，紧急任务！
       夏：你的任务啊永远是紧急的。
           刚才_____
   (2) 甲：跑马拉松的感觉怎么样？
       乙：_____

2. 再……就……了
   (1) 梅：你干吗来了？
       胡：_____
   (2) 甲：我还困着呢，还想睡一会儿。
       乙：_____

3. 多少
   (1) 玛：我是夏东海的前妻。
       胡：我是刘梅的前夫，_____
   (2) 甲：我很累，想先睡一会儿，饭就不吃了。
       乙：_____

4. 有道是……
   (1) 梅：哎哎哎，你到底干吗来了？
       胡：_____，我来接我儿子一起过一个团圆年。
   (2) 甲：我们假期去桂林怎么样？
       乙：_____

五、成段表达 Presentation

谈谈你对中国生肖的理解和看法。

Talk about your understanding and views on the Chinese zodiac.

六、延伸练习　Extension exercise

猜谜语。

Solve the riddles.

例：少年儿童的年薪（打一经济名词）

谜底 (mídǐ, answer to a riddle)：压岁钱

1. 从一到十。（打一字）　　谜底：☐

2. 鱼肚子。（打一字）　　谜底：☐

3. 复习。（打一字）　　谜底：☐

4. 门外汉。（打一字）　　谜底：☐

5. 人有它大，天没它大。（打一字）　　谜底：☐

6. 上头去下头，下头去上头；两头去中间，中间去两头。（打一字）

谜底：☐

7. 一边绿，一边红；一边喜雨，一边喜风。喜雨的怕虫，喜风的怕水。（打一字）

谜底：☐

8. 有水能养荷花，有土能种庄稼；有人非你非我，有马跑遍天下。（打一字）

谜底：☐

Lesson 3 第三课

(共3分09秒)

🔖 **热身问题** Warm-up Questions

1. 刘梅和夏东海商量的结果是什么？
2. 孩子们为什么叹气？

（客厅）

玛：夏东海，说话呀！

胡：老夏，你倒表个态呀！

玛：我觉得当妈的把孩子领回家去过春节，这天经地义呀！

胡：对，天经地义！

夏：我们**也**①没说你们的要求过分，关键是你们**也**①没提前打招呼，**总得**②容我们商量商量吧。

胡：商量？那你们就商量吧。那边商量去。
（夏东海、刘梅离开，胡一统对玛丽）他们那边商量，咱们这边商量。

玛：咱们？

胡："可怜天下父母心""相逢何必曾相识"*啊。平时啊都是他们俩二比一，今天啊二比二，势均力敌！

（夏东海和刘梅商量）

夏：你看这事儿怎么办呀？

梅：你说真是的，要来还一块儿来了。

夏：是啊！怎么那么不巧啊？

梅：你答应这个，就得答应那个！

1. 天经地义 tiānjīng-dìyì / as unalterable principles, perfectly justified

2. 容 róng / v. / permit, allow

3. 势均力敌 shìjūn-lìdí / match each other in strength

4. 巧 qiǎo / adj. / coincidental

---

* 可怜天下父母心、相逢何必曾相识 kělián tiānxià fùmǔ xīn, xiāngféng hébì céng xiāngshí：参见文化点滴57。See *Culture Points* 57.

夏：没错儿，要答应就得全答应，要不答应就全不答应！

玛：商量得怎么样了？

胡：差不多了吧？

夏：这事儿我们觉得啊……

玛：Stop！

胡：干吗喊停啊？

玛：一看我就知道他什么意思！我太了解他了。

梅：不是，主要③我们俩觉得吧……

胡：停！不用张嘴，我就知道你要说什么。（转对玛丽）我也特了解她——前妻！

夏：也没别的意思，主要是③……

梅：其实你们要是把其中的两个孩子或者一个孩子带走呢，我们觉得还能承受。

夏：对。结果你们俩一块儿来了，这要带，把仨孩子都得带走，我们觉得这肯定不行。

梅：肯定不行。

（小区花园）

雪：唉，看来要实现CC计划还有一些难度啊。

星：你说它大过年它也不打折，资金缺口很大呀！

雨：咱们除了压岁钱就没有别的资金来源吗？

星：有！把你给卖了！

雪：你俩别闹了！

（客厅，四个成年人的谈话继续进行）

玛：夏东海，你别太自私！

胡：刘梅，你也别太自私了！

夏：我们怎么就自私了？你们总得②事先跟我们

5. 张嘴 zhāng zuǐ / open one's mouth (to talk or eat)

6. 承受 chéngshòu / v. / bear, endure

7. 难度 nándù / n. / level of difficulty
8. 打折 dǎ zhé / discount
9. 缺口 quēkǒu / n. / gap, shortfall
10. 来源 láiyuán / n. / origin, source

11. 自私 zìsī / adj. / selfish

打个招呼嘛!

梅:就是,我们做了一大桌子一家子人吃的饭……

胡:这好办④,饭我可以和刘星打包带走!

玛:这不能成为拒绝的理由。

12. 打包　dǎ bāo / pack up

语言点例释 Grammar Points

❶ 也

解释 Explanation

副词,在这里表示委婉的语气。去掉"也"字,语气就显得太直接甚至有些生硬。

"也" is an adverb and here it indicates a euphemistic tone. If we omit "也", the tone will sound too direct and firm.

剧中 Examples in Play

夏:我们也没说你们的要求过分,关键是你们也没提前打招呼,总得容我们商量商量吧。

他例 Other Examples

➤ 他的意见也不一定没道理吧。
➤ 你也不是外人,我就告诉你吧。

❷ 总得

解释 Explanation

意思是"毕竟需要……""总归应该……""不管怎么说也应该……"。

"总得" means "need... after all" "ought to... after all" "cannot but... anyway".

剧中 Examples in Play

➤ 夏:我们也没说你们的要求过分,关键是你们也没提前打招呼,总得容我们商量商量吧。
➤ 胡:刘梅,你也别太自私了!
　夏:我们怎么就自私了?你们总得事先跟我们打个招呼嘛!

他例 Other Examples

➤ 你打算开夜车复习?那怎么行?总得睡几个小时吧。
➤ 事情不是你想象的那样,你总得让我把话说完吧。

❸ 主要（是）……

解释 Explanation

意思是"最重要的方面是……"。

"主要（是）……" means "the most important aspect is...".

剧中 Examples in Play

玛：一看我就知道他什么意思！我太了解他了。
梅：不是，主要我们俩觉得吧……
胡：停！不用张嘴，我就知道你要说什么。我也特了解她——前妻！
夏：也没别的意思，主要是……

他例 Other Examples

↘ 我今天来找你，主要是想请你帮个忙。
↘ 我也很想去西藏旅游，但是不敢去，主要是怕身体不适应，因为我有心脏病。

❹ 这好办

解释 Explanation

意思是"容易处理，不难解决"。用在对话的下句，表示对方完全不必担心。

The meaning of "这好办" is "it is easy to deal with and not difficult to solve". It's used in the latter part of a dialogue to show that the other person does not need to worry absolutely.

剧中 Example in Play

梅：就是，我们做了一大桌子一家子人吃的饭……
胡：这好办，饭我可以和刘星打包带走！

他例 Other Examples

↘ 甲：这些新买的书怎么办？
　乙：这好办，把它们先摆在书架上，有空再好好儿整理。
↘ 甲：这么多人怎么讨论？
　乙：这好办，先分成四个组讨论，再请各组代表总结发言。

57 可怜天下父母心
相逢何必曾相识

"可怜天下父母心""相逢何必曾相识"分别取自清朝皇太后慈禧和唐代诗人白居易的两首古诗。前者原句为:"殚竭心力终为子,可怜天下父母心。"意思是对父母为儿女辛勤操劳的感叹、同情和怜悯。后者原句为:"同是天涯沦落人,相逢何必曾相识。"意思是有同样不幸遭遇的人在地远天偏之处见面,不必在意彼此是否认识。

57 Pity the Parents in the World
No Need to Have Met before We Connect

"可怜天下父母心" and "相逢何必曾相识" are taken from two ancient poems by Empress Dowager Cixi of the Qing Dynasty and poet Bai Juyi of the Tang Dynasty, respectively. The former's original line is: "殚竭心力终为子,可怜天下父母心." It conveys a sigh of empathy and compassion for parents' hard work and dedication to their children. The latter's line is: "同是天涯沦落人,相逢何必曾相识." It expresses the sentiment that when two people who have faced similar hardships meet in a remote place, there is no need to care about whether they have known each other before.

练习 Exercises

一、根据剧情内容判断对错 Decide whether each statement is true or false based on the plot

1. 四个成年人坐在一起的时候很不愉快。☐
2. 夏东海觉得胡一统和玛丽的要求很过分。☐
3. 胡一统只给夏东海和刘梅半个小时的考虑时间。☐
4. 夏东海夫妇决定只答应他们其中一个人的要求。☐
5. 三个孩子仍然在为资金发愁。☐
6. 玛丽和胡一统批评夏东海夫妇太自私。☐

二、用剧中的词语替换画线部分
Use the words and expressions in the episode to substitute the underlined parts

1. 玛：我觉得当妈的把孩子领回家去过春节，这<u>毋庸置疑</u>呀！
2. 夏：我们也没说你们的要求<u>不合适</u>，关键是你们也没提前<u>说一下</u>。
3. 胡：停！不用<u>开口</u>，我就知道你要说什么。
4. 梅：其实你们要是把其中的两个孩子或者一个孩子带走呢，我们觉得还能<u>接受</u>。
5. 星：你说它大过年它也不打折，<u>钱还差很多</u>呀！
6. 夏：我们怎么就自私了？你们总得<u>提前跟我们打个招呼</u>嘛！

三、选词填空 Choose the most appropriate words to fill in the blanks

1. 父母爱孩子是（　　）的事。
2. 我一时想不出什么好办法了，请你（　　）我再好好儿想一想。
3. 比赛双方（　　），难分胜负。
4. 真不（　　），他刚走，你就来了。
5. 刚刚离婚，又失去了儿子，她的心中（　　）着常人难以想象的痛苦。
6. 这个动作的（　　）很大，我们得好好儿练习。
7. 一到节日前后，这个商店的商品就开始（　　）了。
8. 这个消息的（　　）可靠吗？
9. 你真（　　），就知道想着自己的利益！
10. 今天的菜点得太多了，又得（　　）了。

巧	容
打折	打包
自私	难度
承受	来源
势均力敌	
天经地义	

四、人们在商谈事情的时候，语气是多样的。有的坚决，有的和缓，有的不耐烦，有的着急。从剧中找出符合下列语气的句子

When people are negotiating, their tone can take on multiple forms. Some are insistent, some relaxed, some impatient, or annoyed. Pick out the sentences that match the tone of the statements below from the episode

坚决的 Insistent	
商量的 Negotiable	

参考上边的句子，根据下列情景设计对话：

Refer to the sentences above and create dialogues based on the scenes below:

1. 小雨要买和二胖一样的游戏机。　　　对话者：刘梅　小雨
2. 小雪要买小白鼠。　　　　　　　　　对话者：刘梅　小雪
3. 刘星考试得了满分，要求奖励。　　　对话者：夏东海　刘星
4. 刘星想找姥姥代替母亲开家长会。　　对话者：姥姥　刘星
5. 小雪想请同学来家里开生日晚会。　　对话者：刘梅和夏东海　小雪
6. 三个孩子希望增加压岁钱。　　　　　对话者：夏东海和刘梅　刘星、小雨和小雪

五、说说你对下边两句话的理解　Talk about your understanding of the two sentences below

1. 可怜天下父母心

2. 相逢何必曾相识

六、用提示词语或句式完成对话，并设计一个新对话
Complete the dialogues using the given prompts and create a new dialogue

1. 总得
   (1) 胡：刘梅，你也别太自私了！
       夏：我们怎么就自私了？_____
       _____

   (2) 甲：这件事很复杂，说出来怕您担心，您就别问了。
       乙：_____

2. 主要（是）……
   (1) 玛：一看我就知道他什么意思！我太了解他了。
       夏：也没别的意思，_____

   (2) 甲：你不是答应和我们去KTV吗？怎么又不去了？
       乙：_____

3. 这好办
   (1) 梅：我们做了一大桌子一家子人吃的饭……
       胡：_____

   (2) 甲：我想找个凉快的城市度假。
       乙：_____

七、成段表达　Presentation

总结剧中刘梅和夏东海的意见，以第三人称陈述一下他们不想让玛丽和胡一统把孩子们领走的原因。

Sum up the opinions of Liu Mei and Xia Donghai and state their reasons for not wanting Mary and Hu Yitong to take the kids away from a third person's perspective.

Lesson 4 第四课

(共3分03秒)

? 热身问题 Warm-up Questions

1. 夏东海想出了一个什么办法？
2. 孩子们决定跟谁一起过年？

（续前）

梅：这……这是我们家第一个团圆年！

夏：没错儿！第一个！

胡：你们结婚之后天天团圆，也该让我们团圆一次了吧？

玛：没错儿啊！咱们大家都是当父母的，对吧？大过年的，我们当然也想跟孩子在一起了。

胡：对，不答应就跟他们急！（小声对玛丽）一块儿急，一块儿急，好吗？

玛：实话跟你们说吧，我今天<u>之所以</u>把宝马开来，<u>就是为了</u>①把他们接回去！

胡：我也实话跟你们说吧，我<u>之所以</u>把挎子开来，<u>就是想</u>①把刘星接走。（小声对玛丽）知道什么是"挎子"吗？就是边上有一斗儿，嘟——

梅：胡一统！你没点儿正经的呀？

胡：怎么了？开挎子就不正经了吗？我倒想开宝马呢，我开得起吗？是不是？

梅：实话告诉你们吧，这大过节的我们也不想跟你们那什么。

夏：没错儿。

1. 之所以 zhīsuǒyǐ / conj. / the reason why
2. 挎子 kuàzi / n. / motor tricycle
3. 斗儿 dǒur / n. / an object shaped like a cup or dipper
4. 嘟 dū / ono. / toot, honk
5. 正经 zhèngjing / adj. / serious

梅：更不愿意为了孩子的事儿跟你们那什么。

夏：没错儿！

梅：但是你们如果非逼着我们那什么的话，那我们也只好那什么了。

夏：没错儿！

胡：什么什么呀？是不是？你们就是不想让我们接孩子，扯后腿*，是不是？

夏：这样吧，② 咱们也别争了，这事儿啊，咱们听孩子的，行吗？

玛：哦？也就是说，你们俩同意了，是吧？

梅：咱俩同意了吗？

夏：什么时候同意了？

玛：你们就是这意思！

胡：就是，是啊，不是也是，是也是，不能反悔的！

6. 反悔　fǎnhuǐ / v. /
go back on one's word or promise

（房门大开，三个孩子进门）

雪、星、雨：回来喽！

雪、雨：妈！

玛：宝贝！

星：爸！

胡：儿子！回来啦！

梅：刘星，你听妈跟你说啊……

胡：儿子，听爸爸说啊……

夏：听爸爸说啊……

玛：听妈妈讲啊……

梅：你爸呀，他是想把你接去过年……

* 扯后腿　chě hòutuǐ：给别人的行为制造阻碍。Hold somebody back from action.

雪、星、雨：（大叫）我们到底听谁的？！

夏：（对小雪和小雨）简单地说吧，③ 你们的妈妈想把你们俩接回去过年。

梅：（对刘星）你的爸爸想把你也接过去过年。

玛：宝贝呀，你知不知道啊？妈妈一年在外面辛苦地工作，就是想过年的时候跟你们待在一起啊！给妈妈一个爱你们的机会好不好啊？

胡：儿子，那个，爸爸为了接你啊，跟别人借了一个挎子。你知道"挎子"吗？就是摩托边上有一斗儿，嘟——特凉快，特兜风。屁股一冒烟，想去哪儿去哪儿！

玛：噢！对了，对了，宝贝，妈妈在最高级的饭店订了一桌年夜饭，而且还有大红包！

胡：刘星！爸爸也在某饭店订了北京风味的炒肝儿和豆汁儿，大碗的，过瘾，非常好！我也有红包，很丰厚的！

玛：妈妈的红包含金量可是很高的。

胡：爸爸的含金量也是不低的。

（孩子们交换眼神，然后分别对夏东海和刘梅说）

雪、雨：爸爸再见！

星：妈妈再见！拜拜！

梅：小雪！

夏：刘星！

梅：小雨！

夏：小雪！

7. 兜风　dōu fēng / go for a drive
8. 冒烟　mào yān / smoke

9. 炒肝儿　chǎogānr / n. / stir-fried liver (see *Culture Points* 58)
10. 豆汁儿　dòuzhīr / n. / fermented mung bean soup (see *Culture Points* 58)
11. 丰厚　fēnghòu / adj. / rich and generous
12. 含金量　hánjīnliàng / n. / gold content, value

语言点例释 Grammar Points

1 之所以……，就是为了/就是想……

解释 Explanation

前半句说明实际情况或者事实，后半句说明目的。"就"有强调作用。

The first part of the sentence states a factual situation or reality, and the second part states the purpose. "就" has the function of intensifying the tone.

剧中 Examples in Play

玛：实话跟你们说吧，我今天之所以把宝马开来，就是为了把他们接回去！

胡：我也实话跟你们说吧，我之所以把挎子开来，就是想把刘星接走。

他例 Other Examples

➘ 他之所以积极地报名参加登山队，就是为了实现他小时候的梦想。

➘ 我之所以写这么长的一封信，就是想让她明白我的心思。

2 这样吧，……

解释 Explanation

用在对话中，后边是根据当时的情况而作出的决定或者提出的建议。

"这样吧，……" is used in the dialogue. The latter part offers a decision or a suggestion on the basis of a situation at a given time.

剧中 Example in Play

夏：这样吧，咱们也别争了，这事儿啊，咱们听孩子的，行吗？

他例 Other Examples

➘ 甲：大家的意见都不一致，我们怎么办？
　乙：这样吧，咱们投票决定。

➘ 甲：这顶帽子不太适合我的脸色。
　乙：这样吧，您再试试红色的。

3 简单地说吧，……

解释 Explanation

意思是把复杂的情况用最简明的方式说出来，后边是简单说明的语句。

It means to use the most simple form to explain a complex situation, and it's followed by simple sentences to describe it.

剧中 Example in Play

雪、星、雨：我们到底听谁的？！
夏：简单地说吧，你们的妈妈想把你们俩接回去过年。

他例 Other Examples

▶ 甲：什么是尖子生？
　乙：简单地说吧，就是学习非常好的学生。

▶ 甲：你说了半天，我还是不明白你需要我做什么。
　乙：唉，简单地说吧，我就是想跟你借点儿钱。

文化点滴 Culture Points

58 炒肝儿和豆汁儿

中国烹饪世界闻名。除各大菜系的著名菜肴之外，中国各地还有丰富多彩的民间风味小吃，像杭州的小笼包、天津的煎饼果子、成都的麻辣烫、新疆的羊肉串、西安的肉夹馍等。炒肝儿和豆汁儿是两种老北京特有的民间小吃，味道独特，深受那些世代居住在京城的老北京们喜爱。但是外地人往往不能接受豆汁儿那种独特的味道。炒肝儿和豆汁儿通常是作为早点的简单食品，很便宜。一般而言，这样的民间小吃都不能成为正式筵席的主菜。

58 Stir-Fried Liver and Fermented Mung Bean Soup

Chinese cuisine is world-renowned. Other than the famous dishes from various regional cuisines, cities across China offer a wide array of delightful local treats, such as Hangzhou's Xiaolongbao, Tianjin's pancake, Chengdu's Malatang, Xinjiang's lamb skewers, Xi'an's Chinese hamburger, and so on. Among the unique street snacks found in Beijing are 炒肝儿 (stir-fried liver) and 豆汁儿 (fermented mung bean soup), which hold a special place in the hearts of longtime Beijing residents. While the locals have developed a fondness for these delicacies over generations, outsiders often find it challenging to embrace the distinct taste of fermented mung bean soup. Stir-fried liver and fermented mung bean soup are typically simple and affordable breakfast options and are not considered entrees for formal banquets or feasts.

练习 Exercises

一、根据剧情内容判断对错　Decide whether each statement is true or false based on the plot

1. 这是刘梅和夏东海家第一个团圆年。☐
2. 胡一统是坐玛丽的车来的。☐
3. 夏东海提议让孩子们决定。☐
4. 胡一统想带刘星去兜风。☐
5. 玛丽想带两个孩子去旅行。☐

二、选词填空　Choose the most appropriate words to fill in the blanks

1. 刘梅（　　）不想让玛丽和胡一统把孩子带走，是因为这是他们家第一个团圆年。
2. 他平时很爱开玩笑，今天一下子（　　）起来，我还有些不习惯。
3. 我的身体不要紧，你想去参加登山队就参加吧，我绝不给你（　　）。
4. 话刚一说出，他就（　　）了。

冒烟	兜风
逼	反悔
丰厚	正经
含金量	之所以
扯后腿	

5. 我特别喜欢开车（　　　），非常过瘾。
6. 在太阳底下站了半天，我嗓子都要（　　　）了。
7. 今年公司效益不错，老板给大家每人一笔（　　　）的奖金。
8. 这篇论文在学术方面有很高的（　　　）。
9. 你别（　　　）我，我的忍耐是有限度的！

三、根据剧情将有关内容表达完整　Complete the relevant statements based on the plot

情况说明	提示词语
胡一统要把孩子带回去的理由：	之后，天天，也该……了
玛丽要和孩子在一起的理由：	当父母的，大过年的，当然
刘梅表明自己态度的话：	实话，大过节的，更不愿意，为了，但是，逼着，只好
夏东海的建议：	争，听……的
玛丽劝小雪和小雨的话：	给……一个……机会，订，红包，含金量

四、用提示词语或句式完成对话，并设计一个新对话
Complete the dialogues using the given prompts and create a new dialogue

1. 之所以……，就是为了／就是想……
   (1) 梅：你开摩托车来干什么？
   　　胡：_____
   (2) 甲：银行门口怎么这么多人？
   　　乙：_____

2. 这样吧，……
   (1) 玛：今天你们必须同意我把孩子带走！
   　　胡：对，同意也得同意，不同意也得同意。
   　　夏：_____
   (2) 甲：天气这么好，应该找个地方玩儿玩儿。
   　　乙：_____

3. 简单地说吧，……
   (1) 雪：你们三个大人在吵什么？
   　　夏：_____
   (2) 甲：_____
   　　乙：_____

五、成段表达　Presentation

作为局外人，你怎么看待玛丽和胡一统的要求？你觉得夏东海和刘梅应该怎么做？请陈述理由。

From an outsider's perspective, how do you think of the requests of Mary and Hu Yitong? What do you think Xia Donghai and Liu Mei should do? Please list your reasons.

六、延伸练习　Extention exercise

借助图片或视频，介绍一种特色小吃。

Introduce a special snack with the help of pictures or videos.

Lesson 5 第五课
(共3分58秒)

🧠 热身问题 Warm-up Questions

1. 在老太太后面的那个老人是谁？
2. 看到孩子们不在，姥姥和爷爷的反应是怎样的？

（小区内路上）

爷：哎！前边那老太太！我说，那个刘星他姥姥！

姥：（回头）哟，是夏雨他爷爷啊！

爷：你看，我后边叫您老半天了，愣是①没听见啊你！

姥：老了，这耳朵啊不好使了。哪儿像您似的，那么新潮，大年三十的，您还出国旅游去。

爷：得，我听出来了，您也想去，是吧？今儿啊是来不及了，这么着，明年您去！

姥：后年我也不去啊！

（客厅）

夏：梅梅，梅梅，赶紧把菜都摆上吧！都几点了？

梅：摆什么呀摆？还吃个什么劲儿②啊？孩子们都不在。我那鸭子也白③做了，菜也白③炒了，蛋糕也白③取了！

夏：你这说的什么话？什么叫白③取了？咱俩不也得吃饭嘛，是不是？

梅：吃什么呀吃？要吃你自己吃，我可吃不下。

夏：哎，你这样可不行啊。这大过节的，你干吗光想自个儿啊？说话④我爸和你妈可就

1. 老太太 lǎotàitai / n. / old lady
2. 老半天 lǎobàntiān / quan. / for a long time
3. 愣是 lèngshì / adv. / unexpectedly, somehow
4. 新潮 xīncháo / adj. / fashionable

5. 说话 shuōhuà / adv. / in a minute, right away

来了，你得赶紧想办法怎么对付他们啊！他们要是一进门一看｛孩子一个没有，我爸还不得直接蹦起来？

梅：是啊，我妈非得哭了不可！

（门铃响了）

梅：来了！

夏：赶紧高兴点儿，想辙对付他们！

梅：我知道。

（二老进屋）

梅：哟！妈！爸来了！妈！

夏：我拿我拿。

爷：孩子们都哪儿去了？

梅：爸，把衣服脱了吧，这屋热着呢！来，给我。

爷：小雨啊！

姥：快叫出来。

爷：小雪！

梅：爸！爸！您这衣服真挺好看的。

夏：真是！刚做的吧？

爷：爷爷来了！

梅：爸！爸！您听我说。事情啊，是这么回事儿。（对夏东海）你跟他们说吧。

夏：爸，没什么事儿，事情是这样的。（对刘梅）还是你说吧。

爷：不是，到底出什么事儿了？

姥：快点儿啊。

梅：就剩我们俩了。小雪跟小雨呢，被他（们）妈（妈）给接走了，刘星被他爸给接走了。

6. 对付　duìfu / v. / deal with, cope with

7. 蹦　bèng / v. / skip

8. 辙　zhé / n. / way, method

9. 脱　tuō / v. / take off, cast off

爷：合着大过年的，仨孩子一个都不在跟前儿，这年……这年还怎么过呀？

梅：爸，爸！别着急。

姥：你说……我这一路上……（哭）

梅：妈，您干什么呀？您哭什么呀，妈？您真是的，哎哟，妈！

夏：爸，您别着急呀，梅梅忙活了一大早上，这个，做了好多好吃的，一会儿咱就吃，好不好？

梅：妈，我告诉您啊，我跟夏东海啊，我们还准备好些段子呢，特好玩儿！

姥：不听！

爷：跟你们在一块儿过年有什么好玩儿的？

夏：爸，**这您怎么说的**⑤，我们不也是你们的孩子？

梅：就是。我们刚长大没几年，我们怎么就不算孩子了？

夏：就是。

爷：赶紧给我打电话，把那仨孩子给我叫回来！

姥：对！

夏：不是，这怎么叫啊？人刚接走没多大会儿。

爷：你不叫是不是？你不叫啊，我也不在这儿待着了。

夏：爸，您这干吗？

姥：我也走，我也要回家。

梅：妈，您别这样行不行？您干吗啊？大过节的。

（小区花园）

雨：哎哎哎，谁呀？

10. 跟前儿　gēnqiánr / n. /
nearby, close to oneself

11. 忙活　mánghuo / v. /
be busy doing sth.

12. 段子　duànzi / n. /
(*of comedy, ballad singing, etc.*) performance piece

星：谁呀？谁呀？

雨：你们俩呀，也赶回来了？

星：那是⑥，不是急着回来拿压岁钱嘛！

雪：怎么样啦？

（刘星和小雨得意地拍口袋）

雪：看来咱们的CC计划已经胜利在望了！

雨、星：耶——

13. 胜利在望　shènglì zàiwàng /
Victory is in sight.

语言点例释 Grammar Points

1 愣是

解释 Explanation

"愣是"是副词，意思相当于"竟然""偏偏、偏要"。用于口语，表示一种状态或者行为非常不合情理。有时也说"愣"。

"愣是" is an adverb which is equivalent to "竟然""偏偏，偏要" (unexpectedly or persist in). It is used colloquially to indicate a state or behavior that is very unexpected. Sometimes we also say "愣".

剧中 Example in Play

爷：你看，我后边叫您老半天了，愣是没听见啊你！

姥：老了，这耳朵啊不好使了。

他例 Other Examples

⇨ 我怎么解释都不行，他愣是不相信。

⇨ 我让他说明情况，他愣装不知道。

2 V个什么劲儿

解释 Explanation

"个什么劲儿"常用于动词之后，表示否定的意思。相当于"V什么呀""有什么可V的"。用于口语，带有不满的语气。

"个什么劲儿" is often used after the verb to show disapproval. It's rather similar to "V什么呀""有什么可V的" and is used colloquially with a tone of dissatisfaction.

| 剧 中 Example in Play | 夏：梅梅，梅梅，赶紧把菜都摆上吧！都几点了？
梅：摆什么呀摆？还吃个什么劲儿啊？ |

| 他 例 Other Examples | ➡ 甲：我想再睡会儿。
　　乙：都几点了，还睡个什么劲儿啊？
➡ 甲：天气这么好，咱们出去玩儿会儿吧。
　　乙：明天有考试，玩儿个什么劲儿啊？ |

❸ 白

| 解 释 Explanation | 副词。意思是"没有效果，徒然"。虽然做了某事，结果跟没有做一样。
"白" is an adverb which means "in vain". Although something was done, the result is the same as if it wasn't done. |

| 剧 中 Examples in Play | 梅：摆什么呀摆？还吃个什么劲儿啊？孩子们都不在。我那鸭子也白做了，菜也白炒了，蛋糕也白取了！
夏：你这说的什么话？什么叫白取了？咱俩不也得吃饭嘛，是不是？ |

| 他 例 Other Examples | ➡ 银行关门了，我白跑了一趟。
➡ 我的话真是白说了，他一点儿也没有听进去。 |

❹ 说话

| 解 释 Explanation | 副词。意思是"说话的一会儿时间"，指时间相当短。
"说话" is an adverb which means "in this very short time as we talk", indicating that time is very short. |

| 剧 中 Example in Play | 夏：说话我爸和你妈可就来了，你得赶紧想办法怎么对付他们啊！ |

| 他 例 Other Examples | ➡ 你稍等一下，我说话就来。
➡ 说话就要下雨了，快回家吧。 |

❺ 这您怎么说的

解释 Explanation

用在对话中，表示对方说得不对或者不合适。

"这您怎么说的" is used in the dialogue to show that what the other person said is incorrect or unsuitable.

剧中 Example in Play

爷：跟你们在一块儿过年有什么好玩儿的？
夏：爸，这您怎么说的，我们不也是你们的孩子？

他例 Other Examples

↘ 甲：我弄坏了你的东西，我应该赔。
　乙：这您怎么说的，不是什么贵重的东西，您别过意不去。
↘ 甲：他是一个小孩儿，懂什么呀？
　乙：这您怎么说的，小孩子也是人啊。

❻ 那是

解释 Explanation

用在对话中，意思相当于"那当然"。"那"要重读。

"那是" is used in the dialogue and the meaning is rather similar to "那当然"。"那" carries additional stress.

剧中 Example in Play

雨：你们俩呀，也赶回来了？
星：那是，不是急着回来拿压岁钱嘛！

他例 Other Examples

↘ 甲：他的口语真棒！
　乙：那是，他得过英语演讲比赛一等奖。
↘ 甲：这个菜真好吃，你做的？
　乙：那是，我专门跟大师傅学的。

文化点滴 Culture Points

59 唐装

剧中，爷爷和姥姥穿的衣服叫唐装。但它并不是唐朝的服装，它的样式是由中国清朝的马褂演变而来，面料主要采用织锦缎。在2001年上海APEC会议上，按照APEC的传统，中国作为东道主邀请与会的APEC成员的领导人穿中国的民族服装。中国著名服装设计师余莺女士受命担任主要设计。因海外华人将中式服装称为"唐装"，余莺和大家决定把这种服装命名为"唐装"。

59 Tang Suit

In this episode, the clothes worn by the grandpa and grandma is called "Tang suit". However, it is not the attire of the Tang Dynasty. Its style evolved from the Qing Dynasty's Magua, mainly made of woven brocade and satin fabric. During the 2001 APEC Summit in Shanghai, following APEC's tradition, China, as the host, invited the leaders of participating APEC members to wear traditional Chinese ethnic costumes. Ms. Yu Ying, a renowned Chinese fashion designer, was appointed as the lead designer. As Chinese people living overseas started referring to these outfits as "Tang suit", Yu Ying and others decided to officially name this attire as "Tang suit".

练习 Exercises

一、根据剧情内容判断对错　Decide whether each statement is true or false based on the plot

1. 在姥姥后面走的老人是爷爷。☐
2. 爷爷过年要去南方旅游。☐
3. 姥姥的耳朵有些不好使。☐
4. 爷爷和姥姥到来时，刘梅还没有把菜摆上。☐
5. 当老人们知道孩子们不在家后的反应，早都被刘梅和夏东海猜着了。☐
6. 看到孩子们不在，两位老人都急哭了。☐
7. 三个孩子在外边撞在了一起。☐

二、将相关的台词连线，并判断说话人是谁
Match the relevant scripts and decide which character said the sentences

说话人	A	B
	我后边叫您老半天了，	我爸还不得直接蹦起来？
	什么叫白取了？	把那仨孩子给我叫回来！
	要吃你自己吃，	你得赶紧想办法怎么对付他们啊！
	说话我爸和你妈可就来了，	愣是没听见啊你！
	他们要是一进门一看仨孩子一个没有，	咱俩不也得吃饭嘛，是不是？
	赶紧给我打电话，	我可吃不下。

三、选词填空　Choose the most appropriate words to fill in the blanks

1. 你怎么才来呀？我们都等你（　　　）了！
2. 我想了半天，（　　　）没想起来那个字怎么写。
3. 他剪了一个非常（　　　）的发型，让我们大吃一惊。
4. 电影（　　　）就要开始了，赶紧把手机静音。
5. 你先走，我来（　　　）这个人。

辙	蹦	愣是
脱	跟前儿	新潮
忙活	说话	对付
老半天	胜利在望	

6. 听说我得了满分，我高兴得（　　　）了起来。
7. 电视机又坏了，快想（　　　）修修吧。
8. 一岁的孩子不会自己穿衣服，也不会（　　　）衣服。
9. 他走到儿子（　　　），拍着儿子的肩膀说："儿子，你是好样儿的！"
10. 一到春节前一周，很多人家里都开始（　　　）上了。
11. 我的毕业论文已经写了三分之二了，终于（　　　）了。

四、用提示词语或句式完成对话，并设计一个新对话
Complete the dialogues using the given prompts and create a new dialogue

1. V个什么劲儿
   (1) 夏：梅梅，梅梅，赶紧把菜都摆上吧！都几点了？
       梅：_____
   (2) 甲：快看，一架飞机！
       乙：_____

2. 白
   (1) 梅：还吃个什么劲儿啊？孩子们都不在。_____
       夏：你这说的什么话？什么叫白取了？咱俩不也得吃饭嘛，是不是？

   (2) 甲：你跟他谈得怎么样？
       乙：_____

3. 说话
   (1) 梅：你爸和我妈什么时候来？
       夏：_____
   (2) 甲：电影几点开演？
       乙：_____

4. 那是
   (1) 雨：你们俩呀，也赶回来了？
       星：_____
   (2) 甲：你推荐的辅导资料真好！
       乙：_____

五、成段表达　Presentation
根据剧情，分析姥姥和爷爷的性格。
Analyse the personalities of grandma and grandpa based on the plot.

六、延伸练习　Extension exercise
借助图片或视频，介绍你们国家的传统服装。
Introduce the traditional attire in your country with the help of pictures or videos.

第六课 Lesson 6
（共3分49秒）

❓ 热身问题 Warm-up Questions

1 孩子们为什么都回来了？
2 胡一统和玛丽为什么而来？
3 "CC 计划"到底是什么？

（客厅，刘梅夫妇在劝二老）

夏：爸，吃饭了！

爷：不吃！

梅：妈，吃饭了！

姥：没劲①！

爷：不是，你说啊，你说这年这还怎么过啊？

梅：再怎么着咱也得②吃饭哪！

夏：就是。咱们四个人过不也挺好的吗？是吧，挺热闹。

梅：就是啊。

（房门突然大开，三个孩子冲进来）

雪：爸妈，我们回来了！

梅：你们怎么回来啦？

雪：我们跟妈妈，刘星跟他爸爸都商量好了，还是和你们过年。

星：对，反正红包已经拿到手了。

夏：你这小子！

雪：我们可不是因为红包回来的，我们是因为想爷爷和姥姥了！

雪、星、雨：爷爷！拿红包——

爷：红包！看着！

雪、星、雨：噢——

姥：孩子们！爷爷发完了，姥姥发！

雪、星、雨：噢——

梅：这才叫过节的气氛哪③！

（三个孩子举着刚领到的红包围了上来）

星、雨、雪：（纷纷）红包！

梅：干吗呀，这么懂事啊？是不是想让妈妈给你们收起来？

雪：什么呀！您还没有给我们红包呢！

雨：对！

梅：我呀，我才不给呢！（指向夏东海）找爸爸要！

（仨孩子扑向夏东海）

夏：停停停！吃完了团圆饭才能给，现在还不到时间呢！

星：那我们可就抢啦！

夏：不能不能不能……哈哈！

1. 抢　qiǎng / v. / snatch, rob

（门铃响）

夏、梅：谁呀？

梅：来了来了。（去开门）

夏：可能拜年的吧？

（玛丽进来，手提一个礼品袋）

梅：哟？玛丽！

玛：（不自然）你好，是这样④，我给老人准备的礼物，小雪忘拿了。

梅：请进吧。

夏：对，进进进。

玛：哎，别关门啊，那个……后面还一个呢。

胡：（挤进门）你的宝马就是比我这挎子快！（示物）这是我给姥姥准备的茶叶，刘星走得急，他忘拿了。

玛：爷爷！过年好！

胡：姥姥过年好。

玛：这是给您的新年礼物！

姥：你们也好！

胡：都好，都好。我祝二老新春愉快，欢欢喜喜过个年！

玛：对，祝你们新年大吉！

姥：也祝你们好！

胡：都好，都挺好的，没咱什么事儿，咱们就撤了吧，啊？

玛：好好好，那我们就先……

梅：别别别呀，都来了，要不在这儿一块儿留下吃饭吧？

夏：对对对，人都来了，一块儿吃饭！人多啊，吃饭热闹，一块儿过年吧！

胡：那我得考虑考虑……

玛：我接受邀请。

胡：我也接受邀请！——我怕她一个人在这儿不好意思。

爷：好好好，我看哪，这才像过个团圆年哪③，对不对？

（一桌家宴，众人举杯共庆）

梅：来来来。

众：新年快乐！

2. 茶叶　cháyè / n. / tea

3. 新春　xīnchūn / n. / days following Lunar New Year's Day
4. 欢欢喜喜　huānhuānxǐxǐ / joyful, delighted
5. 大吉　dàjí / adj. / lucky, propitious

胡：我觉得吧，这过年最开心的，还得数⑤孩子们，他们这一过年能拿多少红包啊！

雪：哎，宣布一件事情，我们要把我们所有的压岁钱用在CC计划上！

梅：什么是CC计划？

雪：就是……

（小雪、刘星分别把大红信封送到姥姥、爷爷面前）

雪：姥姥，给您！

星：爷爷，给您！

爷、姥：这……

夏：你们的CC计划就是给姥姥和爷爷发红包啊？

爷：啊不，这心意啊我们领了……

姥：对，这红包啊可不能收。

爷：不能收。

雪：姥姥，您一定要收下！每人要买一个名牌助听器，让你们的耳朵年轻起来！

星：耳朵好，心情就好了！

玛：哎，买助听器怎么叫CC计划呀？

星：因为这个C，长得像耳朵嘛！

姥：我明白了，这人不都俩耳朵吗？所以叫CC。

爷：不是，那个什么，咱们俩一共是四个，应该叫CCCC！（众人笑）

6. 数　shǔ / v. / stand out by calculation or comparison

7. 心意　xīnyì / n. / thought
8. 领　lǐng / v. / accept, take

9. 助听器　zhùtīngqì / n. / hearing aid
10. 耳朵　ěrduo / n. / ear

语言点例释 Grammar Points

❶ 没劲

解释 Explanation

指无聊、没有意思，令人不感兴趣或令人不满。

"没劲"indicates boring, uninteresting and that the situation is uninteresting or dissatisfying.

剧中 Example in Play

梅：妈，吃饭了！
姥：没劲！

他例 Other Examples

↘ 这本小说真没劲，我看了几页都快睡着了。
↘ 甲：昨天的聚会怎么样？
　乙：没劲！好多人都没来，所以很早就散了。

❷ 再怎么着（……）也得……

解释 Explanation

意思是"不管怎么样（……）也应该……"，常用句式是"再A（……）也得B"，意思是不管多么A（……）也应该B。

"再怎么着（……）也得……" means "no matter what, (...) should still...". The common sentence pattern is "再A（……）也得B", which means that no matter A, ought to B.

剧中 Example in Play

爷：不是，你说啊，你说这年这还怎么过啊？
梅：再怎么着咱也得吃饭哪！

他例 Other Examples

↘ 甲：这么晚了，睡觉吧。
　乙：明天老师要检查作业，再怎么着也得写完。
↘ 甲：气死我了！不吃了！
　乙：再怎么着也得吃饭啊！

❸ 这才……哪（啊/嘛/呢）

解释 Explanation

强调理当如此，应该如此，名副其实。

"这才……哪（啊/嘛/呢）" emphasizes that it should be like this, or be worthy of the name.

剧 中
Examples in Play

→ 雪、星、雨：噢——
梅：这才叫过节的气氛哪！
→ 爷：好好好，我看哪，这才像过个团圆年哪，对不对？

他 例
Other Examples

→ 今年过年我们全家人都聚在了一起，这才叫团圆年呢！
→ 甲：妈妈，是我错了，我准备向她道歉。
乙：这才对嘛！

❹ 是这样

解 释
Explanation

"事情是这样的"的简略说法。用在解释具体情况之前。后边是具体说明。"这样"要重读。

"是这样" is the simplified form of "事情是这样的". It's used before explaining a specific situation. It is followed by the specific instructions. "这样" is stressed.

剧 中
Example in Play

梅：哟？玛丽！
玛：你好，是这样，我给老人准备的礼物，小雪忘拿了。

他 例
Other Examples

→ 甲：你怎么知道这件事的？
乙：是这样，当时我正好路过……
→ 甲：她为什么这么生气？
乙：是这样，她买的手机刚用了一天就坏了。

❺ 数

解 释
Explanation

动词。计算起来。

"数" is a verb and shows that someone or something stands out by calculation or comparison.

剧 中
Example in Play

胡：我觉得吧，这过年最开心的，还得数孩子们，他们这一过年能拿多少红包啊！

他 例
Other Examples

→ 《家有儿女》的三个孩子中数刘星最淘气。
→ 依我看，最适宜居住的城市，要数云南昆明。

60 祝福语

春节期间，人们见面时彼此会问候"过年好""给您拜年"等。剧中的"新年快乐""新春愉快""新年大吉"也都是春节期间最典型、最通俗的祝福语。如果别人用这样的祝福语对你祝福，你可以用同样的祝福回复。

此外，中国还有很多表达祝福的句子，如对孩子可以说"祝你学习进步"，对新婚夫妇可以说"祝你们白头偕老"，对老人还可以说"祝您身体健康""祝您福如东海，寿比南山"。

60 Blessings

During the Spring Festival, when people meet, they greet each other with phrases like "过年好" (Happy New Year) or "给您拜年" (Wish you a Happy New Year). In this episode, blessings like "新年快乐" (Happy New Year), "新春愉快" (Happy Spring Festival), and "新年大吉" (Good luck in the New Year) are also the most typical and popular blessings. If someone says blessings to you, you can respond with the same blessings.

In addition, there are many expressions of blessings in China. For example, you can say "祝你学习进步" (Wish you progress in your studies) to children, "祝你们白头偕老" (Wish you accompany each other through old age) to newlyweds, and "祝您身体健康" (Wish you good health) or "祝您福如东海，寿比南山" (Wish you abundant blessings and longevity) to the elder.

练习 Exercises

一、根据剧情内容判断对错 Decide whether each statement is true or false based on the plot

1. 姥姥和爷爷都觉得没有孩子们的年夜饭没劲。☐
2. 夏东海认为四个人过年也很热闹。☐
3. 姥姥不喜欢夏东海，爷爷不喜欢刘梅。☐
4. 孩子们回来是为了向爷爷和姥姥要压岁钱。☐
5. 刘梅和夏东海也给孩子们发了红包。☐
6. 胡一统来到刘梅家是为了把刘星接回去。☐
7. 玛丽来到夏东海家是为了看望夏东海的父亲。☐
8. 刘梅留玛丽和胡一统一块儿吃饭。☐
9. 爷爷和姥姥终于高兴了。☐
10. 饭桌上，小雪向大家宣布了"CC计划"的内容。☐
11. 孩子们给每个老人送了一个名牌助听器。☐

二、根据剧情，给下列台词排序 Put the scripts below into the correct order based on the plot

序号	台词
1	胡：我祝二老新春愉快，欢欢喜喜过个年！
☐	胡：我也接受邀请！——我怕她一个人在这儿不好意思。
☐	玛：我接受邀请。
☐	梅：别别别呀，都来了，要不在这儿一块儿留下吃饭吧？
☐	玛：好好好，那我们就先……
☐	爷：好好好，我看哪，这才像过个团圆年哪，对不对？
☐	姥：也祝你们好！
☐	夏：对对对，人都来了，一块儿吃饭！人多啊，吃饭热闹，一块儿过年吧！
☐	玛：对，祝你们新年大吉！
☐	胡：那我得考虑考虑……
☐	胡：都好，都挺好的，没咱什么事儿，咱们就撤了吧，啊？

三、根据剧情，将相关的台词连线
Match the two corresponding parts of the sentences together based on the plot

1. 我们跟妈妈，刘星跟他爸爸都商量好了，　　　　我们是因为想爷爷和姥姥了！
2. 我们可不是因为红包回来的，　　　　　　　　那个……后面还一个呢。
3. 吃完了团圆饭才能给，　　　　　　　　　　　还是和你们过年。
4. 我给老人准备的礼物，　　　　　　　　　　　现在还不到时间呢！
5. 别关门啊，　　　　　　　　　　　　　　　　长得像耳朵嘛！
6. 因为这个C，　　　　　　　　　　　　　　　小雪忘拿了。

四、用所给动词完成句子　Use the verbs given to complete the sentences

1. 胡：我觉得吧，这过年最开心的，_____（数）！
2. 雪：哎，宣布一件事情，我们要_____（把）！
3. 夏：你们的CC计划就是_____（发）？
   爷：啊不，_____（领）……
   姥：对，这红包啊_____（收）。
4. 雪：每人要买一个名牌助听器，_____（让）！

五、判断下列台词是谁说的　Decide which character said the following sentences

说话人	台词
	再怎么着咱也得吃饭哪！
	反正红包已经拿到手了。
	人多啊，吃饭热闹，一块儿过年吧！
	耳朵好，心情就好了！
	哎，买助听器怎么叫CC计划呀？
	我明白了，这人不都俩耳朵吗？所以叫CC。
	咱们俩一共是四个，应该叫CCCC！

六、选词填空　Choose the most appropriate words to fill in the blanks

1. 快报警！有人（　　　）银行！
2. 我想去一趟（　　　）店，我要买龙井茶送朋友。
3. 春节到了，一家人（　　　）聚在一起包饺子。
4. 祝您新春（　　　）！万事如意！
5. 过年最开心的要（　　　）孩子们，因为他们不仅可以尽情地玩儿，而且可以得到压岁钱。
6. 这礼物代表了我的（　　　），请您一定收下。
7. 你的心意我（　　　）了，礼物是绝对不能收的。谢谢你！
8. 很多人到了老年，（　　　）越来越不好使了，需要戴（　　　）。

领	数
抢	耳朵
茶叶	大吉
心意	助听器
欢欢喜喜	

七、成段表达　Presentations

1. 用小雪的语气说说CC计划从开始到实现的全过程。
   Use Xiaoxue's tone to talk about the complete process of the CC plan from its beginning till realization.
2. 设想一下刘梅和夏东海最后的感受。
   Imagine the feelings of Liu Mei and Xia Donghai in the end.
3. 描述一下刘梅一家的"团圆年"。
   Describe the reunion of Liu Mei's family.

八、延伸练习　Extension exercises

1. 借助图片或视频，介绍一个有特色的节日。
   Introduce a special festival with the help of pictures or videos.
2. 说出你所知道的祝福语。
   Tell the well-wishing words that you know.

佳句集锦 Key Sentences

（一）

1. 往左点儿……往右点儿……
2. 哎呀，我是让你人往右！
3. 快点儿，我胳膊都酸了。
4. 就差一点儿了，谁让你不长个儿的？
5. 这我都出门一个钟头了，这点儿活儿还没干完呢？怎么这么慢呢？
6. 都怪刘星瞎指挥。
7. 怎么就剩我一个人了？
8. 请您不要什么事情都问您的儿子，因为您的儿子也需要隐私。
9. 你吓我一跳。
10. 为了咱们这个CC计划，我也只好这样了。
11. 你们说爷爷也真是的，干吗非得大年三十去旅游啊？
12. 赶紧想想咱这资金怎么办吧！
13. 这可是咱们家第一个团圆年，当然得隆重地庆祝一下了。
14. 知道我的目标是什么吗？
15. 这是菜单吗？这分明是满汉全席嘛。
16. 你可实在是没当过贵族。
17. 下面呢，咱们来预算一下，看看要多少压岁钱才能实现CC计划！
18. 恐怕发红包的人不这么想吧！
19. 我正在想世界首富比尔·盖茨。
20. 你想找他要压岁钱？
21. 比尔·盖茨可是一个敛财高手。
22. 这个……按照每年的惯例嘛，老爸发给咱们的红包应该不低于——这个数！
23. 太保守了吧！
24. 你说翻一番就翻一番？
25. 按照那个每年的惯例，我爸一到年三十就"自动蒸发"，正月十五以后才露面呢。

(二)

26. 交给你一个紧急的任务，赶快去，我订了一蛋糕，赶紧取回来！
27. 你还订了个蛋糕？吃得了吗？
28. 咱们现在就去看看CC产品的最新行情，货比三家！没准儿还能减少点儿资金呢！
29. 出去转转，感受一下节日的气氛。
30. 我给你们猜一谜语啊，少年儿童的年薪——打一经济名词。
31. 小儿科，你不就是想要压岁钱吗？跟我来这套！
32. 你的任务啊永远是紧急的。刚才取蛋糕我让你催得差点儿没摔一跟头。
33. 我们习惯在家过，这不热闹嘛！
34. 我是不是得回避一下？
35. 你知道传统文化的力量有多么强大吗？
36. 你知道亲情和民俗之间的关系有多么紧密吗？
37. 再不来鸡年就没了，改狗年了！
38. 久仰大名！
39. 有道是"每逢佳节倍思亲"，我来接我儿子一起过一个团圆年。
40. 真是爹妈所见略同，我们为了一个共同的目标，走到一起来了！知音哪！

(三)

41. 老夏，你倒表个态呀！
42. 我觉得当妈的把孩子领回家去过春节，这天经地义呀！
43. 我们也没说你们的要求过分，关键是你们也没提前打招呼，总得容我们商量商量吧。
44. "可怜天下父母心""相逢何必曾相识"啊。
45. 平时啊都是他们俩二比一，今天啊二比二，势均力敌！
46. 真是的，要来还一块儿来了。
47. 要答应就得全答应，要不答应就全不答应！
48. 一看我就知道他什么意思！我太了解他了。
49. 不用张嘴，我就知道你要说什么。
50. 其实你们要是把其中的两个孩子或者一个孩子带走呢，我们觉得还能承受。
51. 这要带，把仨孩子都得带走，我们觉得这肯定不行。

52. 看来要实现CC计划还有一些难度啊。

53. 咱们除了压岁钱就没有别的资金来源吗?

54. 你别太自私!

55. 你们总得事先跟我们打个招呼嘛!

56. 这好办,饭我可以和刘星打包带走!

57. 这不能成为拒绝的理由。

(四)

58. 这是我们家第一个团圆年!

59. 你们结婚之后天天团圆,也该让我们团圆一次了吧?

60. 咱们大家都是当父母的,对吧? 大过年的,我们当然也想跟孩子在一起了。

61. 不答应就跟他们急!

62. 实话跟你们说吧,我今天之所以把宝马开来,就是为了把他们接回去!

63. 我倒想开宝马呢,我开得起吗?

64. 你们就是不想让我们接孩子,扯后腿,是不是?

65. 这样吧,咱们也别争了,这事儿啊,咱们听孩子的,行吗?

66. 咱俩同意了吗?

67. 我们到底听谁的?!

68. 简单地说吧,你们的妈妈想把你们俩接回去过年。

69. 妈妈一年在外面辛苦地工作,就是想过年的时候跟你们待在一起啊!

70. 给妈妈一个爱你们的机会好不好啊?

71. 宝贝,妈妈在最高级的饭店订了一桌年夜饭,而且还有大红包!

72. 爸爸也在某饭店订了北京风味的炒肝儿和豆汁儿,大碗的,过瘾,非常好!

73. 我也有红包,很丰厚的!

74. 妈妈的红包含金量可是很高的。

(五)

75. 我后边叫您老半天了,愣是没听见啊你!

76. 老了,这耳朵啊不好使了。

77. 我听出来了,您也想去,是吧?

78. 赶紧把菜都摆上吧！

79. 我那鸭子也白做了，菜也白炒了，蛋糕也白取了！

80. 要吃你自己吃，我可吃不下。

81. 说话我爸和你妈可就来了，你得赶紧想办法怎么对付他们啊！

82. 我妈非得哭了不可！

83. 赶紧高兴点儿，想辙对付他们！

84. 把衣服脱了吧，这屋热着呢！

85. 您听我说。事情啊，是这么回事儿。

86. 就剩我们俩了。

87. 小雪跟小雨呢，被他（们）妈（妈）给接走了，刘星被他爸给接走了。

88. 合着大过年的，仨孩子一个都不在跟前儿，这年……这年还怎么过呀？

89. 跟你们在一块儿过年有什么好玩儿的？

90. 您干吗啊？大过节的。

91. 看来咱们的CC计划已经胜利在望了！

（六）

92. 没劲！

93. 你说这年这还怎么过啊？

94. 再怎么着咱也得吃饭哪！

95. 咱们四个人过不也挺好的吗？是吧，挺热闹。

96. 我们跟妈妈，刘星跟他爸爸都商量好了，还是和你们过年。

97. 反正红包已经拿到手了。

98. 我们可不是因为红包回来的，我们是因为想爷爷和姥姥了！

99. 爷爷发完了，姥姥发！

100. 这才叫过节的气氛哪！

101. 干吗呀，这么懂事啊？是不是想让妈妈给你们收起来？

102. 您还没有给我们红包呢！

103. 我呀，我才不给呢！

104. 吃完了团圆饭才能给，现在还不到时间呢！

105. 那我们可就抢啦！

106. 是这样，我给老人准备的礼物，小雪忘拿了。

107. 这是我给姥姥准备的茶叶，刘星走得急，他忘拿了。

108. 过年好！

109. 这是给您的新年礼物！

110. 我祝二老新春愉快，欢欢喜喜过个年！

111. 祝你们新年大吉！

112. 都来了，要不在这儿一块儿留下吃饭吧？

113. 那我得考虑考虑……

114. 我接受邀请。

115. 我怕她一个人在这儿不好意思。

116. 我看哪，这才像过个团圆年哪。

117. 新年快乐！

118. 这过年最开心的，还得数孩子们，他们这一过年能拿多少红包啊！

119. 宣布一件事情，我们要把我们所有的压岁钱用在CC计划上！

120. 你们的CC计划就是给姥姥和爷爷发红包啊？

121. 这心意啊我们领了……

122. 您一定要收下！

123. 每人要买一个名牌助听器，让你们的耳朵年轻起来！

124. 耳朵好，心情就好了！

泛视听资源

Extensive Audio-Visual Resources

练习一 Exercise 1

序号	视频片段	回答问题
一		1.刘梅说自己是老追星族，是什么意思？ 2."周渝民"是什么人？刘梅为什么要背他的身高和体重？ 3.刘梅发现小雪最近有什么变化？ 4.夏东海给刘梅打了什么预防针？ 5.刘梅最怕什么动物？
二		1.小雪的语文老师布置了什么作文？ 2.刘梅为什么说夏东海吓死她了？ 3.夏东海想告诉小雪什么？刘梅为什么不让他说出来？ 4.在刘梅看来，她的"地位"有了什么变化？
三		1.小雪手里拿的是什么照片儿？ 2.小雪为什么要把那张照片儿贴在自己的卧室里？ 3.后来小雪把照片儿挂在哪里了？ 4.刘梅为什么不让夏东海关卧室灯？ 5.小雪为什么拎回来一个装着小白鼠的笼子？
四		1.小雪为什么夸刘梅"懂得多"？ 2.小雪让刘梅答应她什么？刘梅答应了吗？ 3.为什么夏东海说刘梅"没事儿找事儿"？ 4.刘梅为什么抱来一只猫？ 5."一物降一物"是什么意思？
五		1.小雪为什么很生气？ 2.小雪对刘梅的称呼有什么变化？ 3.小雨说"猫是老鼠的克星"，这是什么意思？ 4.为什么小雪说小老鼠是被刘梅害死的？ 5.刘梅为什么说她"跳进黄浦江也洗不清"了？
六		1.谁在主持分析小老鼠被害的过程？ 2.小雪是怎么分析的？ 3.刘星是怎么分析的？ 4.小雨是怎么分析的？ 5.猫吃老鼠的事儿是怎么露馅儿的？ 6.刘梅和小雪互相给对方送了什么礼物？

源自《家有儿女》第一部第5集《猫鼠之争》
Extracted from *Cat and Mouse* of "Home with Kids" Series 1 Episode 5

讨论 Discussion

1. 刘梅为了改善和小雪的关系，做了哪些努力？你怎么看？
   What efforts did Liu Mei make to improve her relationship with Xiaoxue? How do you view Liu Mei's actions?

2. 在重组家庭中，最可能遇到什么问题？家人之间相处最重要的方面是什么？
   What challenges are a blended family most likely to encounter? What is the key to family members getting along?

Exercise 2 练习二

序号	视频片段	回答问题
一		1.刘星兴奋地跟家人说什么事儿？大家是什么反应？ 2.家人们一边吃桃子一边说的那部小说是什么？ 3.刘星为什么让小雪"别动"？ 4.刘星闹了一个什么笑话？ 5.刘星让家人怎么称呼他？为什么？
二		1.刘星猜出妈妈买白菜的地点了吗？他的依据是什么？ 2.刘星是不是得到了他希望的夸奖？ 3.小雨遇到了什么麻烦？ 4.小雨为什么说"我要是工薪阶层就好了"？ 5.刘星说小雨"有心事"，是什么意思？
三		1.刘梅为什么说刘星很"逗"？她为什么说夏东海"想得开"？ 2.刘星有什么重要情况要向父母报告？ 3.刘星有什么直觉？ 4.刘星为什么说"天才总是不被人理解"？ 5.小雨的钱攒够没有？他想到了什么办法？
四		1.刘星为什么要和爸爸单独谈谈？ 2.家里哪些东西不见了？ 3.夏东海为什么说"谁认识比较好的神经病医生"？ 4.刘梅对刘星的做法是什么态度？ 5.刘梅和夏东海发现了什么问题？他们的结论是什么？
五		1.夏东海和刘梅打算用哪种办法对付刘星？ 2."以不变应万变"是什么意思？ 3.小雨等家人出门后做了什么？ 4.小雪丢了什么？ 5.刘梅说的"无人喝彩"和"贼喊捉贼"是什么意思？
六		1.刘梅为什么问刘星"玩儿够了没有"？ 2.刘星为什么说"冤死我了"？ 3.朵朵为什么来了？ 4.小雨的事儿是怎么"曝光"的？ 5.最后，刘星提出了什么要求？

源自《家有儿女》第一部第8集《家有神探》
Extracted from *Detective in the Family* of "Home with Kids" Series 1 Episode 8

讨论 Discussion

1. 根据剧情，描述一下刘星的性格，并举例说明。
   Based on the plot, describe Liu Xing's personality and provide examples.

2. 谈谈你对"以不变应万变"的理解。
   Share your understanding of "以不变应万变" ("face changes by remaining unchanged").

附录 Appendices

词性缩略语表
Abbreviations for Parts of Speech

adj.	Adjective	形容词
adv.	Adverb	副词
conj.	Conjunction	连词
interj.	Interjection	叹词
mw.	Measure Word	量词
n.	Noun	名词
N.	Proper Noun	专有名词
num.	Numerals	数词
ono.	Onomatopoeia	象声词
part.	Particle	助词
pron.	Pronoun	代词
prep.	Preposition	介词
quan.	Quantifier	数量词
v.	Verb	动词
方	Local Dialect	方言
口	Spoken Language	口语

词汇索引
Vocabulary Index

A		
爱称	àichēng	7-4
傲	ào	8-4
B		
霸王花	bàwánghuā	6-4
白醋	báicù	10-2
白衣天使	báiyī tiānshǐ	9-2
百战不殆	bǎizhàn-búdài	7-3
拜别	bàibié	6-5
包	bāo	7-4
包房	bāofáng	8-4
宝马	Bǎomǎ	9-2
保姆	bǎomǔ	8-2
保守	bǎoshǒu	10-1
报仇	bào chóu	6-3
报复	bàofù	6-2
报警	bào jǐng	6-3
鲍鱼	bàoyú	7-6
笨蛋	bèndàn	6-2
嘣	bēng	6-6
蹦	bèng	10-5
逼	bī	7-1
鼻孔	bíkǒng	7-5
比尔·盖茨	Bǐ'ěr Gàicí	10-1
比画	bǐhua	6-6
毕竟	bìjìng	9-2
冰棍儿	bīnggùnr	9-5
冰激凌	bīngjīlíng	9-4
脖领	bólǐng	7-4
脖子	bózi	7-3
不齿	bùchǐ	6-3
不得了	bùdéliǎo	7-6
不失时机	bùshī-shíjī	6-4
布什	Bùshí	8-1
C		
财迷	cáimí	8-4
财神爷	cáishényé	8-2
菜单	càidān	10-1
残酷	cánkù	6-4
惭愧	cánkuì	7-2
草鸡	cǎojī	7-5
曾经	céngjīng	7-2
差距	chājù	7-3
插嘴	chā zuǐ	7-6
茶叶	cháyè	10-6
差点儿	chàdiǎnr	7-5
馋	chán	6-2
馋虫	chánchóng	9-2
敞开	chǎngkāi	9-5
炒肝儿	chǎogānr	10-4
称呼	chēnghu	6-3
成年人	chéngniánrén	6-3
成天	chéngtiān	9-2
承诺	chéngnuò	9-1
承受	chéngshòu	10-3
逞	chěng	7-1
斥巨资	chì jùzī	8-1
冲	chōng	7-4

冲动	chōngdòng	7-1	带鱼	dàiyú	6-2
抽	chōu	6-6	单	dān	7-2
臭烘烘	chòuhōnghōng	9-5	单挑	dāntiāo	7-3
出气	chū qì	6-1	胆固醇	dǎngùchún	8-1
出事儿	chū shìr	8-1	胆儿	dǎnr	10-1
出头	chū tóu	6-3	蛋糕	dàngāo	9-4
出演	chūyǎn	7-3	当场	dāngchǎng	6-4
怵	chù	6-2	当间儿	dāngjiànr	7-2
触犯	chùfàn	6-3	挡	dǎng	10-1
踹	chuài	6-1	倒霉样儿	dǎoméiyàngr	7-1
传	chuán	6-2	倒塌	dǎotā	6-4
喘口气儿	chuǎn kǒu qìr	6-3	道	dào	9-4
刺溜	cīliū	6-4	道理	dàolǐ	6-2
促膝谈心	cùxī-tánxīn	9-5	道路	dàolù	7-1
催	cuī	10-2	得意忘形	déyì-wàngxíng	6-4
错过	cuòguò	9-4	低头认输	dītóu-rènshū	6-4
	D		低头认罪	dītóu-rènzuì	6-4
达成	dáchéng	9-3	的确	díquè	9-1
答复	dáfù	8-6	迪斯尼乐园	Dísīní Lèyuán	8-5
打败	dǎbài	6-3	点	diǎn	7-3
打包	dǎ bāo	10-3	电线杆（子）	diànxiàn gān (zi)	6-3
打理	dǎlǐ	8-4	惦记	diànjì	8-4
打拼	dǎpīn	6-1	调	diào	6-1
打仗	dǎ zhàng	6-3	盯不住	dīngbuzhù	7-5
打折	dǎ zhé	10-3	顶级	dǐngjí	8-4
大厨	dàchú	8-1	丢失	diūshī	9-2
大吉	dàjí	10-6	东坡肘子	Dōngpō zhǒuzi	8-1
大老远的	dàlǎoyuǎnde	8-1	兜风	dōu fēng	10-4
大龄	dàlíng	7-3	斗儿	dǒur	10-4
大王	dàwáng	6-1	豆腐	dòufu	6-5
大侠	dàxiá	7-4	豆汁儿	dòuzhīr	10-4
大智大勇	dàzhì-dàyǒng	7-1	嘟	dū	10-4
歹徒	dǎitú	7-6	独生子女	dúshēng-zǐnǚ	8-6
代表	dàibiǎo	8-6	度假	dùjià	8-5
带路	dài lù	7-3	段子	duànzi	10-5

对付	duìfu	10-5
夺	duó	6-6
E		
恶气	èqì	7-3
遏制	èzhì	9-5
恩怨	ēnyuàn	8-6
耳朵	ěrduo	10-6
F		
发财	fā cái	7-1
发火儿	fā huǒr	7-2
发物	fāwù	7-6
发行	fāxíng	8-1
发直	fāzhí	6-1
法律	fǎlǜ	6-3
翻一番	fān yì fān	10-1
烦	fán	7-3
反	fǎn	7-2
反攻	fǎngōng	7-4
反悔	fǎnhuǐ	10-4
反面人物	fǎnmiàn rénwù	7-4
犯病	fàn bìng	7-4
防卫	fángwèi	7-6
妨碍	fáng'ài	9-6
放倒	fàngdǎo	9-5
废话	fèihuà	6-1
分不清	fēnbuqīng	7-4
分娩	fēnmiǎn	9-6
分明	fēnmíng	9-5
份儿	fènr	8-6
奋不顾身	fènbúgùshēn	7-6
丰厚	fēnghòu	10-4
风度	fēngdù	6-1
风貌	fēngmào	8-1
风云再起	fēngyún-zàiqǐ	7-1
服软儿	fú ruǎnr	7-3

抚养权	fǔyǎngquán	8-5
俯首称臣	fǔshǒu-chēngchén	6-4
富婆	fùpó	8-6
G		
感想	gǎnxiǎng	6-6
干掉	gàndiào	6-1
港台	Gǎng-Tái	6-1
高大	gāodà	7-4
高档	gāodàng	9-5
高贵	gāoguì	9-1
高乐高	Gāolègāo	6-1
高手	gāoshǒu	10-1
搞定	gǎodìng	6-1
告辞	gàocí	8-2
哥儿俩	gēr liǎ	6-4
歌星	gēxīng	6-1
隔	gé	8-3
跟前儿	gēnqiánr	10-5
公道	gōngdào	6-2
功夫	gōngfu	6-5
攻	gōng	6-3
恭喜	gōngxǐ	7-1
共识	gòngshí	9-3
勾	gōu	9-2
姑	gū	10-1
姑苏	Gūsū	7-4
古惑仔	gǔhuòzǎi	7-3
股	gǔ	7-5
拐弯抹角	guǎiwān-mòjiǎo	8-4
关键	guānjiàn	8-1
关照	guānzhào	6-1
惯例	guànlì	10-1
贵宾席	guìbīnxí	9-4
贵族	guìzú	8-4
国籍	guójí	8-5

H

哈佛	Hāfó	8-4
哈根达斯	Hāgēn Dásī	9-4
哈喇子	hālázi	8-6
孩子气	háiziqì	8-5
海归	hǎiguī	6-1
海鲜	hǎixiān	7-6
含金量	hánjīnliàng	10-4
行情	hángqíng	10-2
好莱坞	Hǎoláiwū	8-5
何乐而不为	hé lè ér bù wéi	9-1
何去何从	héqù-hécóng	8-6
和尚	héshang	6-5
狠	hěn	6-3
狠心	hěnxīn	9-3
衡量	héngliáng	9-5
红包	hóngbāo	10-1
猴拳	hóuquán	8-2
后会有期	hòuhuì-yǒuqī	6-1
划	huá	7-6
滑倒	huádǎo	6-4
化妆品	huàzhuāngpǐn	8-2
怀抱	huáibào	8-3
欢呼	huānhū	9-4
欢欢喜喜	huānhuānxǐxǐ	10-6
黄花鱼	huánghuāyú	6-2
回报	huíbào	8-6
回避	huíbì	10-2
会	huì	7-3
会考	huìkǎo	6-5
浑蛋	húndàn	6-2
浑球儿	húnqiúr	6-3
混	hùn	8-4
火儿	huǒr	7-6
火候儿	huǒhour	7-2
火气	huǒqì	6-2
货比三家	huò bǐ sān jiā	10-2
获胜	huò shèng	7-5

J

机遇	jīyù	8-2
鸡翅	jīchì	9-3
积淀	jīdiàn	8-1
基础	jīchǔ	8-5
集体	jítǐ	9-1
加菲猫	Jiāfēimāo	6-2
减少	jiǎnshǎo	10-2
见红	jiànhóng	7-5
江湖	jiānghú	6-3
讲道理	jiǎng dàolǐ	6-2
讲究	jiǎngjiu	8-3
讲理	jiǎng lǐ	7-2
骄傲	jiāo'ào	7-5
蛟龙	jiāolóng	6-5
叫唤	jiàohuan	6-1
接受	jiēshòu	6-6
街坊	jiēfang	7-6
劫	jié	7-5
结局	jiéjú	9-1
截	jié	7-2
介意	jièyì	9-4
今宵	jīnxiāo	10-1
禁	jīn	6-3
禁不住	jīnbuzhù	8-5
紧急	jǐnjí	10-2
紧密	jǐnmì	10-2
经济	jīngjì	10-2
惊讶	jīngyà	8-3
精神	jīngshén	6-4
警察	jǐngchá	7-5
竟敢	jìnggǎn	6-1

敬佩	jìngpèi	7-6
镜头	jìngtóu	7-3
久仰大名	jiǔyǎng dàmíng	10-2
舅舅	jiùjiu	6-2
鞠躬	jū gōng	6-1
巨资	jùzī	8-1
具体	jùtǐ	8-3
剧本	jùběn	8-1
剧终	jùzhōng	7-3
决定性	juédìngxìng	9-6
绝招儿	juézhāor	7-4
K		
开刀	kāi dāo	9-5
开练	kāi liàn	7-4
凯旋	kǎixuán	6-2
看上	kànshàng	8-1
看中	kànzhòng	8-1
慷慨	kāngkǎi	8-2
考验	kǎoyàn	9-2
靠不住	kàobuzhù	6-6
磕	kē	6-2
可爱	kě'ài	7-4
可嘉	kě jiā	7-3
克林顿	Kèlíndùn	8-1
枯干	kūgān	7-4
挎	kuà	8-4
挎子	kuàzi	10-4
宽容为怀	kuānróng-wéihuái	7-6
亏心	kuī xīn	7-2
L		
来劲	lái jìn	7-6
来势汹汹	láishì-xiōngxiōng	9-5
来源	láiyuán	10-3
拦	lán	6-1
烂	làn	8-1
老半天	lǎobàntiān	10-5
老太太	lǎotàitai	10-5
老总	lǎozǒng	8-1
落	lào	7-2
乐极生悲	lèjí-shēngbēi	6-4
愣是	lèngshì	10-5
理论	lǐlùn	7-3
立马	lìmǎ	9-4
连累	liánlei	6-4
敛财	liǎn cái	10-1
练武	liàn wǔ	6-6
两口子	liǎngkǒuzi	7-2
两清	liǎngqīng	6-3
两者	liǎngzhě	9-5
亮相	liàng xiàng	8-3
了断	liǎoduàn	6-4
列	liè	9-1
裂	liè	6-3
邻居	línjū	6-3
临危不惧	línwēi-bújù	7-6
领	lǐng	10-6
溜	liū	7-4
	liù	8-4
溜达	liūda	7-1
流氓兔	Liúmángtù	8-1
龙井	lóngjǐng	7-5
龙虾	lóngxiā	7-6
隆重	lóngzhòng	10-1
露几手	lòu jǐ shǒu	8-1
露面	lòu miàn	10-1
落实	luòshí	8-3
旅游	lǚyóu	9-6
绿卡	lǜkǎ	8-5
M		
马仔	mǎzǎi	6-1

满汉全席	mǎn-hàn quán xí	10-1	南非	Nánfēi	8-5
满脸花	mǎnliǎnhuā	7-3	难度	nándù	10-3
漫画	mànhuà	6-1	脑门儿	nǎoménr	6-3
忙活	mánghuo	10-5	闹矛盾	nào máodùn	6-3
矛盾	máodùn	9-5	（大）年三十	(dà) nián sānshí	10-1
冒烟	mào yān	10-4	年薪	niánxīn	10-2
没出息	méi chūxi	8-2	年夜饭	niányèfàn	10-1
没门儿	méi ménr	8-4	娘娘腔	niángniangqiāng	6-1
没完没了	méiwán-méiliǎo	7-3	牛肉干儿	niúròugānr	6-1
没戏	méi xì	10-1		O	
美容院	měiróngyuàn	8-4	偶像	ǒuxiàng	6-4
蒙	mēng	7-5		P	
猛虎	měnghǔ	6-5	啪嗒	pādā	6-4
眯缝眼	mīfengyǎn	8-1	拍板	pāi bǎn	8-1
猕猴桃	míhóutáo	10-1	拍土	pāi tǔ	6-6
免费	miǎn fèi	8-6	排队	pái duì	8-2
免谈	miǎn tán	8-5	派出所	pàichūsuǒ	7-5
面子	miànzi	8-4	派头儿	pàitóur	8-6
灭	miè	7-5	判刑	pàn xíng	6-4
民俗	mínsú	10-2	配	pèi	9-4
民族舞	mínzúwǔ	8-2	品质	pǐnzhì	7-4
名词	míngcí	10-2	迫不得已	pòbùdéyǐ	6-6
名利双收	mínglì-shuāngshōu	8-5	朴素	pǔsù	9-5
明摆着	míngbǎizhe	6-2		Q	
明智	míngzhì	6-3	沏茶	qī chá	7-5
摸	mō	6-3	奇耻大辱	qíchǐ-dàrǔ	7-6
摩托车	mótuōchē	8-4	启发	qǐfā	6-5
魔幻	móhuàn	9-4	起司	qǐsī	6-1
墨镜	mòjìng	9-5	弃文学武	qìwén-xuéwǔ	6-5
某	mǒu	6-4	前锋	qiánfēng	6-2
某人	mǒu rén	7-5	前妻	qiánqī	8-3
慕容	Mùróng	7-4	强者	qiángzhě	6-5
	N		强壮	qiángzhuàng	7-4
拿主意	ná zhǔyi	8-5	抢	qiǎng	10-6
奶酪	nǎilào	6-1	巧	qiǎo	10-3

亲密	qīnmì	8-3
青	qīng	6-3
情趣	qíngqù	8-2
去留	qùliú	8-6
拳	quán	6-1
缺口	quēkǒu	10-3
缺少	quēshǎo	6-4
群	qún	9-1

R

嚷嚷	rāngrang	7-2
让开	ràngkāi	7-1
绕	rào	6-1
惹事	rě shì	6-4
热血沸腾	rèxuè-fèiténg	7-3
认错儿	rèn cuòr	7-2
荣幸	róngxìng	8-3
容	róng	10-3
入席	rù xí	6-4
软弱	ruǎnruò	7-1

S

撒谎	sā huǎng	7-1
撒气	sā qì	7-2
撒手	sā shǒu	7-6
色盲	sèmáng	9-2
杀一儆百	shāyī-jǐngbǎi	9-5
沙司	shāsī	6-1
闪烁	shǎnshuò	8-6
伤	shāng	7-3
伤口	shāngkǒu	7-6
上好	shànghǎo	7-5
上流社会	shàngliú shèhuì	9-1
少林寺	Shàolín Sì	6-5
奢（侈）	shē (chǐ)	9-4
舍得	shěde	8-2
申冤	shēn yuān	7-2

伸	shēn	7-3
绅士	shēnshì	6-1
深藏不露	shēncáng-búlòu	6-4
深造	shēnzào	8-4
神经病	shénjīngbìng	7-4
神经系统	shénjīng xìtǒng	9-1
神勇无比	shényǒng-wúbǐ	6-4
生怕	shēngpà	6-4
胜利	shènglì	6-3
胜利在望	shènglì zàiwàng	10-5
盛开	shèngkāi	6-4
失败	shībài	9-2
施加	shījiā	9-2
时代	shídài	6-5
势均力敌	shìjūn-lìdí	10-3
势头	shìtóu	9-5
事业	shìyè	9-2
视	shì	8-3
是非	shìfēi	7-4
适合	shìhé	7-1
收兵	shōu bīng	7-5
手链	shǒuliàn	9-4
手艺	shǒuyì	8-2
首富	shǒufù	10-1
受苦	shòu kǔ	7-2
瘦小	shòuxiǎo	7-4
殊死搏斗	shūsǐ-bódòu	7-6
淑女	shūnǚ	8-5
蔬菜	shūcài	7-6
数	shǔ	10-6
摔跟头	shuāi gēntou	6-5
摔跤	shuāi jiāo	6-3
爽	shuǎng	6-1
水准	shuǐzhǔn	10-1
顺便	shùnbiàn	7-3

说话	shuōhuà	10-5		退学	tuì xué	6-5
说理	shuō lǐ	6-2		脱	tuō	10-5
说情	shuō qíng	7-1		**W**		
私人	sīrén	8-3		外方	wàifāng	8-1
思考	sīkǎo	9-5		外人	wàirén	10-2
死磕	sǐkē	7-6		外甥	wàisheng	6-2
尿	sóng	7-4		王室	wángshì	8-4
酸	suān	10-1		威风	wēifēng	7-5
随叫随到	suíjiàosuídào	7-5		威猛	wēiměng	7-4
岁数	suìshu	6-6		威慑	wēishè	6-4
缩	suō	7-3		围裙	wéiqún	8-1
所见略同	suǒ jiàn lüè tóng	10-2		尾巴骨	wěibagǔ	6-3
T				委托	wěituō	8-2
台词	táicí	7-4		未卜先知	wèibǔ-xiānzhī	9-6
跆拳道	táiquándào	6-6		慰劳	wèiláo	6-1
糖衣炮弹	tángyī pàodàn	8-6		慰问	wèiwèn	7-6
掏	tāo	6-6		文武兼修	wénwǔ-jiānxiū	6-4
讨	tǎo	6-2		窝囊	wōnang	7-3
疼	téng	9-2		握	wò	7-6
体验	tǐyàn	8-1		无能	wúnéng	7-1
天经地义	tiānjīng-dìyì	10-3		无伤大雅	wúshāng-dàyǎ	6-5
天气预报	tiānqì yùbào	6-1		武馆	wǔguǎn	6-5
挺得住	tǐngdezhù	9-1		武僧	wǔsēng	6-5
通过	tōngguò	7-5		武侠小说	wǔxiá xiǎoshuō	6-3
通通	tōngtōng	8-4		误会	wùhuì	8-4
捅	tǒng	6-6		**X**		
痛快	tòngkuài	7-5		西红柿酱	xīhóngshìjiàng	6-1
投入	tóurù	8-5		下三烂	xiàsānlàn	6-3
土耳其	Tǔ'ěrqí	8-5		吓唬	xiàhu	7-3
吐司	tǔsī	6-1		夏利	Xiàlì	9-5
兔崽子	tùzǎizi	6-2		夏威夷	Xiàwēiyí	8-5
忒	tuī (tēi)	6-3		鲜花	xiānhuā	8-1
推	tuī	6-3/8-5		现场	xiànchǎng	6-4
				降伏	xiángfú	6-4
推荐	tuījiàn	8-1		项	xiàng	8-3

消除	xiāochú	7-5
消停	xiāoting	6-5
消息	xiāoxi	6-3
小恩小惠	xiǎo'ēn-xiǎohuì	9-5
晓之以理，动之以情	xiǎozhīyǐlǐ, dòngzhīyǐqíng	6-4
效率	xiàolǜ	8-3
歇	xiē	9-3
心目	xīnmù	6-4
心意	xīnyì	10-6
心愿	xīnyuàn	9-2
心脏病	xīnzàngbìng	6-4
新潮	xīncháo	10-5
新春	xīnchūn	10-6
兴	xīng	8-2
行为	xíngwéi	7-1
形象	xíngxiàng	7-4
醒	xǐng	6-4
修理	xiūlǐ	6-4
续集	xùjí	7-3
宣扬	xuānyáng	7-5
选中	xuǎnzhòng	8-1

Y

压	yā	7-6
压岁钱	yāsuìqián	10-1
压根儿	yàgēnr	7-5
言者无罪	yánzhě-wúzuì	9-5
眼光	yǎnguāng	8-1
眼眶子	yǎnkuàngzi	7-5
阳刚之气	yánggāngzhīqì	6-6
摇篮	yáolán	8-4
一般见识	yìbān jiànshi	7-6
一边倒	yìbiāndǎo	7-1
一炮走红	yípào-zǒuhóng	8-5
一瘸一拐	yìqué-yìguǎi	7-1

一时	yìshí	7-1
一通	yítòng	7-2
一星半点儿	yìxīng-bàndiǎnr	7-5
以大欺小	yǐdà-qīxiǎo	6-2
议事日程	yìshì rìchéng	9-1
隐私	yǐnsī	10-1
印儿	yìnr	6-3
英雄好汉	yīngxióng-hǎohàn	7-5
英雄气概	yīngxióng qìgài	6-1
拥抱	yōngbào	8-2
勇猛	yǒngměng	7-4
勇气	yǒngqì	7-3
优厚	yōuhòu	8-5
有待于	yǒudàiyú	8-4
有道是	yǒu dào shì	10-2
有种	yǒuzhǒng	7-3
右路	yòulù	6-2
诱惑	yòuhuò	8-1
诱人	yòurén	9-1
鱼翅	yúchì	7-6
与人为善	yǔrén-wéishàn	7-6
预算	yùsuàn	10-1
冤家路窄	yuānjiā-lùzhǎi	7-6
原则	yuánzé	8-5
远郊	yuǎnjiāo	9-6
远走高飞	yuǎnzǒu-gāofēi	8-6
约会	yuēhuì	8-2
越野	yuèyě	8-4

Z

在座	zàizuò	8-5
暂时	zànshí	9-2
赞赏	zànshǎng	7-3
增添	zēngtiān	8-2
沾光	zhān guāng	9-6
沾亲	zhān qīn	10-2

粘	zhān	10-1		职业妇女	zhíyè fùnǚ	8-4
展开	zhǎnkāi	7-6		指	zhǐ	9-6
战死	zhànsǐ	6-3		指挥	zhǐhuī	10-1
张嘴	zhāng zuǐ	10-3		至理名言	zhìlǐ-míngyán	9-6
长个儿	zhǎng gèr	10-1		终于	zhōngyú	7-5
长女	zhǎngnǚ	6-5		钟头	zhōngtóu	7-2
掌握	zhǎngwò	7-2		重金	zhòngjīn	8-5
招待	zhāodài	8-1		助听器	zhùtīngqì	10-6
招数	zhāoshù	6-3		抓	zhuā	6-2
着火	zháo huǒ	8-1		赚	zhuàn	10-1
找事儿	zhǎo shìr	6-5		奘	zhuǎng	7-4
照样	zhàoyàng	6-3		追	zhuī	6-3
折	zhé	10-1		准话儿	zhǔnhuàr	7-4
哲学家	zhéxuéjiā	9-6		姿态	zītài	7-3
辙	zhé	10-5		紫	zǐ	9-3
争光	zhēng guāng	8-1		自卑	zìbēi	7-5
争强斗狠	zhēngqiáng-dòuhěn	7-6		自豪	zìháo	6-1
蒸发	zhēngfā	10-1		自(己)个儿	zì (jǐ) gěr	6-3
正	zhèng	10-1		自强	zìqiáng	6-5
正当	zhèngdàng	7-6		自私	zìsī	10-3
正经	zhèngjing	10-4		总之	zǒngzhī	9-4
政府	zhèngfǔ	7-5		走错门儿	zǒucuò ménr	7-4
之所以	zhīsuǒyǐ	10-4		走运	zǒu yùn	7-5
知己知彼	zhījǐ-zhībǐ	7-3		嘴巴子	zuǐbazi	6-6
知音	zhīyīn	10-2		罪	zuì	6-3
直	zhí	7-3		坐视不管	zuòshì-bùguǎn	7-3
值得	zhí dé	7-3		做主	zuò zhǔ	7-2

熟语索引
Idioms Index

霸王花	6-4	含金量	10-4
白眼儿狼	9-6	何乐而不为	9-1
白衣天使	9-2	何去何从	8-6
百战不殆	7-3	后会有期	6-1
不分青红皂白	7-2	欢欢喜喜	10-6
不管那套	6-2	会说话	8-5
不失时机	6-4	货比三家	10-2
财神爷	8-2	见义勇为	7-6
馋猫	6-2	久仰大名	10-2
扯后腿	10-4	靠不住	6-6
促膝谈心	9-5	可怜天下父母心	10-3
大老远的	8-1	宽容为怀	7-6
大智大勇	7-1	来势汹汹	9-5
倒霉样儿	7-1	乐极生悲	6-4
得意忘形	6-4	两口子	7-2
低头认罪	6-4	临危不惧	7-6
独生子女	8-6	露几手	8-1
反面人物	7-4	满脸花	7-3
奋不顾身	7-6	没出息	8-2
风云再起	7-1	没门儿	8-4
俯首称臣	6-4	没完没了	7-3
给点儿阳光就灿烂	9-4	每逢佳节倍思亲	10-2
恭喜发财	7-1	名利双收	8-5
古惑仔	7-3	拿主意	8-5
拐弯抹角	8-4	男儿当自强	6-5
孩子气	8-5	闹矛盾	6-3

291

娘娘腔	6-1	相逢何必曾相识	10-3
迫不得已	6-6	想起一出是一出	6-6
奇耻大辱	7-6	小恩小惠	9-5
弃文学武	6-5	小儿科	10-2
亲密接触	8-3	晓之以理，动之以情	6-4
千里马	8-1	压岁钱	10-1
热血沸腾	7-3	言者无罪	9-5
杀鸡给猴看	9-5	阳刚之气	6-6
杀一儆百	9-5	一般见识	7-6
少来这套	6-3	一边倒	7-1
深藏不露	6-4	一家之主	6-2
神经病	7-4	一炮走红	8-5
神勇无比	6-4	一瘸一拐	7-1
胜利在望	10-5	一条龙服务	7-5
势均力敌	10-3	一星半点儿	7-5
殊死搏斗	7-6	以彼之道，还施彼身	7-4
(英雄) 所见略同	10-2	以大欺小	6-2
随叫随到	7-5	英雄好汉	7-5
糖衣炮弹	8-6	英雄气概	6-1
天经地义	10-3	有病	7-3
挺得住	9-1	与人为善	7-6
痛痛快快	7-5	冤家路窄	7-6
兔崽子	6-2	远走高飞	8-6
未卜先知	9-6	争强斗狠	7-6
文武兼修	6-4	知己知彼	7-3
无伤大雅	6-5	至理名言	9-6
下三烂	6-3	走错门儿	7-4
下三路	6-3	坐视不管	7-3

语言点例释索引
Grammar Points Index

A在先，B在后	7-1	妨碍	9-6
V / Adj.+什么呀	9-2	搞定	6-1
V个什么劲儿	10-5	关键是……	8-1
按照（……）惯例	10-1	还不止这些	8-5
把A+V成+B	6-1	何乐而不为	9-1
白	10-5	简单地说吧，……	10-4
甭管怎么说	7-3	简直	8-4
并不	9-5	禁……	6-3
并不是……，而是……	9-6	禁不住	8-5
不A，不B，单C	7-2	禁得住	9-2
不得了	7-6	……劲儿的	8-2
不管那套	6-2	竟敢	6-1
不是……，而是……	7-6	久仰大名	10-2
不是你想象的那样	6-3	开头（啊），……后来（呢），……然后（呢），……（最后，……）	7-2
才怪（呢）	6-6		
曾经	7-2	看在……的份儿上	8-6
差点儿	7-5	愣是	10-5
差点儿没……	10-2	论起来	10-2
当然了	6-4	没劲	10-6
到底怎么回事儿	6-2	没门儿	8-4
到目前为止	8-2	明摆着	6-2
倒不是……，就是……	9-4	哪是……，分明是……	9-5
……得不行	6-6	那是	10-5
德行	6-5	闹	6-3
多少	10-2	你别说	8-1
番	10-1	你不介意吧	9-4
烦不烦（呢/啊）	7-3	你管呢	7-3

你还别说	9-2	小儿科	10-2
你还好意思……	6-6	歇着你的吧	9-3
你傻呀	9-5	行啊你	6-4
您以为……呀	6-6	压根儿	7-5
破	9-5	要……就……吧，干吗……	6-6
起……作用	9-6	也	10-3
瞧你那样	8-3	一时	7-1
少来这套	6-3	一通	7-2
什么话	7-1	以	6-2
生怕	6-4	有道是……	10-2
实话跟你说	6-4	再……就……了	10-2
视……而定	8-3	再怎么着（……）也得……	10-6
是这样	10-6	在……（的）心目中	7-4
数	10-6	早干什么来着	8-5
谁让……	9-3	怎么着	6-1
顺便	7-3	这才……哪（啊/嘛/呢）	10-6
说话	10-5	这好办	10-3
随她（他）去吧	6-5	这么说……	8-1
通过	7-5	这你就不懂了吧	8-6
通通	8-4	这您怎么说的	10-5
为……所……	6-3	这样吧，……	10-4
为……而……	6-1	之所以……，就是为了/就是想……	10-4
我不是故意的	7-4	只顾	9-5
我承认，……	9-1	至于	8-6
我的妈呀	8-1	终于	7-5
我敢保证……	6-1	主要（是）……	10-3
瞎+V	7-1	自从……就……	9-5
想不开	9-4	总得	10-3
想（得）倒美	8-4	总之	9-4

文化点滴索引
Culture Points Index

香港普通话	6-1	会说话	8-5
牛	6-2	糖衣炮弹	8-6
杨门女将	6-3	"天"与"上帝"	9-1
霸王花	6-4	白衣天使	9-2
少林寺	6-5	接受礼物	9-3
阳刚之气	6-6	文化交流	9-4
恭喜发财	7-1	矛盾	9-5
清华北大	7-2	北海公园	9-6
知己知彼，百战不殆	7-3	年夜饭	10-1
大侠	7-4	鸡年狗年	10-2
龙井茶	7-5	可怜天下父母心 相逢何必曾相识	10-3
见义勇为	7-6	炒肝儿和豆汁儿	10-4
东坡肘子	8-1	唐装	10-5
猴拳	8-2	祝福语	10-6
拥抱	8-3		
面子	8-4		

部分练习参考答案
Reference Answers of Some Exercises

第六单元

第一课

一、1. ×　2. ×　3. ✓　4. ✓　5. ✓　6. ×　7. ✓　8. ×

二、海龟——海归　　面包——吐司　　奶酪——起司
　　西红柿酱——沙司　　靓仔——帅哥

六、（一）1. 漫画　2. 绅士　3. 风度　4. 歌星　5. 调
　　　　　6. 酱　7. 拳　8. 废话　9. 天气预报

　　（二）1. 关照　2. 叫唤　3. 踹　4. 绕　5. 发直
　　　　　6. 出气　7. 还手　8. 鞠躬　9. 打拼　10. 慰劳

　　（三）1. 冷静　2. 爽　3. 自豪　4. 后会有期　5. 娘娘腔

第二课

一、1. ✓　2. ×　3. ✓　4. ×　5. ×　6. ✓　7. ✓

第三课

一、1. A　2. B　3. B　4. C　5. B　6. A　7. C

四、（一）1. 称呼　2. 邻居　3. 印儿　4. 成年人
　　　　　5. 消息　6. 法律　7. 武侠小说　8. 罪

　　（二）1. 打仗　2. 胜利　3. 追　4. 触犯
　　　　　5. 推　6. 喘口气儿　7. 裂　8. 摸
　　　　　9. 攻　打败　10. 闹矛盾　11. 报警　12. 摔跤

第四课

一、1. 低头认输——低着头，承认自己失败了。

　　2. 得意忘形——非常高兴，失去常态。

　　3. 乐极生悲——欢乐到极点，转而会产生悲伤的事。

　　4. 晓之以理，动之以情——用道理说服对方，用真情打动对方。

5. 俯首称臣——低着头表示承认对方的权威，接受对方的管制。

6. 低头认罪——低着头，承认自己有罪，愿意接受处罚。

7. 不失时机——不错过当时的机会。

8. 文武兼修——文才和武才都很高。

9. 深藏不露——把才能或者功夫藏起来，不显示出来。

10. 神勇无比——非常勇敢。

五、(一) 1. 生怕　　2. 亮　　3. 修理　　4. 入席　　5. 缺少
　　　　6. 醒　　7. 滑倒　　8. 倒塌　　9. 惹事　　10. 了断
　　　　11. 连累　12. 盛开

(二) 1. 现场　　2. 心脏病　3. 精神　　4. 心目　　5. 偶像
　　　6. 当场　　7. 某　　　8. 残酷

第五课

一、1. B　2. B　3. A　4. C　5. C　6. A

三、1. B　2. A　3. B　4. B　5. A

第六课

一、1. C　2. A　3. B　4. A　5. B

六、爬　推　推　爬　推　抽　打　掏　比画　夺　捅

第七单元

第一课

一、1. √　2. ×　3. √　4. √　5. ×　6. ×　7. √　8. √

四、软弱　勇敢　暴力　提　胜利　一时　大智大勇　滑倒　一边倒
　　适合　当心

第二课

一、1. A　2. C　3. A　4. B

四、1. 掌握　2. 讲理　3. 认错儿　4. 发火儿　5. 受苦
　　6. 做主　7. 嚷嚷　8. 截　9. 落　10. 撒气

第三课

一、1. A　2. C　3. B　4. A　5. C　6. B

三、1. 坐视不管　　坐视不管　　坐视不管　　理论

2. 窝囊　　本事　　拍　　没完没了　　实在　　直　　缩

3. 既然　　姿态　　恶气　　申冤

4. 热血沸腾

5. 公道　　顺便

第四课

五、(一) 1. 强壮　　2. 勇猛　　3. 瘦小　　4. 可爱　　5. 高大威猛

(二) 1. 包　　2. 形象　　3. 台词　　4. 品质　　5. 是非

(三) 1. 冲　　2. 溜　　3. 犯病　　4. 分不清　　5. 反攻

第五课

一、1. B　　2. C　　3. A　　4. C　　5. B

五、1. 英雄气概——豪迈的、勇敢威武的气势。

2. 英雄好汉——本领高强、勇猛过人的男子。

3. 一星半点儿——形容量极少。

4. 随叫随到——只要有人召唤，就马上出现在需要的人面前。

5. 大获全胜——取得完全的胜利。

第六课

一、1. ×　　2. ✓　　3. ✓　　4. ×　　5. ✓　　6. ×　　7. ×　　8. ✓

三、1. C　　2. A　　3. C　　4. B　　5. A　　6. C　　7. B

四、1. 冤家路窄——仇人或关系不和睦的人，虽然不愿相见，却偏偏遇见。

2. 正当防卫——为了避免公共利益或者个人的合法权益受到不法侵害而采取的制止不法侵害的行为。

3. 街坊邻居——住在自己家附近的人。

4. 奇耻大辱——极大的耻辱，让人无法忍受的侮辱。

5. 见义勇为——看到正义的事情奋勇去做，或者看到不法的事情勇敢上前制止。

6. 临危不惧——在危险面前一点儿也不感到害怕。

7. 与人为善——善意地对待和帮助别人。

8. 奋不顾身——不顾生命危险，奋勇冲向前。

9. 宽容为怀——待人接物胸怀宽阔，态度宽容厚道。

10. 殊死搏斗——冒着生命危险，用尽全力与对方进行对打。

第八单元

第一课

二、1. ×　2. ✓　3. ×　4. ✓　5. ×　6. ×　7. ✓　8. ×

五、1. 选中　发行　　2. 推荐　　3. 眼光　　4. 风貌　争光

5. 关键　招待　　6. 鲜花　　7. 胆固醇　　8. 烂　积淀

第二课

三、(一) 要不然　待会儿　兴　到目前为止

(二) 财神爷　才能　真行　真棒　日子

第三课

一、1. B　2. C　3. A　4. C

第四课

一、1. ✓　2. ✓　3. ×　4. ×　5. ✓　6. ×　7. ✓　8. ✓

二、顶级　接触　世界各地　深造　摇篮　越野　溜　简直　一模一样

工薪阶层　打理　有待于

第五课

一、1. ✓　2. ✓　3. ×　4. ✓　5. ×　6. ×　7. ✓　8. ✓

第六课

一、1. B　2. A　3. C　4. B　5. C

二、1. 独生子　　2. 补偿　　3. 享受　　4. 回报　答应

5. 表态　去留　恩怨　6. 物质　　7. 答复　　8. 日子　搅和

9. 耍　份儿

第九单元

第一课

一、1. ×　2. ✓　3. ×　4. ×　5. ×　6. ✓

第二课

一、1. B　2. C　3. A　4. A　5. C　6. B　7. A

第三课

一、1. A　2. C　3. A　4. B

二、1. 狠心　2. 共识　3. 歇　4. 鸡翅　5. 紫

第四课

二、1. 冰箱　　2. 现场　　3. 作为　　4. 演出　　5. 奢　　6. 道

第五课

一、1. √　　2. √　　3. ×　　4. √　　5. ×
　　6. ×　　7. √　　8. √　　9. √　　10. ×

三、1. B　　2. A　　3. B　　4. A　　5. B
　　6. A　　7. A　　8. B

第六课

一、1. B　　2. C　　3. B　　4. A　　5. C

二、1. 有先见之明　　2. 忘恩负义的人　　3. 有意思　　4. 不论
　　5. 影响　　6. 生孩子　　了不起

第十单元

第一课

一、1. √　　2. ×　　3. √　　4. ×　　5. ×
　　6. √　　7. √　　8. ×　　9. ×　　10. ×

二、1. 瞎　　2. 预算
　　3. 首富　　压岁钱　　敛财　　按照每年的惯例　　不低于　　太保守了　　翻一番
　　4. 自动蒸发　　露面　　指不上

第二课

一、1. C　　2. B　　3. A　　4. B　　5. C　　6. B

二、1. 订　　2. 感受　　3. 小儿科　　套　　4. 催　　摔
　　5. 回避　　回避　　回避　　强大　　紧密　　直接　　6. 藏

六、1. 坐　　2. 田　　3. 羽　　4. 们　　5. 一　　6. 至　　7. 秋　　8. 也

第三课

一、1. √　　2. √　　3. ×　　4. ×　　5. √　　6. √

二、1. 天经地义　　2. 过分　　打招呼　　3. 张嘴
　　4. 承受　　5. 资金缺口很大　　6. 事先

三、1. 天经地义　　2. 容　　3. 势均力敌　　4. 巧　　5. 承受
　　6. 难度　　7. 打折　　8. 来源　　9. 自私　　10. 打包

第四课

一、1. ✓　　2. ✗　　3. ✓　　4. ✗　　5. ✗

二、1. 之所以　　2. 正经　　3. 扯后腿　　4. 反悔　　5. 兜风
　　6. 冒烟　　7. 丰厚　　8. 含金量　　9. 逼

第五课

一、1. ✓　　2. ✗　　3. ✓　　4. ✓　　5. ✓　　6. ✗　　7. ✓

三、1. 老半天　　2. 愣是　　3. 新潮　　4. 说话
　　5. 对付　　6. 蹦　　7. 辙　　8. 脱
　　9. 跟前儿　　10. 忙活　　11. 胜利在望

第六课

一、1. ✓　　2. ✓　　3. ✗　　4. ✗　　5. ✗　　6. ✗
　　7. ✗　　8. ✓　　9. ✓　　10. ✓　　11. ✗

六、1. 抢　　2. 茶叶　　3. 欢欢喜喜　　4. 大吉
　　5. 数　　6. 心意　　7. 领　　8. 耳朵　助听器

博雅学与练　微信使用指南

1. 扫描下图二维码，关注"博雅学与练"公众号，关闭页面。
2. 用微信扫描本书文前二维码即可打开该书的学习页面，之后也可直接通过"博雅学与练"主页右下角"我的书架"打开。

博雅学与练　USER'S GUIDE BY WECHAT

Step 1: Scan the QR code below, add the official account "博雅学与练". Then close the page.

Step 2: Scan the unique QR code found prior to the "Preface", and get into the learning page immediately. Later, the book will always be on "我的书架" and you can also click the book cover and enjoy your learning.